Cynnwys

Uned	Teitl	Nod/ *Aim*	Cynnwys newydd/ *New content*	Pwnc siarad
1	Croeso'n ôl	**Adolygu cyffredinol, gyda phwyslais ar yr amser gorffennol yn benodol/** *General revision with particular emphasis on the past tense*		Siopa
2	Dw i'n nabod rhywun sy'n...	**Gofyn cwestiynau a siarad am bobl eraill/** *Asking questions and talking about others*	sy	Chwaraeon
3	Baswn i'n hoffi...	**Mynegi dymuniad/** *Expressing a wish*	baswn i, baset ti, basai fe/hi, basen ni, basech chi, basen nhw	Dysgu Cymraeg
4	Taswn i'n gyfoethog...	**Mynegi dymuniad neu fwriad/** *Expressing a wish or intention*	taswn i, taset ti, tasai fe/hi, tasen ni, tasech chi, tasen nhw	Diddordebau
5	Ces i fy ngeni	**Siarad am gael eich geni a'ch magu/** *Talking about being born and brought up*	ces i fy ngeni cest ti dy eni cafodd e ei eni cafodd hi ei geni cawson ni ein geni cawsoch chi eich geni cawson nhw eu geni	Teulu a ffrindiau
6	Adolygu ac ymestyn	**Adolygu unedau 2-5/** *Revision of units 2-5*	y llall, y lleill	Yr ardal
7	Dw i'n meddwl bod...	**Mynegi barn/** *Expressing an opinion*	dw i'n meddwl bod... dw i'n meddwl ei fod e dw i'n meddwl ei bod hi dw i'n meddwl eu bod nhw	Rhaglenni teledu/radio/ffilmiau

Uned	Teitl	Nod/ *Aim*	Cynnwys newydd/ *New content*	Pwnc siarad
8	**Arddodiaid** *(Prepositions)*	**Dysgu sut i ddefnyddio arddodiaid/** *Learning how to use prepositions*	i ar at	**Darllen**
9	**Mwy o arddodiaid** *(More prepositions)*	**Dysgu sut i ddefnyddio arddodiaid/** *Learning how to use prepositions*	am wrth â	**Anifeiliaid**
10	**Wnei di agor ffenest?**	**Mynegi bwriad, cynnig gwneud rhywbeth a gofyn cymwynas/** *Expressing an intention, offering to do something and asking a favour*	gwnaf i, wnei di?, gwnaiff e/hi, gwnawn ni, wnewch chi? gwnân nhw	**Penwythnosau**
11	**Af i i'r dosbarth yfory**	**Trafod ble byddwch chi'n mynd yn y dyfodol/** *Discussing where you will go in the future*	af i, ei di, aiff e/hi, awn ni, ewch chi, ân nhw	**Teithio**
12	**Caf i dost i frecwast yfory. Gaf i dost i frecwast yfory?**	**Gofyn am ganiatâd a'i roi/** *Asking for and giving permission*	caf i, cei di, caiff e/hi, cawn ni, cewch chi, cân nhw	**Technoleg**
13	**Un flwyddyn, dwy flynedd, tair blynedd**	**Trafod cyfnodau o amser/** *Discussing periods of time*	un flwyddyn, dwy flynedd, tair blynedd, pedair blynedd, pum mlynedd, chwe blynedd, saith mlynedd, wyth mlynedd, naw mlynedd, deg mlynedd	**Gwaith**
14	**Adolygu ac ymestyn**	**Adolygu ac ymarfer ymadroddion ar gyfer trefnu digwyddiadau/** *Revision and useful phrases for arranging events*	dof i, doi di, daw e/hi, down ni, dewch chi, dôn nhw	**Y flwyddyn nesa**

Uned	Teitl	Nod/ *Aim*	Cynnwys newydd/ *New content*	Pwnc siarad
15	Disgrifio	**Disgrifio pobl a phethau/** *Describing people and things.*	Pa mor dal dych chi? mor dal â	Cymdogion
16	Mae hi'n oerach heddiw!	**Cymharu ansoddeiriau/** *Comparison of adjectives*	talach, mwy, llai, gwell, gwaeth	Dw i ddim yn hoffi...
17	Y wlad oera? Y wlad dwyma!	**Cymharu ansoddeiriau/** *Comparison of adjectives*	tala, mwya, lleia, gorau, gwaetha	Hoff leoedd a hoff bethau
18	Pwy? Beth? Pryd? Sut? Ble? Pam?	**Cyfnewid gwybodaeth ffeithiol a phersonol/** *Exchanging factual and personal information*		Dathlu
19	Trowch i'r dde	**Cyfarwyddo a chyfeirio/** *Giving directions and instructions*	Mwynhewch! Cer â... Dere â...	Bwyd
20	Ydw! Oes! Do!	**Ymarfer atebion/** *Practising answers*		Y tŷ
21	Gwyliau	**Adolygu ac ymestyn/** *Revision and extension*		Gwyliau
22	Dylet ti fynd!	**Dysgu sut i gynghori/** *Learning how to give advice*	dylwn i, dylet ti, dylai fe/hi, dylen ni, dylech chi, dylen nhw	Dillad

Uned	Teitl	Nod/ *Aim*	Cynnwys newydd/ *New content*	Pwnc siarad
23	Hoffwn i, Gallwn i	**Mynegi dymuniad a'r gallu i wneud rhywbeth** *Expressing a wish and the ability to do something*	hoffwn i, hoffet ti, hoffai fe/hi, hoffen ni, hoffech chi, hoffen nhw. gallwn i, gallet ti, gallai fe/hi, gallen ni, gallech chi, gallen nhw.	Byw'n iach
24	Y cynta(f), yr ail, y trydydd	**Dysgu trefnolion/** *Learning ordinal numbers*	cynta(f) - degfed	Dyddiau ysgol
25	Pan o'n i'n blentyn...	**Adolygu ffurfiau gwahanol ar y gorffennol/** *Revising different forms of the past tense*		Pan o'n i'n blentyn
26	Y Dyfodol	**Adolygu'r dyfodol/** *Revising the future tense*		
27	Uned Arholiad	**Arholiad Sylfaen**		

Uned 1 – Croeso'n ôl

Nod yr uned hon yw...

Adolygu a'r gorffennol cryno *Revision and the short form past tense* (gwelais i)

Geirfa

● **enwau benywaidd**	*feminine nouns*
● **enwau gwrywaidd**	*masculine nouns*
● **berfau**	*verbs*
● **ansoddeiriau**	*adjectives*
● **arall**	*other*

archfarchnad(oedd)	*supermarket(s)*		**cefn gwlad**	*the countryside*
meithrinfa (meithrinfeydd)	*crèche(s)*		**diwedd**	*end*
sedd(i)	*seat(s)*			
Sbaeneg	*Spanish*			

colli	*to lose, to miss*		**cyfleus**	*convenient*
cropian	*to crawl*			
gwarchod	*to protect, to babysit*			

yn aml	*often*
gweld eisiau	*to miss*
mwy nag unwaith	*more than once*
pam lai?	*why not?*
Rhaid cropian cyn cerdded.	*You must walk before you can run.*

Geiriau pwysig i fi...

....

....

....

Pwy dych chi?

Dwedwch wrth y dosbarth. Ysgrifennwch frawddegau llawn.

Enw	
byw yn	
dod o	
gwaith	
hoffi	
ddim yn lico	

Holiadur

Enw	byw yn	dod o	gwaith	hoffi	ddim yn lico

Disgrifiwch un person o'r dosbarth fel hyn:
Dyma Siôn. Mae e'n byw yn...

....

....

Yn y gorffennol *(past)*

Prynais i <u>bapur newydd</u> ddoe.

Es i <u>i'r sinema</u> neithiwr.

Des i i'r dosbarth <u>ar y bws</u>.

Beth wnest <u>ti</u> ddoe?

Pryd codoch <u>chi</u> heddiw?

Sut daethoch <u>chi</u> i'r dosbarth heddiw?

Ddoe

Enw	codi	prynu	mynd

Sgwrs 1

A: Croeso'n ôl o'r gwyliau.

B: Gwyliau, wir! Gwnes i gwrs Cymraeg yn Nant Gwrtheyrn.

A: Gest ti amser da?

B: Do, diolch. Ces i amser da iawn ond dw i wedi blino.

A: Beth ddysgaist ti?

B: Dysgais i lawer o eiriau newydd.

A: Â phwy siaradaist ti?

B: Siaradais i â'r bobl ar y cwrs ac â phobl yn y siopau ym Mhwllheli.

A: Brynaist ti rywbeth?

B: Do, prynais i gardiau Cymraeg. Roedd cardiau Cymraeg hyfryd yn y siopau.

A: Dw i eisiau mynd i Nant Gwrtheyrn. Pryd mae'r cwrs nesa?

> Mae Nant Gwrtheyrn yn ganolfan dysgu Cymraeg yng ngogledd Cymru – www.nantgwrtheyrn.cym

Gofyn cwestiwn

Arhosaist ti yn <u>Ffrainc</u> am bythefnos?

Gyrhaeddaist <u>ti</u> adre am bump o'r gloch ddoe?

Adawoch chi'r <u>bag</u> ar y trên?

Yfoch <u>chi</u> ormod o goffi ddoe?

Do. ✔   **Naddo.** ✘

Gêm

DECHRAU	Godaist ti'n gynnar ddoe?	Brynaist ti rywbeth ddoe?	Yfaist ti goffi ddoe?
Fwytaist ti ffrwythau ddoe?	Edrychaist ti ar y teledu ddoe?	Wrandawaist ti ar y radio ddoe?	Yrraist ti ddoe?
Ffoniaist ti rywun ddoe?	Welaist ti ffrind ddoe?	Gest ti ebost ddoe?	Gest ti bost ddoe?
Ddarllenaist ti bapur newydd ddoe?	Est ti ma's neithiwr?	Est ti am dro ddoe?	Siaradaist ti Gymraeg ddoe?
Welaist ti ffrindiau ddoe?	Est ti i'r sinema y mis diwetha?	Est ti i'r gampfa y mis diwetha?	YN ÔL I'R DECHRAU

Gêm – Llongau rhyfel *(Battleships)*

aros yn y tŷ	cyrraedd yn gynnar	gadael cyn y diwedd	yfed y llaeth
cerdded i'r gwaith	gweld y rhaglen	mynd i'r gwely'n hwyr	gwneud y gwaith cartre
prynu rhywbeth	ffonio'r bòs	edrych ar y teledu	darllen y papur

Siaradwch

Ar dy wyliau diwetha:

Ble est ti?   Beth fwytaist ti?

Pryd est ti?   Beth yfaist ti?

Ble arhosaist ti?   Beth brynaist ti?

Gwrando

Gwrandewch ar y gerdd: 'Rap Cwestiynau' gan Aneirin Karadog.
Mewn grwpiau, atebwch a siaradwch:

1.   Pa leoedd sy yn y rap?

2.   Dych chi wedi bod i'r lleoedd yn y rap? Dych chi'n hoffi'r lleoedd yma? Pam/Pam lai?

3.   Ffeindiwch o leia (*at least*) pedwar cwestiwn yn y rap.

4.   Gofynnwch gwestiwn o'r rap i'r tiwtor.

Sgwrs 2

Dafydd: Croeso'n ôl i'r gwaith.

Siân: Diolch yn fawr. Mae'r flwyddyn wedi hedfan!

Dafydd: Sut mae'r babi?

Siân: Da iawn, diolch. Mae hi gyda Tad-cu heddiw.

Dafydd: Fydd hi gyda dy dad bob dydd?

Siân: Na fydd. Bydd hi yn y feithrinfa dydd Mercher, dydd Iau a dydd Gwener – dechreuodd hi yr wythnos diwetha. Bydd Dad yn gwarchod dydd Llun a dydd Mawrth, a gyda'r nos weithiau.

Dafydd: Ydy hi'n cropian eto?

Siân: Cropian, wir! Mae hi'n cerdded! Dechreuodd hi gerdded pan oedd hi'n naw mis oed.

Dafydd: Wyt ti wedi gweld eisiau'r gwaith?

Siân: Nac ydw, a dweud y gwir. Ond dw i wedi gweld eisiau pawb yn y swyddfa. Beth yw'r newyddion?

Dafydd: Wel... ble dw i'n dechrau? Gyda'r parti Nadolig?

Siân: Ie, grêt, ond rhaid i ni gael paned gynta...

Siaradwch – Yr wythnos nesa

Enw	dydd Llun	dydd Mawrth	dydd Mercher	dydd Iau	dydd Gwener	dydd Sadwrn	dydd Sul

Siopa

Gyda'ch partner, ysgrifennwch o leia chwe gair ar y thema 'siopa'.

Siaradwch

- Ble dych chi'n prynu bwyd fel arfer? Pryd dych chi'n siopa am fwyd?
- Dych chi'n siopa'n aml?
- Ble dych chi'n prynu dillad fel arfer? Beth brynoch chi ddiwetha?
- Ble dych chi'n siopa Nadolig fel arfer?
- Dych chi'n gyrru? Ble prynoch chi eich car diwetha? Dych chi eisiau prynu car newydd?
- Dych chi'n siopa ar y we? Beth dych chi'n ei brynu? Beth brynoch chi ddiwetha ar y we?
- Pryd byddwch chi'n siopa nesa?

Robin Radio

a) **Atebwch:**

Ble mae Robin wedi bod? ....

Sut mae Sbaeneg Robin? ....

Ble mae Anti Mair? ....

b) **Gwrandewch am:**

Croeso'n ôl i Gymru!	*Welcome back to Wales!*
Os dych chi ddim yn gwybod...	*If you don't know...*
Dw i newydd ddod yn ôl.	*I've just come back.*

c)   **Cyfieithwch:**

I saw many things.   ....

I spoke a lot of Welsh.   ....

How is your Spanish?   ....

Help llaw

1. Cofiwch sut i ddefnyddio'r gorffennol cryno (*past concise*):

Prynu	**Mynd**	**Gwneud**	**Cael**
Prynais i	Es i	Gwnes i	Ces/Ges i
Prynaist ti	Est ti	Gwnest ti	Cest/Gest ti
Prynodd e/hi	Aeth e/hi	Gwnaeth e/hi	Cafodd/ Gaeth e/hi
Prynon ni	Aethon ni	Gwnaethon ni	Cawson/ Gaethon ni
Prynoch chi	Aethoch chi	Gwnaethoch chi	Cawsoch/ Gaethoch chi
Prynon nhw	Aethon nhw	Gwnaethon nhw	Cawson/ Gaethon nhw

Mae **dod** fel **mynd** a **gwneud** (**Des i**).

2. Cofiwch am *some of the irregular stems in familiar verbs*:

Aros	Arhos-
Cyrraedd	Cyrhaedd-
Gadael	Gadaw-
Dechrau	Dechreu-
Mwynhau	Mwynheu-

Revision 1

3. Yn y Sgwrs 1, dych chi'n gweld:

Siaradais i ... â phobl yn y siopau.

Â *causes a* treiglad llaes/*aspirate mutation*:

T>Th   C>Ch   P>Ph

Revision 2

Revision 3

Uned 2 – Dw i'n nabod rhywun sy'n...

Nod yr uned hon yw...
Gofyn cwestiynau a siarad am bobl eraill *Asking questions and talking about others*

Geirfa

camp(au)	*feat(s)*		**hyfforddwr(-wyr)**	*trainer(s)*
Ffrangeg	*French (iaith)*		**ymarfer corff**	*physical education*
Eidaleg	*Italian (iaith)*			
naid	*a jump*			
pêl fasged	*basketball*			
pêl-rwyd	*netball*			
sboncen	*squash*			

hyfforddi	*to train*		**byw**	*live, alive*

ar ben	*on top of*
chwarae teg	*fair play*
eleni	*this year*
holl	*all*

Geiriau pwysig i fi...

....

....

....

Sy

Dw i'n nabod rhywun sy'n byw yn Awstralia.	*I know someone who lives in Australia.*
Dw i'n nabod rhywun sy'n gweithio mewn ysbyty.	*I know someone who works in a hospital.*
Dw i'n nabod rhywun sy'n siarad Eidaleg.	*I know someone who speaks Italian.*
Dw i'n nabod rhywun sy'n gyrru Mini.	*I know someone who drives a Mini.*
Dw i ddim yn nabod neb sy'n byw yn Ffrainc.	*I don't know anyone who lives in France.*
Dw i ddim yn nabod neb sy'n gweithio mewn garej.	*I don't know anyone who works in a garage.*
Dw i ddim yn nabod neb sy'n siarad Almaeneg.	*I don't know anyone who speaks German.*
Dw i ddim yn nabod neb sy'n gyrru Ferrari.	*I don't know anyone who drives a Ferrari.*
Wyt ti'n nabod rhywun sy wedi bod yn y gemau Olympaidd?	*Do you know anyone who has been in the Olympic Games?*
Wyt ti'n nabod rhywun sy wedi bod yn Wimbledon?	*Do you know anyone who has been in Wimbledon?*
Wyt ti'n nabod rhywun sy wedi gwneud naid bynji?	*Do you know anyone who has done a bungee jump?*
Wyt ti'n nabod rhywun sy wedi dringo Ben Nevis?	*Do you know anyone who has climbed Ben Nevis?*

Ydw. ✔   Nac ydw. ✖

Wyt ti'n nabod rhywun sy...?

	Enw .... ✔ neu ✖	Enw .... ✔ neu ✖	Enw .... ✔ neu ✖
wedi bod yn Wimbledon?			
wedi bod yn y gemau Olympaidd?			
wedi gwneud naid bynji?			
wedi bod ar ben yr Wyddfa?			
wedi bod yn Ne America?			
wedi rhedeg marathon?			
wedi dysgu Cymraeg?			

Faint o bobl yn y dosbarth sy'n...?

	Dyfalu	Ateb	Sgôr
gyrru car coch?			
gweithio mewn swyddfa?			
brysur dydd Sul nesa?			
dod i'r dosbarth nesa?			
siarad Ffrangeg?			
canu'r piano?			
hoffi garddio?			

Beth sy ar y teledu heno?	*What's on television tonight?*
Beth sy i ginio fory?	*What is for dinner tomorrow?*
Pwy sy ar y ffôn?	*Who's on the phone?*
Faint sy yn y dosbarth?	*How many are in the class?*
Faint o lyfrau Cymraeg sy gyda chi?	*How many Welsh books do you have?*
Faint o ystafelloedd gwely sy gyda chi?	*How many bedrooms do you have?*
Faint o amser sy gyda chi?	*How much time have you got?*
Faint o waith sy gyda chi?	*How much work have you got?*

Pwy sy'n...?

Ysgrifennwch un enw (o'r rhestr) ym mhob bocs gwag:

edrych ar raglenni Cyw?	
gadael y tŷ heb frecwast yn y bore?	
chwarae dartiau?	
archebu bwyd ar y we?	
gweithio mewn meithrinfa?	
coginio bwyd Eidalaidd?	
nofio yn y môr bob dydd?	
priodi y flwyddyn nesa?	
byw yng nghefn gwlad?	
hoffi dysgu'r treigladau?	

Alaw   Bethan   Emyr   Gareth   Gruff   Fflur   Lowri   Marc   Siwan   Trefor

Sy, Oedd, Fydd

Dw i'n nabod rhywun sy'n chwarae golff.	*I know someone who plays golf.*
Dw i'n nabod rhywun oedd yn chwarae golff.	*I know someone who used to play golf.*
Dw i'n nabod rhywun fydd yn chwarae golff dydd Sul.	*I know someone who will be playing golf on Sunday.*

Sgwrs – Yn y swyddfa

A: Beth sy'n digwydd yn y gwaith yr wythnos yma?

B: Dim byd diddorol, fel arfer.

A: Pwy sy'n gweithio y penwythnos nesa?

B: Dim fi – Ceri, dw i'n meddwl.

A: Ceri? Ond gweithiodd Ceri y penwythnos diwetha hefyd.

B: Trueni...

A: Pwy sy'n mynd i'r cyfarfod 'te?

B: Pa gyfarfod?

A: Y cyfarfod yng Nghaerdydd gyda staff yr Alban.

B: Dw i ddim yn gwybod.

A: Maen nhw wedi trefnu tocynnau i'r gêm rygbi a'r gig yn y stadiwm wedyn.

B: Wel, erbyn meddwl, dw i'n gweithio y penwythnos nesa. Rhaid i fi fynd i Gaerdydd, felly.

A: Chwarae teg i ti!

Chwaraeon

Gyda'ch partner, ysgrifennwch o leia chwe gair ar y thema 'chwaraeon'.

Siaradwch

- Beth yw eich hoff chwaraeon i wylio/i wneud?
- Oes hoff seren chwaraeon gyda chi?
- Pan o'ch chi'n blentyn, pwy oedd eich hoff seren chwaraeon?
- Pan o'ch chi'n blentyn, beth oedd eich hoff chwaraeon?
- Beth do'ch chi ddim yn hoffi ei wneud mewn gwersi ymarfer corff yn yr ysgol?
- Dych chi'n nabod rhywun sy'n chwarae gemau bwrdd?
- Dych chi'n nabod rhywun sy'n mynd i sgio bob gaeaf?
- Beth sy'n digwydd yn y byd chwaraeon eleni?

Robin Radio

---

a)   **Atebwch:**

Beth sy'n digwydd yn Abercastell y mis nesa? ....

....

Pam dyw pobl y siopau ddim yn hapus?   ....

....

Beth sy'n digwydd yn Abercastell ar ddydd Sul fel arfer? ....

....

b)   **Gwrandewch am:**

Ble yn union bydd y gwaith?	*Where exactly will the work be?*
mae'n ddrwg gyda fi	*sorry*
y tu fa's	*outside*

c)   **Cyfieithwch:**

We must do the work. ....

I have heard. ....

What happens on Sundays? ....

Help llaw

---

1.   *We use* **sy** *to convey who is.../which is... to link two parts of the sentence:*

   Dw i'n nabod rhywun. Mae e'n gweithio yn yr archfarchnad.
   Dw i'n nabod rhywun **sy'n** gweithio yn yr archfarchnad.

2.   *In a question, we use* **sy** *after* **Pwy/Beth/Faint** *and before an* ***indefinite*** *noun, verb, adjective or preposition:*

   Pwy sy'n athro?
   Pwy sy'n mynd?
   Pwy sy'n oer?
   Pwy sy ar y bws?

   If there is a **definite** *noun or pronoun we use* **yw***:*

   Pwy yw'r athro?
   Beth yw'r pris?
   Faint yw e?

3.   **Sy** *is only used in the* **present** *tense. (Notice the* treiglad meddal *in other tenses):*

   Dw i'n nabod rhywun **fydd** yn chwarae golff.

Education 1

Uned 3 – Baswn i'n hoffi

Nod yr uned hon yw...

Mynegi dymuniad *Expressing a wish*
(baswn i, baset ti, basai fe, basai hi, basen ni, basech chi, basen nhw)

Geirfa

ffwrn (ffyrnau)	*oven(s)*
malwoden (malwod)	*snail(s)*
milltir(oedd)	*mile(s)*
oergell(oedd)	*fridge(s)*
olwyn(ion)	*wheel(s)*
priodas(au)	*wedding(s)*
rhewgell(oedd)	*freezer(s)*
Yr Eidal	*Italy*

cangarŵ(od)	*kangaroo(s)*
cinio rhost	*roast dinner*
crys(au)	*shirt(s)*
plwg (plygiau)	*plug(s)*

chwilio (am)	*to look (for)*
newid	*to change*
ymarfer	*to practise*

diolchgar	*grateful*

tramor	*abroad*
tybed?	*I wonder?*

Geiriau pwysig i fi...

....

....

Adolygu sy

Dilynwch y patrwm:
Beth yw actores? Person/Menyw sy'n actio.

actores	ffermwr	organydd	clerc
Americanes	garddwr	pianydd	awdur
cigydd	gweithiwr garej	Sbaenes	Ffrancwr
gwerthwr tai	tiwtor	ficer	nofelydd
athrawes	nyrs	tafarnwr	peilot

Baswn i

Baswn i'n hoffi mynd i'r Eidal.	*I would like to go to Italy.*
Baswn i'n hoffi dysgu Eidaleg.	*I would like to learn Italian.*
Baswn i'n hoffi bwyta pitsa.	*I would like to eat pizza.*
Baswn i'n hoffi yfed *Prosecco*.	*I would like to drink Prosecco.*

Faset ti'n gallu newid olwyn?	*Would you be able to change a wheel?*
Faset ti'n gallu newid plwg?	*Would you be able to change a plug?*
Fasech chi'n gallu rhedeg milltir?	*Would you be able to run a mile?*
Fasech chi'n gallu gwneud teisen briodas?	*Would you be able to make a wedding cake?*

Baswn. ☑	Na faswn. ☒
Faswn i ddim yn lico mynd i'r Sahara.	*I wouldn't like to go to the Sahara.*
Faswn i ddim yn lico dysgu dawnsio bol.	*I wouldn't like to learn to bellydance.*
Faswn i ddim yn lico bwyta malwod.	*I wouldn't like to eat snails.*
Faswn i ddim yn lico yfed coffi du.	*I wouldn't like to drink black coffee.*

Faset ti'n ....

bwyta cig cangarŵ?					
nofio yn y môr ym mis Rhagfyr yng Nghymru?					
ffonio cwis ar y radio?					
aros mewn gwesty dros y Nadolig?					
mynd i noson dawnsio llinell?					
bwyta bocs o siocledi mewn un noson?					
canu carolau yn y stryd?					
byw yng nghefn gwlad?					
hoffi dysgu'r treigladau?					

Basai Bethan yn byw dramor.   *Bethan would live abroad.*
Basai fe'n byw mewn carafán.   *He would live in a caravan.*
Basai hi'n byw ar ben mynydd.   *She would live on top of a mountain.*
Basai'r plant yn byw yn Llangrannog.   *The children would live in Llangrannog.*

Fasen ni ddim yn gwerthu ein tŷ ni.   *We wouldn't sell our house.*
Fasen ni ddim yn prynu jacwsi.   *We wouldn't buy a jacuzzi.*
Fasen nhw ddim yn gwerthu eu tŷ nhw.   *They wouldn't sell their house.*
Fasen nhw ddim yn prynu jacwsi.   *They wouldn't buy a jacuzzi.*

Ar ôl ennill y loteri...

Fasai fe'n prynu car newydd?   Basai. / Na fasai.
Fasai hi'n prynu tŷ newydd?   Basai. / Na fasai.
Fasech chi'n mynd i fyw i'r Bahamas?   Basen. / Na fasen.
Fasen nhw'n ymddeol?   Basen. / Na fasen.

Beth yw'r ateb?

Faset ti'n hoffi paned?	Basai.
Fasech chi'n mynd ar wyliau i Siberia?	Basech.
Fasai Ryan yn hoffi mynd i'r gêm bêl-droed?	Basen.
Fasai'r plant yn mwynhau mynd i'r ffair?	Basen.
Faswn i'n deall y ddrama?	Baswn.
Fasen nhw'n talu'r bil?	Basai.
Fasai hi'n dweud y gwir?	Baset.
Fasen ni'n gallu darllen y llyfr?	Basen.

Ble baset ti'n hoffi byw?	*Where would you like to live?*
Ble basech chi'n hoffi byw?	*Where would you like to live?*
Beth faset ti'n hoffi ei wneud?	*What would you like to do?*
Beth fasech chi'n hoffi ei wneud?	*What would you like to do?*

Sgwrs

Twm: Beth faset ti'n hoffi ei wneud y penwythnos yma?

Teleri: Mae sêl yn siop <u>Lewis Hughes</u>. Baswn i'n hoffi mynd yno i chwilio am fargen.

Twm: Beth wyt ti eisiau?

Teleri: Baswn i'n hoffi prynu <u>cot</u> newydd.

Twm: Pa liw?

Teleri: <u>Du</u>, dw i'n meddwl, basai cot ddu'n mynd gyda <u>phopeth</u>. Wyt ti eisiau prynu rhywbeth?

Twm: Nac ydw, ond baswn i'n hoffi cael <u>swper</u> yn y dre.

Teleri: Ble baset ti'n hoffi mynd?

Twm: Basai <u>pitsa</u> yn dda. Faset ti'n lico dod gyda fi am fwyd?

Teleri: Pam lai? Basen ni'n gallu mynd i'r sinema wedyn.

Twm: Beth sy ymlaen, tybed?

Basai'n well gyda fi...

Beth sy'n well gyda ti – sudd oren neu sudd afal?	*What do you prefer – orange juice or apple juice?*
Mae'n well gyda fi sudd oren.	*I prefer orange juice.*
Beth sy'n well gyda ti – te neu goffi?	*What do you prefer – tea or coffee?*
Mae'n well gyda fi de.	*I prefer tea.*
Beth fasai'n well gyda ti – te neu goffi?	*What would you prefer – tea or coffee?*
Basai'n well gyda fi goffi.	*I would prefer coffee.*
Beth fasai'n well gyda ti – cappuccino neu siocled poeth?	*What would you prefer – cappuccino or hot chocolate?*
Basai'n well gyda fi siocled poeth.	*I would prefer hot chocolate.*

Gyda'ch partner, trafodwch:

Fasech chi'n hoffi mynd i Ffrainc? Basai'n well gyda ni fynd i'r Eidal.
Fasech chi'n hoffi mynd i'r sinema? ....
Fasech chi'n hoffi chwarae dartiau gyda ni? ....
Fasech chi'n hoffi prynu ffôn newydd? ....
Fasech chi'n hoffi paned o de? ....
Fasech chi'n hoffi edrych ar y newyddion? ....

Dim ots

Does dim ots gyda fi.	*I don't mind.*
Doedd dim ots gyda fi.	*I didn't mind.*
Fydd dim ots gyda fi.	*I won't mind.*
Fasai dim ots gyda fi.	*I wouldn't mind.*

Dysgu Cymraeg

Gyda'ch partner, ysgrifennwch o leia chwe gair am 'ddysgu Cymraeg'.

Y Ganolfan
Dysgu Cymraeg
Genedlaethol —
National Centre
for Learning Welsh

Siaradwch

- Pryd dechreuoch chi ddysgu Cymraeg?
- Ble roedd eich dosbarth cynta?
- Pwy oedd eich tiwtor cynta?
- Sut dych chi'n ymarfer Cymraeg y tu fa's i'r dosbarth?
- Gyda phwy dych chi'n siarad Cymraeg?
- Gyda phwy basech chi'n hoffi siarad Cymraeg?
- Fasech chi'n hoffi gweld rhywun enwog yn dysgu siarad Cymraeg? Pwy?

Robin Radio

a)   Atebwch:

O ble mae'r teulu'n dod? ....
....

Beth mae Siani eisiau? ....
....

Sut maen nhw'n nôl y celfi? ....
....

b)   Gwrandewch am:

Mae'r cyngor wedi rhoi tŷ iddyn nhw.   *The council has given them a house.*

Baswn i wrth fy modd yn helpu.   *I would be delighted to help.*

c)   Cyfieithwch:

They have nothing in the house. ....

We would like anything. ....

We have a van. ....

Help llaw

1. Dysgwch:

Baswn i	Faswn i ddim	Faswn i?	Baswn/Na faswn
Baset ti	Faset ti ddim	Faset ti?	Baset/Na faset
Basai fe/hi	Fasai fe/hi ddim	Fasai fe/hi?	Basai/Na fasai
Basen ni	Fasen ni ddim	Fasen ni?	Basen/Na fasen
Basech chi	Fasech chi ddim	Fasech chi?	Basech/Na fasech
Basen nhw	Fasen nhw ddim	Fasen nhw?	Basen/Na fasen

2. Baswn i *comes from the verb* **bod**:

- Dw i = *I am*
- Ro'n i = *I was*
- Bydda i = *I will (be)*
- Baswn i = *I would (be)*

3. Cofiwch, **treiglad meddal** gyda chwestiwn: **F**asech chi?

4. Cofiwch, **treiglad meddal** yn y negyddol (achos does dim T, C, P): **F**aswn i ddim.

5. Weithiau, byddwch chi'n clywed pobl yn talfyrru *(abbreviate)*:

Baswn i	'Swn i	Basen ni	'Sen ni
Baset ti	'Set ti	Basech chi	'Sech chi
Basai fe/hi	'Sai fe/hi	Basen nhw	'Sen nhw

6. Hefyd, byddwch chi'n clywed ac yn gweld:

Baswn i – Byddwn i	Basen ni – Bydden ni
Baset ti – Byddet ti	Basech chi – Byddech chi
Basai fe/hi – Byddai fe/hi	Basen nhw – Bydden nhw

7. Fel arfer, *when we have a pattern where the person is changed at the end of the sentence rather than the beginning, we have the third person singular at the beginning:*

Mae'n well gyda fi.	*I prefer.*
Roedd yn well gyda fi.	*I used to prefer.*
Basai'n well gyda fi.	*I would prefer.*

Cond. 1   Would Do

Hefyd, mae **treiglad meddal** ar ôl **gyda fi**:
Basai'n well gyda fi **g**offi.

Uned 4 – Taswn i'n gyfoethog...

Nod
Mynegi dymuniad neu fwriad *Expressing a wish or intention*
(taswn i, taset ti, tasai fe, tasai hi, tasen ni, tasech chi, tasen nhw)

Geirfa

ardal(oedd)	*area(s)*
cerddoriaeth	*music*
cydweithwraig	*colleague*
elusen(nau)	*charity (-ies)*
ffeil(iau)	*file(s)*
lleuad	*moon*
trafferth(ion)	*trouble(s)*

achub	*to save, to rescue*
cofrestru	*to enrol*
cwympo	*to fall*
dwlu (ar)	*to love (rhywbeth)*
llefain, crïo	*to cry*
llosgi	*to burn*
papuro	*to paper*
pasio	*to pass*
rhoi	*to give*
suddo	*to sink*
torheulo	*to sunbathe*

cydweithiwr (cydweithwyr)	*colleague(s)*
cyfle(oedd)	*chance(s), opportunity (-ies)*
cynnig (cynigion)	*offer(s)*
dart(iau)	*darts(s)*
hamdden	*leisure*
oedolyn (oedolion)	*adult(s)*
pwrs (pyrsiau)	*purse(s)*
pwynt(iau)	*point(s)*
pwys(au)	*pound(s) (dim arian)*
pwysau	*weight, weights*
pythefnos	*fortnight*
twpsyn	*silly person*

addas	*suitable*
clasurol	*classical*
gwirfoddol	*voluntary*
preswyl	*residential*
tawel	*quiet*
sbeislyd	*spicy*

Geiriau pwysig i fi...

Baswn i'n hoffi mynd i'r sinema heno.	*I would like to go to the cinema tonight.*
Baswn i'n hoffi mynd i'r sinema taswn i'n gallu.	*I would like to go to the cinema if I could.*
Baswn i'n gweithio mewn ysgol taswn i'n gallu.	*I would work in a school if I could.*
Baswn i'n rhedeg marathon taswn i'n gallu.	*I would run a marathon if I could.*
Baswn i'n mynd ar wyliau yfory taswn i'n gallu.	*I would go on holiday tomorrow if I could.*
Faset ti'n hoffi mynd i weld opera taset ti'n gallu?	*Would you like to go to see an opera if you could?*
Faset ti'n gweithio mewn ysgol taset ti'n gallu?	*Would you work in a school if you could?*
Fasech chi'n rhedeg marathon tasech chi'n gallu?	*Would you run a marathon if you could?*
Fasech chi'n mynd ar wyliau yfory tasech chi'n gallu?	*Would you go on holiday tomorrow if you could?*

Baswn. ✓   Na faswn. ✗

Tasai Tara'n ymddeol, basai hi'n symud tŷ.	*If Tara retired, she would move house.*
Tasai Tara'n torheulo, basai hi'n llosgi.	*If Tara sunbathed, she would burn.*
Tasai Non yn trio nofio, fasai hi'n suddo?	*If Non tried to swim, would she sink?*
Tasai Lewis yn trio'r prawf gyrru, fasai fe ddim yn pasio.	*If Lewis tried the driving test, he wouldn't pass.*
Tasen ni'n clywed jôc, basen ni'n chwerthin.	*If we heard a joke, we would laugh.*
Tasen ni'n ymddeol, basen ni'n teithio.	*If we retired, we would travel.*
Tasech chi'n trio sgio, fasech chi'n cwympo?	*If you tried to ski, would you fall?*
Tasen nhw'n gweld ffilm drist, fasen nhw ddim yn llefain.	*If they saw a sad film, they wouldn't cry.*

1 - fi   **4** - ni
2 - ti   **5** - chi
3 - hi   **6** - nhw

2 = Taset ti'n nofio, faset ti'n suddo?

1	torheulo	chwarae pêl-droed	suddo	sgorio
2	nofio	ennill y loteri	llosgi	chwerthin
3	sgio	gweld ffilm drist	dysgu Ffrangeg	cysgu
4	clywed jôc	ymddeol	prynu...	ymlacio
5	yfed coffi du	symud i Ffrainc	dihuno	cwympo
6	gwylio criced	ennill y loteri	llefain	teithio

Sgwrs 1

A: Does dim bwyd yn y tŷ eto!

B: Faset ti'n lico mynd ma's am fwyd?

A: Na faswn, dim heno – dw i wedi blino ac mae pêl-droed ar y teledu.

B: Beth am gael têcawê, 'te?

A: Iawn.

B: Baswn i'n hoffi pitsa.

A: O na, mae'r pitsas yn ddrud iawn – dim ond bara, caws, tipyn o sos tomato, cig a llysiau ydyn nhw!

B: Faset ti'n lico cyrri, 'te?

A: Na faswn wir, dim ond reis a thipyn o gig, llysiau a sos sbeislyd yw e.

B: Oes pwynt gofyn fasai'n well gyda ti fwyd Tsieineaidd?

A: Wel, basai'n well gyda fi fwyd Tsieineaidd, a dweud y gwir!

B: O'r gorau 'te. Pwy sy'n mynd i ffonio? Fi?

A: Ie, a phan wyt ti'n mynd, faset ti'n gallu prynu potel o win o'r garej?

B: Baswn, wrth gwrs. Pa fath o win faset ti'n lico? Gwin coch?

A: Basai'n well gyda fi win gwyn...

Siaradwch

- Tasech chi'n cael pryd têcawê nos Sadwrn, beth fasech chi'n ei ddewis?
- Beth fasech chi'n ei yfed gyda'r bwyd?
- Beth fasech chi ddim yn ei ddewis?

Baswn i'n coginio tasai amser gyda fi.	*I would cook if I had time.*
Baswn i'n talu tasai arian gyda fi.	*I would pay if I had money.*
Baswn i'n aros tasai gwaith gyda fi.	*I would stay if I had work.*
Baswn i'n ffonio tasai'r rhif gyda fi.	*I would phone if I had the number.*
Basai fe'n coginio tasai amser gyda fe.	*He would cook if he had time.*
Basai hi'n talu tasai arian gyda hi.	*She would pay if she had money.*
Basen ni'n aros tasai gwaith gyda ni.	*We would stay if we had work.*
Basen nhw'n ffonio tasai'r rhif gyda nhw.	*They would phone if they had the number.*

Gyda'ch partner, unwch y ddau hanner.

1. Tasai car gyda fi,

2. Tasai newyddion,

3. Tasai'r car ddim gyda fi,

4. Tasai tân yn y tŷ,

5. Tasai hi'n braf,

6. Tasai llwnc tost gyda fi,

7. Taswn i'n colli fy mhwrs,

8. Tasai amser gyda fi,

a. baswn i'n yfed lemwn a mêl.

b. baswn i'n cael bws.

c. baswn i'n gwneud fy ngwaith cartref.

ch. baswn i'n rhoi lifft i ti.

d. baswn i'n ffonio'r banc.

dd. baswn i'n eich ffonio chi.

e. baswn i'n achub fy ffeil Gymraeg.

f. baswn i'n nofio yn y môr.

Sgwrs 2

A. Pryd 'dyn ni'n mynd i bapuro'r ystafell yma?

B: *Baswn* i'n gwneud *tasai* amser gyda fi, ond .....

A. *Tasai* amser gyda ti, wir! Mae digon o amser gyda ti i wylio pêl-droed a chwarae dartiau.

B. Rhaid i fi ymlacio tipyn bach weithiau.

A. Ymlacio! *Baswn* i'n lico cael cyfle i ymlacio weithiau, ond rhwng y smwddio, y golchi, y glanhau, y coginio ...

B. Cofia am fy *sciatica* i. Beth *taswn* i'n cael trafferth gyda fy nghefn eto?

A. Trafferth gyda dy gefn, wir! Coda o'r gadair 'na nawr a dechreua stripio!

B. Ond mae'n oer. Beth *taswn* i'n cael niwmonia?

A. Stripio'r papur wal, y twpsyn!

Darllen a siarad

Hwyl wrth gadw'n heini!

Cyfle i ddechrau'r flwyddyn gyda hobi newydd iach!

Tasech chi'n mynd i un o'r cyrsiau yma, pa un fasech chi'n ei ddewis? Pam?

Pa un fasech chi **ddim** yn ei ddewis? Pam?

Zumba

Dych chi'n hoffi dawnsio? Dych chi eisiau colli pwysau?

Dewch i'r dosbarth Zumba yn neuadd y Ganolfan Hamdden bob nos Iau am 8pm.

Cost: £4.50 yr awr.

Bydd y sesiwn gynta'n dechrau ar 6 Ionawr, am 15 wythnos.

Croeso cynnes i bawb.

Dawnsio Bol

Dewch i gael llawer o hwyl yn y dosbarthiadau dawnsio bol.

Bob nos Lun rhwng 7 a 9 o'r gloch, am 10 wythnos.

Bargen am £5! Bydd y sesiwn gynta ar 24 Ionawr.

Dewch â ffrind!

Bydd y dosbarth yn neuadd Canolfan Hamdden Abercastell.

Dosbarth Ioga

Cyfle i chi ymlacio wrth gadw'n heini.

Dewch i'r sesiwn gynta yn neuadd y Ganolfan fore Mercher 16 Ionawr am 11.30am.

Cwrs 10 wythnos, £3 y sesiwn.

Cofiwch wisgo dillad addas.

Oedolion yn unig.

Nofio i oedolion

Dych chi'n gallu nofio? Dych chi eisiau dysgu?

Dewch am wersi yn y pwll nofio bob nos Lun rhwng 7 a 9 o'r gloch.

Cost y cwrs yw £100 am 20 wythnos.

Ffoniwch y Ganolfan i gofrestru ac i dalu am y cwrs. Rhaid i chi dalu cyn 1 Ionawr.

Bydd y sesiwn gynta ar 18 Ionawr, a bydd y cwrs yn gorffen ym mis Mehefin.

Sgwrs 3 — Taswn i'n un deg wyth oed eto...

A: Beth fasech chi'n ei wneud tasech chi'n un deg wyth oed eto?

B: Baswn i'n teithio o gwmpas y byd.

A: Diddorol! Ble basech chi'n dechrau?

B: Baswn i'n dechrau yn <u>Dubai</u>.

A: Dw i'n gweld. Ble basech chi'n mynd wedyn?

B: Baswn i'n mynd i <u>Seland Newydd</u>.

A: Beth fasech chi'n ei wneud yno?

B: Baswn i'n gweithio <u>ar fferm</u>.

A: Da iawn! Am faint basech chi'n mynd?

B: Baswn i'n mynd am <u>chwe mis</u>.

Siaradwch

- Beth oedd yn bwysig i chi pan o'ch chi'n un deg wyth oed?
- Beth fasech chi'n ei wneud tasech chi'n un deg wyth oed eto?
- Dych chi'n nabod rhywun sy tua un deg wyth oed nawr?

Diddordebau

Gyda'ch partner, ysgrifennwch dair brawddeg am ddiddordebau.

1. Dw i'n mwynhau gweithio mewn prifysgol
2. Dw i wrth fy modd yn darllen cylchgronau.
3. Yr wythnos nesa, bydda i'n mynd i'r dafarn gyda ffrindiau.

Geirfa

- chwaraeon
- darllen – nofelau
- mynd i'r sinema/theatr
- cerdded
- teithio – gwyliau
- garddio
- cerddoriaeth
- mynd ma's gyda ffrindiau
- cyfrifiaduron – y we
- hanes
- siopa
- dysgu Cymraeg
- gwaith gwirfoddol

Cyffredinol

- Dw i'n hoffi...
- Dw i'n mwynhau...
- Dw i wrth fy modd yn...
- Dw i'n dwlu ar...
- Dw i'n hoff o...
- Mae diddordeb gyda fi mewn...

Beth nesa?

- Yr wythnos nesa, bydda i'n....
- Tasai amser/digon o arian gyda fi, baswn i'n....

Yn y gorffennol...

- Pan o'n i'n ifanc...
- Cyn i fi gael plant...
- Cyn priodi....
- Ro'n i'n arfer...
- Yr wythnos diwetha,...

Siaradwch am eich diddordebau chi – nawr, pan o'ch chi'n blentyn, a beth fasech chi'n hoffi ei wneud yn y dyfodol.

Robin Radio

a)   Atebwch:

Ble mae Anti Mair wedi bod ar wyliau? ....

Ydy Anti Mair eisiau ymddeol? ....

Pryd bydd Anti Mair yn ôl yn y gwaith? ....

b)   Gwrandewch am:

Roedd y tywydd yn grasboeth!   *The weather was scorching!*

Taswn i yn eich lle chi...   *If I were in your place...*

Ro'n i'n gweld eisiau gweithio.   *I missed working.*

c)   Cyfieithwch:

I would go back tomorrow. ....

If you were to retire... ....

The carnival has finished. ....

Help llaw

1.   *If* is included in the form **taswn**. *There is no need to say* **os**.

     Baswn i'n dod taswn i'n gallu.   *I would come if I could.*
     Baswn i'n helpu taswn i ddim yn gweithio.   *I'd help if I wasn't working.*

2.   Weithiau dych chi'n clywed *shortened versions*:

taswn i	**'swn i**
taset ti	**'set ti**
tasai fe/hi/Ceri/y plant	**'sai fe/'sai hi/ 'sai Ceri/ 'sai'r plant**
tasen ni	**'sen ni**
tasech chi	**'sech chi**
tasen nhw	**'sen nhw**

3.   tasai _____ gyda fi   *if I had* _____

tasai _____ gyda nhw   *if they had* _____

lit. *if there were* _____ *with me/them.* Tasai *is always at the beginning and we change the person at the end, like with other tenses:*

Mae pen tost gyda fi.

Roedd pen tost gyda fi.

Bydd pen tost gyda fi.

Basai pen tost gyda fi.

Tasai pen tost gyda fi...

4.   Pan dych chi'n dweud **if** yn Gymraeg, mae amser dau hanner y frawddeg yn cytuno. Mae hyn yn wahanol yn Saesneg:

Baswn i'n mynd **tasai** hi'n braf.

I would go if it were fine.   (**lit.** *if it would be fine*)

Bydda i'n mynd os **bydd** hi'n braf.

I will be going if it is fine.   (**lit.** *if it will be fine*)

Cond. 1

Would Do

Uned 5 – Ces i fy ngeni

Nod

Siarad am gael eich geni a'ch magu *Talking about being born and brought up*

Geirfa

acen(ion)	*accent(s)*
canrif(oedd)	*century (centuries)*
dinas(oedd)	*city (cities)*
llysfam(au)	*stepmother(s)*
merch(ed)	*daughter(s)*
oes(oedd)	*age(s)* (amser)
wyres(au)	*granddaughter(s)*
ysgol gyfun	*comprehensive school*
ysgol gynradd	*primary school*
ysgol uwchradd	*secondary school*

llystad(au)	*stepfather(s)*
ŵyr (wyrion)	*grandson(s), grandchild(ren)*
ysgariad(au)	*divorce(s)*

actio	*to act*
geni	*to be born*
magu	*to bring up*

anhygoel	*amazing*
gwahanol	*different*

ta beth	*anyway*

Geiriau pwysig i fi...

....

....

....

Dych chi'n cofio?

Ces/Ges i <u>dost</u> i frecwast.
Beth gest <u>ti</u> i ginio?
Ces/Ges i fy nghar cynta <u>yn 1990</u>.
Pryd cawsoch/gaethoch <u>chi</u> eich swydd gynta?

Ces i/Ges i fy ngeni yn Abertawe.	*I was born in Swansea.*
Ces i/Ges i fy ngeni mewn ysbyty.	*I was born in a hospital.*
Ces i/Ges i fy ngeni ym mis Mawrth.	*I was born in March.*
Ces i/Ges i fy magu mewn pentre.	*I was brought up in a village.*
Ces i/Ges i fy magu mewn teulu mawr.	*I was brought up in a large family.*
Ces i/Ges i fy magu yng Nghymru.	*I was brought up in Wales.*
Ble cest ti/gest ti dy eni?	*Where were you born?*
Ble cest ti/gest ti dy fagu?	*Where were you brought up?*

Enw	geni	magu

Ble cawsoch/gaethoch chi eich geni?	*Where were you born?*
Ble cawsoch/gaethoch eich magu?	*Where were you brought up?*

Y Gwanwyn
Mawrth
Ebrill
Mai

Yr Haf
Mehefin
Gorffennaf
Awst

Yr Hydref
Medi
Hydref
Tachwedd

Y Gaeaf
Rhagfyr
Ionawr
Chwefror

Cawson ni/Gaethon ni ein geni yn y gwanwyn.	*We were born in spring.*
Cawson ni/Gaethon ni ein geni yn yr haf.	*We were born in summer.*
Cawson nhw/Gaethon nhw eu geni yn yr hydref.	*They were born in autumn.*
Cawson nhw/Gaethon nhw eu geni yn y gaeaf.	*They were born in winter.*

Cafodd/Gaeth fy nhad i ei eni yn ne Cymru.

My father was born in south Wales.

Cafodd e/Gaeth e ei eni yn ne Cymru.

He was born in south Wales.

Cafodd/Gaeth fy mam i ei geni yn ne Lloegr.

My mother was born in the south of England.

Cafodd hi/Gaeth hi ei geni yn ne Lloegr.

She was born in the south of England.

Pa ganrif?

Pryd cafodd/gaeth John ei eni?
Pryd cafodd/gaeth e ei eni?
Pryd cafodd/gaeth Siân ei geni?
Pryd cafodd/gaeth hi ei geni?

When was John born?
When was he born?
When was Siân born?
When was she born?

Cafodd e/Gaeth e ei eni yn y ganrif ddiwetha.
Cafodd e/Gaeth e ei eni yn y ganrif yma.
Cafodd hi/Gaeth hi ei geni yn y ganrif ddiwetha.
Cafodd hi/Gaeth hi ei geni yn y ganrif yma.

He was born in the last century.
He was born in this century.
She was born in the last century.
She was born in this century.

Darllen

Mae Russell a Kylie yn cwrdd ar awyren o Gaerdydd i Sydney.

Russell: Helô Kylie, sut wyt ti ers oesoedd?

Kylie: Wel sut wyt ti, Russell? Dw i ddim wedi dy weld di ers dyddiau *Neighbours.*

Russell: Ble rwyt ti'n mynd,'te?

Kylie: Dw i'n mynd adre i weld y teulu yn Awstralia. Cest ti dy eni yn Awstralia, on'd do?

Russell: Naddo, yn Wellington, Seland Newydd.

Kylie: Ces i fy ngeni yn Awstralia, wrth gwrs. Ond cafodd mam ei geni ym Maesteg. Mae teulu gyda fi yng ngogledd Cymru hefyd.

Russell: Wel, byd bach. Cafodd fy nhad-cu i ei eni yn Wrecsam.

Kylie: Gest ti dy fagu yn Awstralia, 'te?

Russell: Do, yn Sydney, am dipyn, ac wedyn aethon ni'n ôl i Seland Newydd.

Kylie: Wel, ces i fy magu ym Melbourne.

Russell: Wel, 'dyn ni'n gallu bod yn 'Gymdogion' ar yr awyren, ta beth.

Gyda'ch partner, ffeindiwch ddau beth sy'n debyg am Kylie a Russell, a dau beth gwahanol. Atebwch mewn brawddegau.

1. ....

   ....

2. ....

   ....

3. ....

   ....

4. ....

   ....

Lluosog *(Plurals)*

Does dim patrwm i luosog (*plurals*) geiriau'r teulu.
Rhaid i chi ddysgu beth dych chi angen!

Unigol	Lluosog
mam	mamau
tad	tadau
chwaer	chwiorydd
brawd	brodyr
merch	merched
mab	meibion
cyfnither	cyfnitherod
cefnder	cefndryd
wyres	wyresau
ŵyr	wyrion
llystad	llystadau
llysfam	llysfamau

Gofynnwch i'r tiwtor os dych chi angen geiriau gwahanol.

Blynyddoedd

Sut dych chi'n dweud y blynyddoedd yma yn Gymraeg?
Gweithiwch gyda'ch partner.

1926
....

1939
....

1945
....

1962
....

1973
....

1980
....

2000
....

2001
....

2002
....

2014
....

Holiadur

Llenwch y bylchau drwy ofyn cwestiynau, e.e.
Ble cafodd Gareth Bale ei eni?/Pryd cafodd Laura Ashley ei geni?
Cofiwch am y treiglad trwynol ar ôl **yn**!

Partner A

Enw	Ble?	Pryd?
Dylan Thomas		1914
Shirley Bassey	Caerdydd	
Anthony Hopkins		1937
Rhys Ifans	Hwlffordd	
Colin Jackson		1967
Catherine Zeta-Jones	Abertawe	
Gareth Bale	Caerdydd	
Richard Burton		1925
Aneurin Bevan		1897
Huw Stephens	Caerdydd	
Tom Jones	Trefforest	1940
Laura Ashley		1925
Roald Dahl	Caerdydd	
Lloyd George		1863
George Everest	Crucywel	
Tanni Grey-Thompson		1969
Mam Delia Smith	Pen Llŷn	
Tad Bob Marley		1882
Mam-gu Hillary Clinton		1883
Tad-cu Russell Crowe	Wrecsam	

Partner B

Enw	Ble?	Pryd?
Dylan Thomas	Abertawe	
Shirley Bassey		1937
Anthony Hopkins	Margam	
Rhys Ifans		1967
Colin Jackson	Caerdydd	
Catherine Zeta-Jones		1969
Gareth Bale		1989
Richard Burton	Pont-rhyd-y-fen	
Aneurin Bevan	Tredegar	
Huw Stephens		1981
Tom Jones		
Laura Ashley	Merthyr	
Roald Dahl		1916
Lloyd George	Manceinion	
George Everest		1790
Tanni Grey-Thompson	Caerdydd	
Mam Delia Smith		1919
Tad Bob Marley	Prestatyn	
Mam-gu Hillary Clinton	Pennsylvania (roedd ei rhieni hi'n dod o Ferthyr Tudful)	
Tad-cu Russell Crowe		1907

Ble cafodd Shirley Bassey, Colin Jackson, Gareth Bale, Roald Dahl a
Tanni Grey-Thompson eu geni?

Ble cafodd Catherine Zeta-Jones a Dylan Thomas eu geni?

Pryd cafodd Shirley Bassey ac Anthony Hopkins eu geni?

Pryd cafodd Rhys Ifans a Colin Jackson eu geni?

Sgwrs – Yn y Clwb Cymraeg yn Llundain

A: Ble cest ti dy eni?

B: Ces i fy ngeni yn Ysbyty Abercastell.

A: Wel, wel, ces i fy ngeni yn Ysbyty Trecastell. Ddim yn bell.

B: Wel, wir, byd bach! Ble est ti i'r ysgol 'te?

A: Es i i'r ysgol yn Nhrecastell, wrth gwrs. Ble est ti i'r ysgol?

B: Es i i'r ysgol gynradd yn Abercastell ac i'r ysgol uwchradd Gymraeg yn Nhrecastell.

A: Wel, wir! Es i ddim i'r ysgol Gymraeg ond es i i'r ysgol yn Nhrecastell hefyd.

B: Ble dechreuaist ti ddysgu Cymraeg, 'te?

A: Yn y coleg yn Nhrecastell mewn dosbarth nos. Ces i fy nysgu gan Rhiannon Roberts.

B: Anhygoel! Rhiannon Roberts yw fy mam i!

A: Wel, wir, byd bach!

B: Diod arall?

A: Dim diolch. Roedd hi'n athrawes ofnadwy.

Teulu a ffrindiau

Gyda'ch partner, ysgrifennwch o leia chwe gair am eich teulu neu eich ffrindiau.

Siaradwch

Siaradwch am aelod o'r teulu neu ffrind da. Cofiwch ddweud:

• ble cafodd y person ei eni

• ble cafodd y person ei fagu

• beth yw/oedd gwaith y person

• beth mae/oedd e/hi'n hoffi ei wneud.

Gwrando a gwylio

Edrychwch ar y fideo ac ysgrifennwch ddau beth am dair o'r merched – ble cawson nhw eu geni/magu.

Enw: ....

1a. ....

1b. ....

Enw: ....

2a. ....

2b. ....

Enw: ....

3a. ....

3b. ....

Dych chi nawr yn gallu darllen *Y Stryd* gan Helen Naylor. Dych chi'n gallu prynu'r llyfr yn eich siop Gymraeg leol neu ar www.gwales.com

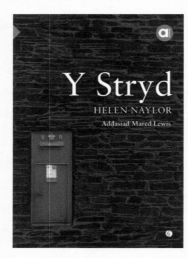

Dyma'r clawr a'r paragraff cynta.

Mae Stryd y Parc yn stryd yn Llandudno, gogledd Cymru.

Un nos Wener ym mis Mawrth, am chwech o'r gloch, roedd pobl yn dod adre o'r gwaith fel arfer. Roedd y plant ysgol adre'n barod.

Robin Radio

a)   Atebwch:

Ble mae Marlon a Chuck? ....

Beth mae Ffiffi eisiau ei wneud?

i)   ....

ii) ....

b)   Gwrandewch am:

Mae eich Cymraeg chi'n ardderchog.	*Your Welsh is excellent.*
Os ca' i ddweud.	*If I may say.*
Mae hi eisiau newid ei henw.	*She wants to change her name.*

c)   Cyfieithwch:

She is very well, thanks. ....

She has red hair. ....

She burns in the sun. ....

Help llaw

Y Goddefol – *The Passive*

To create the passive pattern (when something happens to the subject), you need to combine 2 familiar elements:

I had + pronoun (e.e. fy, dy, eich) and relevant mutation + verb =

Ces i + fy + ngeni

The concise form of the verb **cael** *'to have' is:*

ces i   cawson ni
cest ti   cawsoch chi
cafodd e/hi   cawson nhw

(Cofiwch, byddwch chi hefyd yn gweld: Ges i, Gest ti, Gaeth e/hi, Gaethon ni, Gaethoch chi, Gaethon nhw)

In order to be confident using this passive voice, you have to be able to use the past tense of cael *and the possessive pronouns:*

Ces i fy ngeni (tr. trwynol)   Cawson ni ein geni
Cest ti dy eni (tr. meddal)   Cawsoch chi eich geni
Cafodd e ei eni (tr. meddal)   Cawson nhw eu geni
Cafodd hi ei geni (tr. llaes)

Brought up

Uned 6 – Adolygu ac Ymestyn

Nod yr uned hon yw...
Adolygu ac ymestyn *Revision and extension*

Geirfa

amserlen(ni)	*timetable(s)*

addurno	*to decorate*
cymdeithasu	*to socialise*

adloniant	*entertainment*
arfordir(oedd)	*coast(s)*
bwthyn (bythynnod)	*cottage(s)*
cimwch (cimychiaid)	*lobster(s)*
cranc(od)	*crab(s)*
cymeriad(au)	*character(s)*
dyddiadur(on)	*diary (diaries)*
llwybr(au)	*path(s)*

amyneddgar	*patient*
blasus	*tasty*

bob yn ail	*every other, alternate*
y llall (y lleill)	*the other(s)*

Geiriau pwysig i fi...

....

....

....

Gêm o gardiau

	♠	♦	♣	♥
A	Beth sy'n well gyda chi – bath neu gawod?	Ble cawsoch chi eich magu?	Gaethoch chi eich geni yn yr haf?	Beth brynoch chi ddiwetha ar y we?
2	Dych chi'n nabod rhywun sy'n gyrru car gwyrdd?	Dych chi'n berson amyneddgar?	Ble cawsoch chi eich geni?	Beth o'ch chi'n hoffi ei wneud mewn gwersi chwaraeon yn yr ysgol?
3	Dych chi'n mwynhau cymdeithasu?	Ble gaeth eich ffrind gorau chi ei fagu/ magu?	Pa ffilm fasech chi'n hoffi ei gweld yn y sinema?	Tasech chi'n cael cynnig malwod mewn bwyty, fasech chi'n bwyta un?
4	Ble dych chi'n siopa Nadolig fel arfer?	Dych chi'n nabod rhywun sy wedi bod yn India?	Tasech chi'n cael mynd am noson i ddinas, ble basech chi'n mynd?	Faint o'r gloch aethoch chi i'r gwely neithiwr?
5	Fasech chi'n hoffi gwyliau sgio neu wyliau ar lan y môr?	Ble dych chi'n byw?	Ble basech chi'n hoffi byw, tasai llawer o arian gyda chi?	Oes beic gyda chi?
6	Tasech chi'n gallu addurno unrhyw ystafell yn y tŷ, pa un fasai hi?	Tasech chi'n cael pwdin nawr, beth fasech chi'n ei ddewis?	Fasech chi'n gallu rhedeg marathon?	Dych chi'n nabod rhywun sy'n gwneud karate/taekwondo/ jiwdo?
7	Beth dych chi'n hoffi ei wneud yn eich amser sbâr?	Tasech chi'n gweld hysbyseb am gwrs ioga am ddim, fasech chi'n mynd?	I ble aethoch chi mewn awyren ddiwetha?	Fasech chi'n hoffi mynd i noson bingo?
8	Tasai mwy o amser gyda chi, beth fasech chi'n hoffi ei wneud?	Beth do'ch chi ddim yn hoffi ei wneud mewn gwersi chwaraeon yn yr ysgol?	Beth fasech chi'n hoffi ei wneud y penwythnos yma?	Ble cafodd eich mam chi ei magu?
9	Tasech chi'n cael tocyn am ddim, fasech chi'n mynd i weld *Hamlet*?	Dych chi'n cadw dyddiadur?	O ble dych chi'n dod yn wreiddiol?	Tasech chi'n ennill raffl, beth fasech chi'n hoffi ei ennill?
10	Gyda phwy basech chi'n hoffi cael pryd o fwyd? (person enwog)	Beth fydd yn digwydd yn y byd chwaraeon yn ystod y deuddeg mis nesa?	Tasech chi'n cael paned nawr, beth fasech chi'n ei ddewis?	Dych chi'n nabod rhywun sy'n gweithio mewn garej?
Jac	Faint o'r gloch codoch chi heddiw?	Beth yw'ch gwaith chi?	Beth sy ar y teledu nos Sul?	Dych chi'n mwynhau siopa yn y sêls?
Brenhines	Dych chi'n casglu rhywbeth?	Dych chi'n mynd i gampfa o gwbl?	Ble dych chi'n prynu dillad fel arfer?	Dych chi'n nabod rhywun sy'n byw yng Nghanada?
Brenin	Ble dych chi'n prynu bwyd fel arfer?	Dych chi'n nabod rhywun sy'n canu mewn côr?	Dych chi'n hoffi eira?	Fasech chi'n lico paned o goffi?

Adolygu

Beth yw'r cwestiwn?

....   Ces/Ges i fy ngeni yn Abertawe.

....   Ces/Ges i fy magu ym Aberystwyth.

....   Cafodd/Gaeth e ei eni yn y gogledd.

....   Cafodd/Gaeth hi ei magu yng Nghaerfyrddin.

Ynganu

Darllenwch y darn yma i'ch partner. Merched – **Llinos Llywarch**. Dynion – **Llion Llywarch**.

Helô, Llinos Llywarch/Llion Llywarch dw i. Dw i wedi prynu tafarn y Llew Llwyd. Cogydd dw i. Dysgais i sut i goginio yn y coleg yn Llandrindod, ac wedyn yn Llundain mewn gwesty mawr. Ces i fy ngeni a fy magu yma yn Llanelli. Penderfynais i werthu fy nghaffi yn Llangrannog a phrynu'r Llew Llwyd yn Llanelli.

Mae polisi arbennig yn y Llew Llwyd – rhaid i bawb sy'n gweithio yma siarad Cymraeg. Mae rhai o'r staff wedi dysgu yn y coleg. 'Dyn ni'n defnyddio bwyd lleol pan 'dyn ni'n gallu. 'Dyn ni'n coginio bwyd blasus o Gymru a phitsas, achos mae fy mhartner i'n dod o'r Eidal! Mae'n hapus yma yng Nghymru ond mae'n bell i fynd i weld y teulu. Mae bwydlen y Llew Llwyd yn Gymraeg a Saesneg wrth gwrs, ac mae tipyn bach o Eidaleg hefyd!

Baswn i'n hoffi ennill seren Michelin yn y Llew Llwyd, a chael rhaglen goginio ar S4C. Taswn i'n cael seren Michelin a rhaglen deledu, baswn i'n gallu agor y Llew Llwyd fel gwesty bach hefyd. Does dim digon o arian gyda fi i wneud hynny eto, ond mae'n braf cael breuddwyd! Mae pob bwrdd yn y tŷ bwyta'n llawn yn y Llew Llwyd am y pythefnos nesa. Fallai bydda i'n gallu agor tŷ bwyta arall cyn bo hir – y Llew Llwyd yn Llanelli a'r llall yn Llangrannog.

Newidiwch y darn i sôn am Llinos/Llion – Dyma Llinos/ Llion. Mae hi/e wedi prynu... Brawddeg bob yn ail!

Siaradwch:

- Beth sy'n arbennig am y Llew Llwyd?
- Tasech chi'n prynu tafarn neu dŷ bwyta, beth fasech chi'n ei wneud yno?
- Oes hoff dŷ bwyta gyda chi?
- Ble aethoch chi i fwyta ma's ddiwetha?

Y llall/Y lleill

Mae un car yn y tŷ ac mae'r **llall** yn y <u>maes parcio</u>.

Mae un plentyn yn yr ysgol ac mae'r **llall** <u>yn y coleg</u>.

Mae un rhaglen newyddion am naw o'r gloch ac mae'r **llall** am <u>ddeg</u>.

Mae un dosbarth yn y bore ac mae'r **llall** <u>yn y prynhawn</u>.

Mae rhai ffrindiau'n byw ym Mhontypridd ac mae'r **lleill** yn byw <u>yn Llanelli</u>.

Mae rhai llyfrau yn y swyddfa ac mae'r **lleill** <u>yn y tŷ</u>.

Mae rhai dosbarthiadau yn y llyfrgell ac mae'r **lleill** yn y <u>coleg</u>.

Mae rhai plant yn chwarae rygbi ac mae'r **lleill** yn chwarae <u>hoci</u>.

Siaradwch – Yr ardal

Gyda'ch partner, ysgrifennwch o leia 10 gair am y thema 'Yr ardal'.

Yr ardal

- Pryd symudoch chi i'r ardal yma?
- Beth sy yn yr ardal? Oes siop/theatr/canolfan hamdden/pwll nofio/sinema/gorsaf drên yn yr ardal?
- Beth fasech chi'n hoffi ei weld yn yr ardal sy ddim yma ar hyn o bryd?
- Ble dych chi'n hoffi mynd am dro yn yr ardal?
- Dwedwch rywbeth am eich hoff le chi yn yr ardal.
- Beth fyddwch chi'n ei wneud nesa yn yr ardal?

Gwylio a gwrando

Gwyliwch y fideo am Aberdaron yng Ngogledd Cymru.
Atebwch y cwestiynau:

1. Ble yn Aberdaron mae'r person yn aros?

2. Sawl tafarn sy yn Aberdaron?

3. Pryd dych chi'n gallu mynd i Ynys Enlli (*Bardsey Island*)?

4. Beth dych chi'n gallu ei brynu yn y siopau? (2 beth)

5. Ble dych chi'n gallu mynd ar y bws bach?

6. Pryd dych chi ddim yn gallu defnyddio'r bws bach?

7. Beth sy ddim yn Aberdaron?

8. Sut dych chi'n cael arian parod yn Aberdaron?

Sgwrs – Ar y bws

Gyrrwr bws: Bore da. Croeso i Geredigion a chroeso i'r bws. Mae'n braf, on'd yw hi?

Cerddwr: Ydy, wir. Gaf i ddod ar y bws <u>o Lanrhystud i Aberaeron</u>? Dw i eisiau cael cinio ar lan y môr heddiw.

Gyrrwr bws: Cewch, wrth gwrs. Mae'n cymryd <u>45</u> munud.

Cerddwr: Gwych. Pryd mae'r bws yn mynd yn ôl <u>o Aberaeron i Lanrhystud</u>?

Gyrrwr bws: <u>Am chwarter wedi pedwar</u>.

Cerddwr: Perffaith. Dw i eisiau dod yn ôl i gael swper yn <u>Llanrhystud</u> achos dw i'n aros mewn bwthyn yna.

Gyrrwr bws: Dewch 'te, ac ymlaciwch!

Cerddwr: Diolch!

Nawr, defnyddiwch yr amserlen i wneud deialogau newydd.

Bysus Ceredigion					
Aberystwyth	08.30	13:00	Llangrannog	10:45	15:15
Llanrhystud	08:45	13:15	Ceinewydd	11:00	15:30
Llanon	09:00	13:30	Aberaeron	11:45	16:15
Aberaeron	09:30	14:00	Llanon	12:15	16:45
Ceinewydd	10:15	14:45	Llanrhystud	12:30	17:00
Llangrannog	10:30	15:00	Aberystwyth	12:45	17:15

Siaradwch

• Ble dych chi'n hoffi mynd am dro i lan y môr? Pam? Beth dych chi'n hoffi ei wneud yna?

• Ble ro'ch chi'n mynd i lan y môr pan o'ch chi'n blentyn?

Gwylio

Gwyliwch y fideo o Siân James yn canu'r gân 'Ar Lan y Môr'.
Mae hi'n gân enwog.

1.   Peidiwch ag edrych ar y geiriau. Faint o weithiau dych chi'n clywed 'ar lan y môr'?

2.   Llenwch fylchau rhif 1 – i ymarfer treigladau.

3.   Llenwch fylchau rhif 2 – i ymarfer berfau (*verbs*).

Ar lan y môr mae rhosys cochion,

Ar lan y môr mae lilis gwynion,

Ar lan y môr mae '............................ (1) inne

Yn .... (2)'r nos a .... (2)'r bore.

Ar lan y môr mae carreg wastad

Lle bûm yn .... (2) gair â'm cariad,

O amgylch hon mae teim yn .... (2)

Ac ambell sbrigyn o rosmari.

Llawn iawn yw'r môr o swnd a chregyn,

Llawn iawn yw'r wy o wyn a melyn,

Llawn iawn yw'r coed o ddail a blode,

Llawn iawn o .... (1) ydw inne.

Ar lan y môr mae cerrig gleision,

Ar lan y môr mae blodau'r meibion,

Ar lan y môr mae pob rhinwedde,

Ar lan y môr mae '............................ (1) inne.

Robin Radio

a)   Atebwch:

O ble mae Cara'n dod yn wreiddiol? ....

Pwy sy'n dod i aros gyda hi? ....

Beth dych chi'n gallu ei wneud yn y parc? ....

b)   Gwrandewch am:

Mae'r olygfa'n fendigedig.	*The view is marvellous.*
Beth tasai hi'n bwrw glaw?	*What if it rained?*
Dyw hi byth yn bwrw glaw.	*It never rains.*

c)   Cyfieithwch:

Who is coming to stay? ....

He is eleven years old. ....

Does your brother like climbing? ....

Help llaw

Y llall – Dych chi wedi dysgu **arall/eraill** yn barod:

y siop **arall** - *the other shop*   y siopau **eraill** – *the other shops*

Dysgwch nawr:

y llall – *the other (one)*   **y lleill** – *the others*

Dw i wedi prynu'r llyfr yma ond dw i ddim wedi prynu**'r llall**.

Dw i'n hoffi'r llyfrau yma, ond dw i ddim yn hoffi**'r lleill**.

Mae un mab yn byw yng Nghaerdydd, ac mae**'r llall** yn byw yng Nghaernarfon.

Dw i'n gallu gweld rhai o'r plant, ond ble mae**'r lleill**?

Extend 1

Uned 7 – Dw i'n meddwl bod...

Nod
Mynegi barn *Expressing an opinion*
(dw i'n meddwl bod..., dw i'n meddwl ei fod e, dw i'n meddwl ei bod hi, dw i'n meddwl eu bod nhw)

Geirfa

celf	*art*
comedi (comedïau)	*comedy (comedies)*
daearyddiaeth	*geography*
rhaglen ddogfen (rhaglenni dogfen)	*documentary (documentaries)*
gwyddoniaeth	*science*
mathemateg	*maths*
natur	*nature*
realiti	*reality*

rhegi	*to swear*

mae'n debyg	*it's likely*

arswyd	*horror*
cartŵn (cartwnau)	*cartoon(s)*
dyddiad(au)	*date(s)*
ffantasi	*fantasy*
sebon	*soap*
trais	*violence*

cerddorol	*musical*
cyffrous	*exciting*
chwerw	*bitter*
doniol	*amusing, funny*
golygus	*handsome*
gwael	*poor (quality)*
gwych	*excellent*
prydferth	*beautiful*

Geiriau pwysig i fi...

....

....

....

Dw i'n meddwl bod rygbi yn iawn.   *I think rugby is ok.*

Dw i'n meddwl bod golff yn ddiflas.   *I think golf is boring.*

Dw i'n meddwl bod tennis yn ddiddorol.   *I think tennis is interesting.*

Dw i'n meddwl bod pêl-droed yn gyffrous.   *I think football is exciting.*

Beth dych chi'n feddwl o rygbi?   *What do you think of rugby?*

Beth dych chi'n feddwl o bêl-droed?   *What do you think of football?*

Beth o'ch chi'n feddwl o ginio ysgol?   *What did you think of school dinners?*

Beth o'ch chi'n feddwl o wersi mathemateg?   *What did you think of maths lessons?*

Ro'n i'n meddwl bod cinio ysgol yn <u>flasus</u>.

Ro'n i'n meddwl bod mathemateg yn <u>hawdd</u>.

Ro'n i'n meddwl bod gwyddoniaeth yn <u>anodd</u>.

Ro'n i'n meddwl bod hanes yn <u>ddiflas</u>.

Ro'n i'n meddwl bod cerddoriaeth yn <u>iawn</u>.

Ro'n i'n meddwl bod ymarfer corff yn <u>ofnadwy</u>.

Ro'n i'n meddwl bod daearyddiaeth yn <u>ddiddorol</u>.

Ro'n i'n meddwl bod celf yn <u>fendigedig</u>.

Ble mae Aled?

Dw i'n meddwl bod Aled yn gweithio.	*I think Aled is working.*
Dw i'n meddwl ei fod e'n gweithio.	*I think he's working.*
Dw i'n meddwl ei fod e'n brysur.	*I think he's busy.*
Dw i'n meddwl ei fod e yn y gêm.	*I think he's in the game.*
Dw i'n meddwl ei fod e ar wyliau.	*I think he's on holiday.*

Ble mae Elen?

Dw i'n meddwl bod Elen yn dost.	*I think Elen is ill.*
Dw i'n meddwl ei bod hi'n dost.	*I think she is ill.*
Dw i'n meddwl ei bod hi mewn cyfarfod.	*I think she is in a meeting.*
Dw i'n meddwl ei bod hi bant.	*I think she is away.*
Dw i'n meddwl ei bod hi gyda'r teulu.	*I think she is with the family.*

Ble mae pawb heddiw?	
Mam-gu	
Tad-cu	
Mam	
Dad	
Y bòs	
Y tiwtor	

mewn parti	**mewn cyfarfod**	**ma's**
ar lan y môr	**yn y dafarn**	**yn y parc**
yn y gêm	**ar wyliau**	**yn y farchnad**

Dw i'n meddwl bod y plant yn dda.	*I think the children are good.*
Dw i'n meddwl eu bod nhw'n dawel.	*I think they are quiet.*
Dw i'n meddwl eu bod nhw'n annwyl.	*I think they are sweet.*
Dw i'n meddwl eu bod nhw'n ddiog.	*I think they are lazy.*
Dw i'n meddwl eu bod nhw'n ddoniol.	*I think they are funny.*

Sgwrs

Llyfrgellydd:	Nesa!
Eryl:	Bore da. Dych chi'n brysur heddiw?
Llyfrgellydd:	Ddim yn brysur iawn. Dw i'n meddwl bod y <u>glaw</u> yn cadw pobl gartre.
Eryl:	Mae <u>pedwar</u> llyfr gyda fi i ddod yn ôl heddiw. Dw i'n meddwl bod y dyddiad yn iawn.
Llyfrgellydd:	O, mae'n ddrwg gyda fi, mae'r llyfrau yma'n hwyr.
Eryl:	O diar! Faint o arian dych chi eisiau?
Llyfrgellydd:	<u>Pum deg pum</u> ceiniog yr un – felly <u>dwy bunt dau ddeg</u>.
Eryl:	Dyma chi.
Llyfrgellydd:	O, un funud, oes llyfr arall gyda chi?
Eryl:	Dw i ddim yn meddwl bod un arall gyda fi.
Llyfrgellydd:	Dw i'n meddwl bod geiriadur Cymraeg gyda chi.
Eryl:	Mae'n ddrwg gyda fi, anghofiais i! Dw i'n meddwl bod y geiriadur yn y bag gyda'r ffeil dosbarth. Gaf i gadw'r geiriadur am <u>bythefnos</u> arall?
Llyfrgellydd:	Wrth gwrs, gaf i eich cerdyn chi?
Eryl:	Un funud, dw i'n meddwl bod y cerdyn yn fy mag i. Ydy! Dyma chi!
Llyfrgellydd:	Diolch.
Eryl:	Gaf i'r <u>tri</u> llyfr yma yr wythnos yma, os gwelwch chi'n dda?
Llyfrgellydd:	Cewch, wrth gwrs. Dyma chi.
Eryl:	Diolch. Hwyl, a bydda i'n ôl mewn <u>pythefnos</u>.
Llyfrgellydd:	Hwyl.

Rhaglenni teledu/radio/Ffilmiau

Ffilmiau	Rhaglenni
comedi	dogfen
arswyd	sebon
ffantasi	realiti
rhamantus	newyddion
cartŵn	drama
	hanes
	natur
	coginio
	cerddoriaeth

Siaradwch

- Ble a phryd dych chi'n gwrando ar y radio?

- Pan o'ch chi'n ifanc, beth o'ch chi'n ei hoffi ar y radio?

- Pan o'ch chi'n ifanc, beth o'ch chi'n ei hoffi ar y teledu?

- Beth dych chi'n ei hoffi ar y teledu ar hyn o bryd?

- Beth weloch chi ar y teledu ddoe?

- Dych chi'n gwylio S4C?

- Oes rhaglenni dych chi ddim yn eu hoffi?

- Pryd aethoch chi i'r sinema ddiwetha? Beth weloch chi?

Robin Radio

a)   Atebwch:

Beth sy'n digwydd ar Fehefin y cynta? ....

Ble bydd Anti Mair nos Wener? ....

Ydy Robin yn mynd i wneud y bingo? ....

b)   Gwrandewch am:

yn bell i ffwrdd	*far away*
Does dim dyddiadur gyda chi?	*Haven't you got a diary?*
Fallai bydda i'n mynd i Eisteddfod yr Urdd.	*Perhaps I'll be going to the Urdd Eisteddfod.*

c)   Cyfieithwch:

May I ask...? ....

Phone again in May. ....

Are you free this Friday night? ....

Help llaw

1. Yn Saesneg: *I think (that) the book is good.*

    Yn Gymraeg: dych chi'n dweud **bod**:

    Dw i'n meddwl + mae'r llyfr yn dda =

    Dw i'n meddwl **bod** y llyfr yn dda.

2. **Bod** *changes with some pronouns:*

    ei **f**od e (treiglad meddal ar ôl **ei** (gwr), fel brawd > ei frawd e)
    ei bod hi (dim treiglad ar ôl **ei** (ben))
    eu bod nhw (dim treiglad ar ôl **eu**)

3. **Bod** *can be past (imperfect) as well as present:*

    Dw i'n meddwl ei bod hi'n dda.   *I think she <u>is</u> good.*
    Ro'n i'n meddwl ei bod hi'n dda.   *I thought she <u>was</u> good.*

4. *You will also hear, and sometimes see, the following forms:*

    fod e   **bo' fe**
    bod hi   **bo' hi**
    bod nhw   **bo' nhw**

Opinions 2

Uned 8 – Arddodiaid *(Prepositions)*

Nod

Dysgu sut i ddefnyddio'r arddodiaid **i, ar, at** *Learning how to use prepositions*

Geirfa

derbynfa (-feydd)	*reception(s)*
gwefan(nau)	*website(s)*
neges(euon)	*message(s)*
nofel(au)	*novel(s)*
stori (storïau)	*story (-ies)*

cofiant (cofiannau)	*biography (biographies)*
gwahoddiad(au)	*invitation(s)*
gweinidog(ion)	*minister(s)*
hunangofiant (hunangofiannau)	*autobiography (autobiographies)*
llythyr(au)	*letter(s)*
optegydd (optegwyr)	*optician(s)*
parsel(i)	*parcel(s)*

anfon	*to send*
cwrdd (â)	*to meet*
dibynnu (ar)	*to depend (on), to rely (on)*
postio	*to post*
rhoi gwybod (i)	*to inform*
sylwi (ar)	*to notice*
ymweld (â)	*to visit*

Eidalaidd	*Italian (e.e. bwyd)*
ffeithiol	*factual*

ar yr un pryd	*at the same time*
y dyddiau hyn	*these days*

Geiriau pwysig i fi...

....

....

....

I - Dych chi'n cofio?

Rhaid **i fi** fynd.

Rhaid **i ti** fynd.

Rhaid **iddo fe** fynd.

Rhaid **iddi hi** fynd.

Rhaid **i ni** fynd.

Rhaid **i chi** fynd.

Rhaid **iddyn nhw** fynd.

Gyda'ch partner, newidiwch y brawddegau. Dilynwch y patrwm:

Rhaid i Tom ganu. > Rhaid iddo fe ganu.

Rhaid i Siôn gofrestru. > ....

Rhaid i Margot ddawnsio. > ....

Rhaid i Anthony actio. > ....

Rhaid i dîm Cymru ennill. > ....

Rhaid i Gwyn warchod. > ....

Rhaid i'r plant ymarfer. > ....

Gofyn i

Dw i'n mynd i ofyn i Dafydd.	*I'm going to ask Dafydd.*
Dw i'n mynd i ofyn iddo fe.	*I'm going to ask him.*
Dw i'n mynd i ofyn iddi hi.	*I'm going to ask her.*
Dw i'n mynd i ofyn iddyn nhw.	*I'm going to ask them.*

Rhoi i

Rhaid i fi roi anrheg i Siân.	*I've got to give Siân a present.*
Rhaid i fi roi anrheg i ti.	*I've got to give you a present.*
Rhaid i fi roi anrheg i'r plant.	*I've got to give the children a present.*
Rhaid i fi roi anrheg i bawb.	*I've got to give everyone a present.*

Prynu i

Dych chi angen siopa! Rhaid i chi brynu anrheg i Aled (8 oed), Ffion (22 oed, sy'n mynd i deithio'r byd), eich tiwtor, Tad-cu (70 oed) a Huw a Gwen sy'n priodi.

	chi				
Aled					
Ffion					
y tiwtor					
Tad-cu					
Huw a Gwen					

Beth mae pawb arall yn mynd i brynu iddyn nhw?
Dych chi'n cytuno â rhywun?
Defnyddiwch y patrwm: 'Dw i'n mynd i brynu XX i Aled'.

Ar – Dych chi'n cofio?

Mae annwyd **arna i**.
Mae annwyd **arnat ti**.
Mae annwyd **arno fe**.
Mae annwyd **arni hi**.
Mae annwyd **ar Ann**.

Mae annwyd **arnon ni**.
Mae annwyd **arnoch chi**.
Mae annwyd **arnyn nhw**.

Edrych ar

Edrychwch ar S4C bob nos.
Edrychwch arno fe.
Edrychwch arni hi.
Edrychwch arnyn nhw.

Look at S4C every night.
Look at him/it.
Look at her/it.
Look at them.

Gwrando ar

Gwrandewch ar Radio Cymru bob dydd.
Gwrandewch arna i.
Gwrandewch arnon ni.
Gwrandewch arnyn nhw.

Listen to Radio Cymru every day.
Listen to me.
Listen to us.
Listen to them.

Dwlu ar

Dw i'n dwlu ar rygbi.
'Dyn ni'n dwlu ar bêl-droed.
Mae e'n dwlu ar fwyd Eidalaidd.
Mae hi'n dwlu ar bysgod a sglodion.

I love rugby.
We love football.
He loves Italian food.
She loves fish and chips.

edrych		✔ neu ✘	gwrando		✔ neu ✘
y ddrama	(hi)		Robin Radio	(fe)	
y papur newydd	(fe)		y neges ffôn	(hi)	
y gwaith cartref	(fe)		y plant yn darllen	(nhw)	
y cwestiynau	(nhw)		y cyfweliad	(fe)	
y ffilm	(hi)		y rhaglen radio	(hi)	
y gêm	(hi)		y tiwtor	(hi/fe)	

At

Anfon at

Pwy anfonodd ebost?
Anfonodd John ebost **at Chris.**   *John sent Chris an email.*
Anfonodd John ebost **ata i.**   *John sent me an email.*
Anfonodd John ebost **atat ti.**   *John sent you an email.*
Anfonodd John neges **ato fe.**   *John sent him a message.*
Anfonodd John neges **ati hi.**   *John sent her a message.*
Anfonodd John lythyr **aton ni.**   *John sent us a letter.*
Anfonodd John lythyr **atoch chi.**   *John sent you a letter.*
Anfonodd John flodau **atyn nhw.**   *John sent them flowers.*

Ysgrifennu at

Wyt ti wedi ysgrifennu at Elen?   Ysgrifennais i ati hi ddoe.
Dw i'n ysgrifennu ati hi nawr.
Dw i'n mynd i ysgrifennu ati hi yfory.

Wyt ti wedi ysgrifennu at Emyr?   ....
....
....

Wyt ti wedi ysgrifennu at y plant?   ....
....
....

Wyt ti wedi postio cerdyn at Siân?   ....
....
....

	ddoe	yfory	X
y Prif Weinidog			
y cymdogion			
y tiwtor			
y pennaeth			

Mynd at

Pryd rwyt ti'n mynd at y deintydd?   *When are you going to the dentist?*
Pryd rwyt ti'n mynd at y doctor?   *When are you going to the doctor?*
Pryd rwyt ti'n mynd at yr optegydd?   *When are you going to the optician?*
Pryd rwyt ti'n mynd at y rheolwr?   *When are you going to the manager?*

Cofio at

Dw i'n mynd i weld Siôn yfory.   Cofia fi ato fe.   *Give him my regards.*
Dw i'n mynd i weld Siân yfory.   Cofia fi ati hi.   *Give her my regards.*
Dw i'n mynd i weld Siôn a Siân yfory.   Cofia fi atyn nhw.   *Give them my regards.*
Dw i'n mynd i weld Siôn, Siân a'r plant yfory.   Cofia fi at bawb.   *Give everyone my regards.*

Edrych ymlaen at

Gyda'ch partner, dilynwch y patrwm:

Wyt ti'n edrych ymlaen at y parti?   Ydw, dw i'n edrych ymlaen ato fe.
Nac ydw, dw i ddim yn edrych ymlaen ato fe.

Wyt ti'n edrych ymlaen at y briodas? ....

Wyt ti'n edrych ymlaen at y cyfarfodydd? ....

Wyt ti'n edrych ymlaen at yr arholiadau? ....

Wyt ti'n edrych ymlaen at y criced? ....

Wyt ti'n edrych ymlaen at y cyfweliadau? ....

Wyt ti'n edrych ymlaen at y ddrama? ....

Wyt ti'n edrych ymlaen at y cyngerdd? ....

Wyt ti'n edrych ymlaen at y gystadleuaeth? ....

Wyt ti'n edrych ymlaen at y dosbarth? ....

Wyt ti'n edrych ymlaen at y ffair? ....

Negeseuon ebost – Llenwch y bylchau

PWYSIG: Neges i Eryl: Rhaid i fi ofyn .... ti am help. Mae Pat Phillips yn dod o'r brif swyddfa heddiw am ddeg o'r gloch. Mae e'n meddwl bod problem yn y swyddfa. Rhaid i ti gwrdd â fe yn y dderbynfa. Rhaid i ti ofyn .... fe fynd .... y rheolwr data i gael y ffigyrau. Wedyn rhaid i ti wneud paned .... fe. Wyt ti'n gallu anfon ebost .... i ar ôl y cyfarfod i ddweud sut aeth pethau? Dw i'n gofyn .... ti achos mae Pat Phillips yn dwlu .... ti. Diolch!

PWYSIG: Neges i Eryl: Rhaid i fi ofyn .... ti am help. Mae Pat Phillips yn dod o'r brif swyddfa heddiw am ddeg o'r gloch. Mae hi'n meddwl bod problem yn y swyddfa. Rhaid i ti gwrdd â hi yn y dderbynfa. Rhaid i ti ofyn .... hi fynd .... y rheolwr data i gael y ffigyrau. Wedyn rhaid i ti wneud paned .... hi. Wyt ti'n gallu anfon ebost .... i ar ôl y cyfarfod i ddweud sut aeth pethau? Dw i'n gofyn .... ti achos mae Pat Phillips yn dwlu .... ti. Diolch!

PWYSIG: Neges i Miss Jones: Rhaid i ni ofyn .... chi am help. Mae Pat Phillips yn dod o'r brif swyddfa heddiw am ddeg o'r gloch. Mae e'n meddwl bod problem yn y swyddfa. Rhaid i chi gwrdd â fe yn y dderbynfa. Rhaid i chi ofyn .... fe fynd .... y rheolwr data i gael y ffigyrau. Wedyn rhaid i chi wneud paned .... fe. Dych chi'n gallu anfon ebost .... ni ar ôl y cyfarfod i ddweud sut aeth pethau? 'Dyn i'n gofyn .... chi achos mae Pat Phillips yn dwlu .... chi. Diolch!

Llongau rhyfel

Wyt ti wedi...

gofyn i'r bòs? (fe/hi)	rhoi paned i Dafydd? (fe)	ysgrifennu nodyn at? (ti)	gwrando ar Robin Radio? (fe)	anfon cerdyn post at dy ffrind? (fe/hi)
edrych ar luniau'r briodas? (nhw)	anfon neges at y bobl yn y dosbarth? (nhw)	gwrando ar y neges? (hi)	gofyn i'r rheolwr banc? (fe/hi)	gofyn i'r dosbarth? (nhw)
gwrando ar y gân newydd? (hi)	gofyn i Llinos? (hi)	anfon ebost at y bòs? (hi/fe)	rhoi'r parsel i'r cymdogion? (nhw)	edrych ar y ffilm Gymraeg? (hi)

Sgwrs ar y ffôn – Parti Pen-blwydd syrpréis!

Eryl: Helô, Jo. Eryl yma.

Jo: Wel, wel, dyna syrpréis! Sut wyt ti ers oesoedd?

Eryl: Dw i'n dda iawn, diolch, ond dw i'n trefnu parti syrpréis i Pat. Mae e'n hanner cant ym mis Awst.

Jo: Ydy e, wir? Pryd mae'r parti?

Eryl: Nos Sadwrn, Awst y cynta, yng nghlwb criced Bryncastell.

Jo: Dw i'n siŵr bydda i'n rhydd. Wyt ti wedi anfon y gwahoddiadau eto?

Eryl: Wel, dw i wedi anfon at ei ffrindiau coleg, ond ro'ch chi'n gweithio i'r cyngor ar yr un pryd. Rwyt ti'n nabod ffrindiau gwahanol. Wyt ti'n gallu rhoi gwybod iddyn nhw?

Jo: Beth am blant Pat?

Eryl: Maen nhw'n gwybod yn barod, ond chwarae teg i Chris, mae'n bell iddo fe ddod o Ganada.

Jo: Beth am anrheg iddo fe? Oes syniadau gyda ti?

Eryl: Beth am docyn llyfrau?

Jo: Syniad da!

Siaradwch – Darllen

Llyfrau	Arall
nofelau ffeithiol storïau taith coginio cofiant/cofiannau hunangofiant/hunangofiannau	papurau newydd print papurau newydd ar y we cylchgrawn/cylchgronau gwefan/gwefannau

Sgwrs:

A: Beth ddarllenoch chi ddiwetha?

B: Darllenais i *Y Stryd*.

A: Dw i'n gweld. Pwy ysgrifennodd y llyfr?

B: Helen Naylor oedd yr awdur.

A: Am beth roedd y llyfr?

B: Hanes pobl sy'n byw ar yr un stryd.

A: Diddorol! Fwynheuoch chi'r llyfr?

B: Do, roedd e'n ardderchog.

A: Gwych. Gaf i fenthyg y llyfr?

B: Cewch wrth gwrs, dyma chi.

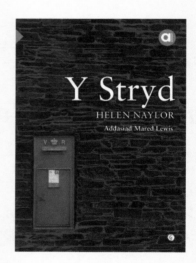

- Dych chi'n hoffi darllen?

- Dych chi'n darllen papur newydd a/neu gylchgrawn?

- Pan o'ch chi'n blentyn, pa fath o lyfrau o'ch chi'n eu hoffi?

- Nawr – Ble dych chi'n darllen fel arfer? Pryd dych chi'n darllen fel arfer?

- Dych chi wedi darllen llyfr Cymraeg eto?

- Beth oedd y llyfr diwetha ddarllenoch chi?

- Dych chi'n defnyddio llyfrgell o gwbl?

Robin Radio

a) **Atebwch:**

Ble bydd Robin yn mynd gynta? ....

Ble bydd e'n mynd wedyn? ....

Pam dyw Robin ddim eisiau mynd i'r syrjeri? ....

b) **Gwrandewch am:**

Dyna ddiwedd rhaglen arall.	*That's the end of another programme.*
Does dim ots 'da fi.	*I don't care.*
Pobl sy eisiau cwyno.	*People who want to complain.*

c) **Cyfieithwch:**

What's the matter? ....

I've got to go to the dentist. ....

Give her my regards. ....

Help llaw

1. *Prepositions* (arddodiaid) *are small words which describe a relationship between things. They are often followed by a soft mutation. This is true of the 3 prepositions in* Uned 8 – **i, ar, at**.

2. *Prepositions can conjugate (change) before a pronoun:*

i	**ar**	**at**
i fi	arna i (arno i)	ata i (ato i)
i ti	arnat ti (arnot ti)	atat ti (atot ti)
iddo fe	arno fe	ato fe
iddi hi	arni hi	ati hi
i ni	arnon ni	aton ni
i chi	arnoch chi	atoch chi
iddyn nhw	arnyn nhw	atyn nhw

3. *Here are some of the most familiar combinations of verbs and prepositions.*

i	**ar**	**at**
gofyn	edrych	mynd (person)
rhoi	gwrando	ysgrifennu (person)
dangos	dwlu	anfon (person)
cynnig	gwenu	cofio
gweithio	dibynnu	edrych ymlaen
mynd (lle)	sylwi	

4. *The preposition **i** is very useful as it means **for** when referring to people, e.g.*

i'r plant	*for the children*
prynu anrheg i Dai	*to buy a present for Dai*
coginio i chi	*to cook for you*

5. **at** – 'Dyn ni fel arfer yn defnyddio **at** gyda **mynd** ac **anfon** o flaen pobl, ond **i** o flaen lleoedd:

Dw i'n mynd **at** y meddyg. Dw i'n mynd **i**'r ysbyty.

Dw i'n anfon cerdyn **at** fy ffrind. Dw i'n anfon cerdyn **i** Awstralia.

Must & Must Not

Health

Uned 9 – Mwy o Arddodiaid!

Nod
Dysgu'r arddodiaid **am, wrth, â** *Learning more prepositions*

Geirfa

buwch (buchod)	*cow(s)*
cwningen (cwningod)	*rabbit(s)*
cynffon(nau)	*tail(s)*
dafad (defaid)	*sheep*
gafr (geifr)	*goat(s)*
gwartheg	*cattle*
gwiwer(od)	*squirrel(s)*
gŵydd (gwyddau)	*goose (geese)*
hwyaden (hwyaid)	*duck(s)*
iâr (ieir)	*hen(s)*

aderyn (adar)	*bird(s)*
blawd	*flour*
bochdew(ion)	*hamster(s)*
cadno(id)	*fox(es)*
ceiliog(od)	*cockerel(s)*
cyw(ion)	*chick(s)*
eliffant(od)	*elephant(s)*
jiráff (jiraffod)	*giraffe(s)*
llo (lloi)	*calf (calves)*
llew(od)	*lion(s)*
llwynog(od)	*fox(es)*
mochyn (moch)	*pig(s)*
mochyn cwta	*guinea pig*
mwnci (mwncïod)	*monkey(s)*
oen (ŵyn)	*lamb(s)*
pris(iau)	*price(s)*
teigr(od)	*tiger(s)*

anghytuno (â)	*to disagree (with)*
cwyno	*to complain*
sôn (am)	*to mention*
ymddiheuro	*to apologise*

heibio	*past*

Geiriau pwysig i fi...

....

....

....

Am

Rhaid i rywun fynd i'r cyfarfod yn Barcelona!

Beth **am Bethan**?	*What about Bethan?*
Beth **amdana i**?	*What about me?*
Beth **amdanat ti**?	*What about you?*
Beth **amdano fe**?	*What about him?*
Beth **amdani hi**?	*What about her?*
Beth **amdanon ni**?	*What about us?*
Beth **amdanoch chi**?	*What about you?*
Beth **amdanyn nhw**?	*What about them?*

'Dyn ni wedi bod yn siarad amdanoch chi.	*We have been talking about you.*
'Dyn ni wedi bod yn poeni amdanoch chi.	*We have been worried about you.*
'Dyn ni wedi bod yn chwilio amdanoch chi.	*We have been looking for you.*
'Dyn ni wedi bod yn aros amdanoch chi.	*We have been waiting for you.*

Defnyddiwch y brawddegau isod pan dych chi'n siarad am y tabl:

Dw i'n siarad am XX yn aml.
Dw i'n siarad am XX weithiau.
Dw i ddim yn siarad am XX yn aml.
Dw i ddim yn siarad am XX o gwbl.

Pa mor aml dych chi'n siarad am rygbi?
Dw i'n siarad amdano fe'n aml.

Siarad am...	yn aml	weithiau	dim yn aml	dim o gwbl
rygbi (fe)				
y gwaith (fe)				
y dosbarth Cymraeg (fe)				
y fenyw drws nesa (hi)				
y teulu (nhw)				
operâu sebon (nhw)				
(person yn y newyddion)				

Wrth

Ydy hi wedi dweud **wrth Delyth**?	*Has she told Delyth?*
Ydy hi wedi dweud **wrtho i**?	*Has she told me?*
Ydy hi wedi dweud **wrthot ti**?	*Has she told you?*
Ydy hi wedi dweud **wrthyn nhw**?	*Has she told them?*

Gyda'ch partner, dilynwch y patrwm:

Wyt ti wedi dweud wrth Ben?	Ydw , dw i wedi dweud wrtho fe.
Ydy Ben wedi dweud wrth Beth?	....
Ydy Beth wedi dweud wrth y teulu?	....
Ydyn nhw wedi dweud wrth y lleill?	....
Ond dw i ddim wedi dweud wrth neb!	....

Llongau rhyfel

Wyt ti'n...?

poeni am dy deulu di? (nhw)	dweud wrth y tiwtor? (fe/hi)	aros am y plant? (nhw)	meddwl am y prawf? (fe)	aros am y bws? (fe)
meddwl am agor gwesty? (fe)	siarad am dy waith di? (fe)	poeni am y Gwasanaeth Iechyd? (fe)	chwilio am dy ffôn di? (fe)	darllen am y brotest? (hi)
edrych ar y wefan? (hi)	edrych ar y rhaglen newydd? (hi)	meddwl am y penwythnos? (fe)	poeni am yfory? (fe)	gofyn am brisiau'r llyfrau? (nhw)
siarad am dy swydd di? (hi)	dweud wrth y teulu? (nhw)	meddwl am y Nadolig? (fe)	poeni am yr arholiad? (fe)	siarad am y bobl drws nesa? (nhw)
gwrando ar y gân newydd? (hi)	chwilio am dy allweddi di? (nhw)	poeni am y treigladau? (nhw)	meddwl am symud tŷ? (fe)	gwrando arnon ni? (chi)

Â

Dw i'n siarad â fe.	*I'm talking to him.*
Dw i'n cytuno â fe.	*I agree with him.*
Dw i'n anghytuno â fe.	*I disagree with him.*
Dw i'n cwrdd â fe yfory.	*I'm meeting him tomorrow.*
Dw i'n briod â fe.	*I'm married to him.*

Ffeindiwch yr ateb:

1. Peidiwch â phoeni	**a.** wrth y staff
2. Gofynnais i gwestiwn	**b.** â chi
3. Cofiwch fi	**c.** ar y teledu
4. Dw i'n cytuno	**ch.** amdanyn nhw
5. Edrychais i	**d.** at bawb
6. Dwedais i	**dd.** iddo fe

Cyfieithwch:

Gyda'ch partner, cyfieithwch y brawddegau:

1. *I am cooking supper for the children.*

....

2. *He will buy a book for them.*

....

3. *We made a coffee for them.*

....

4. *They have painted the bedroom for me.*

....

5. *The tutor wrote a letter for me.*

....

Sgwrs

Crysau duon = *black shirts*, hefyd y Crysau Duon yw'r enw Cymraeg am dîm rygbi Seland Newydd yr *All Blacks*

Ffôn yn canu

Meinir:	Helô?
Marc:	Helô, cariad, dw i'n ffonio o'r gwaith. Mae newyddion cyffrous gyda fi.
Meinir:	Gwych! Beth yw dy newyddion di, cariad?
Marc:	Rhaid i fi fynd i Seland Newydd am dri mis gyda'r gwaith.
Meinir:	Beth? Faint o bobl sy'n mynd?
Marc:	Dim ond fi.
Meinir:	Pryd rwyt ti'n mynd?
Marc:	Ym mis Gorffennaf.
Meinir:	Ond beth amdana i?
Marc:	Byddi di'n iawn am dri mis.
Meinir:	Beth am y plant?
Marc:	Dw i ddim yn poeni amdanyn nhw, byddan nhw'n iawn.
Meinir:	Ond sut byddwn ni'n siarad â ti?
Marc:	Bydda i'n gallu siarad â chi drwy'r cyfrifiadur.
Meinir:	Wel, byddwn ni'n edrych ymlaen at sgwrs gyda ti bob nos.
Marc:	Ym…ie…wel, bydda i'n meddwl amdanoch chi yn yr haf yng Nghymru, achos bydd hi'n aeaf yn Seland Newydd!
Meinir:	Ym, un funud!
Marc:	Beth, cariad?
Meinir:	Ydy Cymru yn mynd ar daith rygbi i Seland Newydd ym mis Gorffennaf?
	(*saib*)
Marc:	Ydyn nhw? Anghofiais i am y rygbi… wel, fallai bydda i'n gallu gweld un gêm a bydda i'n gallu prynu crysau duon i'r plant.
Meinir:	Hy! Cofia fi at y Crysau Duon!
Marc:	Cariad? Cariad?…

Gêm Arddodiaid

Dechrau

Mae hi'n chwilio am — fi

Dw i'n aros am — ti

Dych chi'n edrych ar — fe

Dw i'n gwrando ar — hi

Byddwch chi'n cwyno am — fe

Anfonaist ti at — fe

Roedd hi'n darllen am — ti

Dw i wedi clywed am — chi

Arhosais i am — fe

Bydd hi'n gofyn i — fi

Siaradon ni am — hi

Edrychwch ar — nhw

Dw i'n aros am — fe

Mae hi'n gwrando ar — ni

Mae hi'n gwrando ar — hi

Dw i'n gofyn i — chi

Yn ôl i'r dechrau

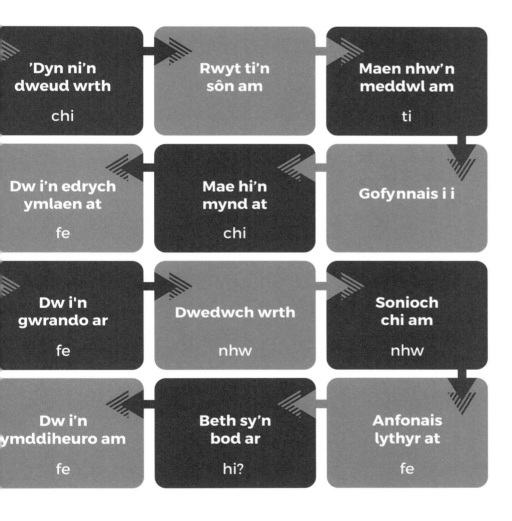

'Dyn ni'n dweud wrth
chi

Rwyt ti'n sôn am

Maen nhw'n meddwl am
ti

Dw i'n edrych ymlaen at
fe

Mae hi'n mynd at
chi

Gofynnais i i

Dw i'n gwrando ar
fe

Dwedwch wrth
nhw

Sonioch chi am
nhw

Dw i'n ymddiheuro am
fe

Beth sy'n bod ar
hi?

Anfonais lythyr at
fe

Siaradwch – Anifeiliaid

Gyda'ch partner, ysgrifennwch o leia chwe gair ar y thema **anifeiliaid** – dim enwau anifeiliaid!

Gyda'ch partner, ysgrifennwch enwau'r anifeiliaid anwes ger yr anifeiliaid.

- Oes anifail neu anifeiliaid anwes gyda chi?
- Fasech chi'n licio cael anifail anwes/anifail anwes arall?
- Oedd anifail/anifeiliaid anwes gyda chi pan o'ch chi'n blentyn?

Gyda'ch partner, ysgrifennwch enwau'r anifeiliaid fferm yma ger yr anifeiliaid.

- Dych chi'n byw ar fferm nawr?
- Dych chi'n nabod rhywun sy'n byw ar fferm?
- Dych chi wedi byw ar fferm?
- Oes rhywun yn eich teulu chi wedi byw ar fferm?
- Fasech chi'n hoffi byw ar fferm?

- Oes hoff anifail 'egsotig' gyda chi?
- Oes unrhyw anifail dych chi ddim yn ei hoffi?

'Anifail anwes' gan Emyr Davies

'Gawn ni anifail anwes?'
Y cwestiwn mawr ges i;
'Wel, cewch... dw i'n dad caredig...
Cewch fwji, cath neu gi.'

Edrychodd Twm ar Mari
Â llygaid mawr y plant.
Daeth ateb ar ôl eiliad:
'Dim diolch. Eliffant!'

Beth yw'r lluosog? Gweithiwch gyda'ch partner.

Anifail	Anifeiliaid
cath	
gwiwer	
buwch	
cwningen	
ceiliog	
eliffant	
llwynog	
teigr	

Nesa, ysgrifennwch ansoddair (*adjective*) i ddisgrifio pob anifail – yr unigol (*singular*) a'r lluosog (*plural*).

Robin Radio

a)   Atebwch:

Beth mae Robin yn ei wneud ar ddiwedd y rhaglen heddiw?

....

Sut mae pobl yn cysylltu â rhaglen Robin?

....

Ydy Robin eisiau siarad ag Alwen?

....

b)   Gwrandewch am:

pobl arbennig iawn	*very special people*
y rhai sy'n gwrando arnon ni	*those who listen to us*
rhaid i chi gael rheswm	*you must have a reason*

c)   Cyfieithwch:

This programme is about you. (chi) ....

You told us. (chi) ....

nothing interesting ....

Help llaw

1. **am** *and* **wrth** *both conjugate:*

am	**wrth**
amdan**a i** (amdano i)	wrth**o i**
amdan**at ti** (amdanot i)	wrth**ot ti**
amdan**o fe**	wrth**o fe**
amdan**i hi**	wrth**i hi**
amdan**on ni**	wrth**on ni**
amdan**och chi**	wrth**och chi**
amdan**yn nhw**	wrth**yn nhw**

2. **am** *often means* **about**:
   e.e. poeni, siarad, cwyno, ysgrifennu, darllen, clywed, sôn.

Ond, dysgwch:	chwilio am	*to look for*
	anfon am	*to send for*
	talu am	*to pay for*
	aros am	*to wait for*

3. **â** does not conjugate:

â fi	â ni
â ti	â chi
â fe/hi	â nhw

4. Mae **â** yn troi yn **ag** o flaen llafariaid (*vowels*):

   cytuno **ag A**nwen
   siarad **ag a**thro Dafydd
   cwrdd **ag I**fan

Uned 10 – Wnei di agor y ffenest?

Nod

Mynegi bwriad, cynnig gwneud rhywbeth a gofyn cymwynas
Expressing an intention, offering to do something and asking a favour
(gwnaf i, wnei di? gwnaiff e/hi, gwnawn ni, wnewch chi? gwnân nhw)

Geirfa

eitem(au)	*item(s)*
ffafr(au)	*favour(s)*
gôl (goliau)	*goal(s)*
gwawr	*dawn*
lawnt(iau)	*lawn(s)*
llaw (dwylo)	*hand(s)*

clecs	*gossip*
creision	*crisps*
cwsmer(iaid)	*customer(s)*
emyn(au)	*hymn(s)*
twll (tyllau)	*hole(s)*

difetha	*to spoil, to destroy*
benthyg	*to borrow, to lend*
ebostio	*to email*
gwrthod	*to refuse*
pobi	*to bake*
'strwyo	*to spoil*

dawnus	*talented*
personol	*personal*
ysgafn	*light*

mwy neu lai	*more or less*
materion cyfoes	*current affairs*

Geiriau pwysig i fi...

....

....

....

Dych chi'n cofio?

Gwnes i'r <u>coffi</u>.

Dysgwch nawr:

Gwnaf i'r coffi.	*I'll make the coffee.*
Gwnaf i'r swper.	*I'll make the supper.*
Gwnaf i'r smwddio.	*I'll do the ironing.*
Gwnaf i'r siopa.	*I'll do the shopping.*

Yfory:

Gwnaf i godi am saith o'r gloch.	*I will get up at seven o'clock.*
Gwnaf i fwyta cinio am hanner dydd.	*I will eat lunch at midday.*
Gwnaf i goginio swper am chwech o'r gloch.	*I will cook supper at six o'clock.*
Gwnaf i edrych ar y teledu am naw o'r gloch.	*I will watch television at nine o'clock.*
Gwnaf i gysgu am ddeg o'r gloch.	*I will sleep at ten o'clock.*
Pryd gwnei di godi yfory?	*When will you get up tomorrow?*
Pryd gwnei di fwyta cinio yfory?	*When will you eat lunch tomorrow?*
Pryd gwnei di gysgu yfory?	*When will you sleep tomorrow?*
Pryd gwnei di edrych ar y teledu yfory?	*When will you watch television tomorrow?*

Enw	codi	bwyta cinio	cysgu

Wnaf i ddim codi'n gynnar yfory.	*I won't get up early tomorrow.*
Wnaf i ddim bwyta brecwast yfory.	*I won't eat breakfast tomorrow.*
Wnaf i ddim ebostio ffrind yfory.	*I won't email a friend tomorrow.*
Wnaf i ddim pobi teisen yfory.	*I won't bake a cake tomorrow.*

Wnei di helpu gyda'r gwaith?	*Will you help with the work?*
Wnei di dalu'r bil?	*Will you pay the bill?*
Wnei di roi lifft i fi?	*Will you give me a lift?*
Wnei di fenthyg dy gar di i fi?	*Will you lend me your car?*

Gwnaf (wrth gwrs). ✔   **Na wnaf (mae'n flin gyda fi). ✘**

benthyg £10 i fi?	codi'r plant o'r ysgol?	trefnu cyfarfod?
llenwi'r tanc petrol?	helpu yn y bore coffi?	prynu tocyn raffl?
siarad Cymraeg â fi?	smwddio'r dillad?	golchi'r llestri?
agor y llenni?	dawnsio gyda fi?	mynd â'r llyfr yn ôl i'r llyfrgell?
cario'r bocs i fi?	gorffen y gwaith cartre i fi?	gwarchod y plant i fi?

Yn y ganolfan hamdden:

Gwnaiff Ceri chwarae criced.	*Ceri will play cricket.*
Gwnaiff Sam chwarae sboncen.	*Sam will play squash.*
Gwnaiff Nerys nofio.	*Nerys will swim.*
Gwnaiff Jo ddysgu jiwdo.	*Jo will learn judo.*

Ceri   **Sam**   **Nerys**   **Jo**

Ar ôl y dosbarth:

Gwnawn ni yrru adre.	*We will drive home.*
Gwnawn ni gerdded adre.	*We will walk home.*
Gwnawn ni ymlacio.	*We will relax.*
Gwnawn ni goginio.	*We will cook.*

Beth wnewch chi nawr?	*What will you do now?*
Beth wnewch chi nesa?	*What will you do next?*
Beth wnewch chi yfory?	*What will you do tomorrow?*
Beth wnewch chi ar ôl y dosbarth?	*What will you do after class?*

Rhaglenni Cymraeg y penwythnos:

Dydd Sadwrn

Cân y Wawr	Eitemau am ffermio a natur, caneuon ysgafn
Mae gen i broblem	Cyngor Anti Mair
Tri brawd o Bontypridd	Drama drist
Rygbi, rygbi!	Rhaglen am dimau rygbi Cymru
Y Goliau i gyd	Pêl-droed yng Nghymru a gwledydd eraill
Newyddion	
Dysgwyr dawnus	Rhaglen am ddysgwyr a'u talentau arbennig
Noson Lawen iawn	Cerddoriaeth, comedi, eitemau ysgafn

Dydd Sul

Plant y Pentre	Opera sebon i blant
Cwis y Ganrif	Cwis am hanes Cymru a'r byd
Newyddion	
Bys ar y Pyls	Rhaglen materion cyfoes
Cegin Catrin	Coginio a chlecs
Gardd Gareth a Gwyn	O'r ardd arbennig ar lan y môr ger Aberystwyth
Emynau Cymru	Emynau ac eitemau lleol o gapeli ledled Cymru
Taclo'r Treigladau	Cwrs gramadeg Cymraeg ar y radio cyn cysgu

Cyn y parti

Gwnân nhw ebostio pawb.	*They will email everyone.*
Gwnân nhw addurno'r ystafell.	*They will decorate the room.*
Gwnân nhw brynu anrheg.	*They will buy a present.*
Gwnân nhw bobi cacen.	*They will bake a cake.*

Holiadur

Beth wnest ti a beth wnei di?

	Enw	Enw	Enw	Enw
dydd Sadwrn diwetha				
nos Sadwrn diwetha				
ddoe				
heno				
yfory				
dydd Sul nesa				

Ymarfer – Dilynwch y patrwm:

Dw i wedi colli fy ffôn.   Beth wnei di nawr?

Mae Mair yn ymddeol heddiw.   ....

Mae e wedi colli'r bws.   ....

Does dim trydan yn y tŷ.   ....

Mae pawb wedi cael y sac.   ....

Mae'r tiwtor ar streic.   ....

Ymarfer – Problemau! Beth sy'n bod? Dilynwch y patrwm:

Beth sy'n bod ar y car?	Wnaiff e ddim dechrau.
Beth sy'n bod ar y cyfrifiadur?	....
Beth sy'n bod ar y tomatos?	....
Beth sy'n bod ar y cwsmer?	....
Beth sy'n bod ar y bachgen?	....
Beth sy'n bod ar y tiwtor?	....

Beth wnei di ym mis...?

canu carolau (I)	torri'r lawnt (Ch)	anfon cerdyn Santes Dwynwen (M)
mynd i'r Eisteddfod Genedlaethol (E)	chwarae tric ffŵl Ebrill (M)	gwneud dyn eira (M)
mynd i barti nos Galan (G)	mynd i Wimbledon (A)	mynd i barti Nadolig (M)
prynu wy Pasg (H)	nofio yn y môr (T)	dringo'r Wyddfa (Rh)

Gyda'ch partner, dilynwch y patrwm:

Wnaf i ddim canu carolau ym mis Ionawr, gwnaf i ganu carolau ym mis Rhagfyr.

Gwrando

Mae'r ferch yn gofyn saith ffafr. Wnewch chi roi'r ffafrau yn eu trefn (*in order*)?

Mynd â hi i'r archfarchnad i siopa ....

Rhoi lifft adre iddi hi ....

Golchi ei ffrog hi ....

Benthyg ei hesgidiau hi ....

Rhoi lifft i Ceri ....

Rhoi lifft iddi hi i'r parti ....

Mynd â hi i'r peiriant twll yn y wal ....

Mae Mam yn gwrthod gwneud un ffafr. Pa un? ....

Sut bydd mam yn golchi'r ffrog? ....

Sgwrs

Eryl: Helô Chris, sut wyt ti heddiw?

Chris: Iawn, diolch. Mae'n <u>braf</u>, on'd yw hi? Dych chi'n brysur?

Eryl: Wel, a dweud y gwir, 'dyn ni'n mynd i ffwrdd yr wythnos nesa am bythefnos. 'Dyn ni'n mynd i weld y <u>mab</u> yn <u>Glasgow</u>.

Chris: Braf iawn.

Eryl: Wnewch chi gadw llygad ar y tŷ i ni?

Chris: Gwnawn, wrth gwrs.

Eryl: Wnewch chi roi bwyd a dŵr i'r <u>gath</u> bob dydd?

Chris: Gwnaf, dim problem.

Eryl: A wnewch chi roi dŵr i'r <u>tomatos</u> os bydd hi'n boeth?

Chris: Wrth gwrs.

Eryl: Diolch yn fawr i chi. Gwnaf i ddod ag anrheg yn ôl i chi, *haggis* efallai!

Siaradwch – Penwythnosau

Rhowch √ ar bwys pob gair sy'n wir am eich penwythnosau chi:

cysgu'n hwyr	**brecwast yn y gwely**	**edrych ar y teledu**
mynd ma's	**gwylio chwaraeon**	**siopa**
gwneud gwaith tŷ	**mynd ma's i fwyta**	**mynd i'r gwely'n hwyr**

mynd i'r eglwys/i'r capel/i'r mosg/i'r synagog

- Beth dych chi'n ei wneud dros y Sul fel arfer? Oes rhai pethau dych chi'n gwneud bob penwythnos? Dych chi'n mynd i eglwys/capel/mosg/synagog?

- Beth wnaethoch chi y penwythnos diwetha?

- Beth fyddwch chi'n wneud y penwythnos nesa?

- Beth mae'n rhaid i chi wneud ar benwythnosau, yn anffodus?

- Beth fasai eich penwythnos delfrydol/perffaith chi (heb aros dros nos rhywle)?

Dych chi nawr yn gallu darllen *Y Fawr a'r Fach* gan Siôn Tomos Owen. Dych chi'n gallu prynu'r llyfr yn eich siop Gymraeg leol neu ar www.gwales.com.

Y Sgiw
(Ynyswen)

Es i i **Ysgol Gynradd** Gymraeg Ynyswen. Mae pump ysgol Gymraeg yn y Rhondda – Ynyswen, Bronllwyn, Bodringallt, Llwyncelyn a Llyn y Forwyn. Ynyswen oedd yr ysgol Gymraeg gyntaf i agor yn y cwm, yn 1950. Doedd dim llawer o blant yno ar y dechrau ac roedd rhaid i bobl weithio'n galed iawn i gael ysgol Gymraeg yma. Hefyd, dim ond plant gyda mam a thad yn siarad Cymraeg oedd yn cael mynd i'r ysgol Gymraeg newydd. Does dim rhaid i'r ddau siarad Cymraeg erbyn heddiw, diolch byth neu faswn i ddim wedi mynd i Ysgol Ynyswen o gwbl!

Y Sgiw – *settle*   **Ysgol Gynradd** – *Primary School*

Robin Radio

a) **Atebwch:**

Beth yw'r broblem yn y stiwdio heddiw?

....

Pwy oedd yn canu ar y radio nos Sul diwetha?

....

Beth wnaiff Llinos?

....

b) **Gwrandewch am:**

wnewch chi ddim credu	*you won't believe*
y cyfarchion pen-blwydd	*the birthday greetings*
y ceisiadau	*the requests*

c) **Cyfieithwch:**

What will we do? ....

Everyone likes gardening. ....

People will phone in. ....

Help llaw

1. Dysgwch amser dyfodol (*future*) **gwneud** – *to do/to make*

    gwnaf i   gwnawn ni.
    gwnei di   gwnewch chi.
    gwnaiff e/hi   gwnân nhw.

    Gwnaf i'r gwaith.   *I'll do the work.*
    Gwnaf i'r coffi.   *I'll make the coffee.*

2. Gwneud *is widely used with verb nouns to create sentences in the future:*

    Gwnaf i helpu.   *I'll help.*
    Gwnaf i yrru.   *I'll drive.*

3. *Notice the difference in the two ways of expressing the future:*

    Gwnaf i gerdded.   *I'll walk.*
    Bydda i'n cerdded yn Awstria.   *I'll be walking in Austria.*

4. *The future tense of* gwneud *is also used to ask a favour:*

    Wnei di yrru heno?   Gwnaf/Na wnaf.
    Wnewch chi yrru heno?   Gwnaf/Na wnaf.

    Eto, *notice the difference*:

    Wnewch chi yrru heno?   *Will you drive tonight?*
    Fyddwch chi'n gyrru heno?   *Will you be driving tonight?*

5. *In statements, the future tense of* gwneud *is used to express a willingness to do something or to offer to do something (or not):*

    Gwnaf i yrru.   *I'll drive. (I'm willing/offering to drive.)*
    Wnaf i ddim golchi'r llestri.   *I won't wash the dishes. (I'm not willing/offering to wash the dishes.)*

Future Gwneud 1

Aux Future Gwneud

Uned 11 – Af i i'r dosbarth yfory

Nod

Trafod ble byddwch chi'n mynd yn y dyfodol *Discussing where you will go in the future* (af i, ei di, aiff e/hi, awn ni, ewch chi, ân nhw).

Geirfa

cadair olwyn (cadeiriau olwyn)	*wheelchair(s)*
fferi(s)	*ferry (ferries)*
lori(s)	*lorry (lorries)*
rheilffordd (rheilffyrdd)	*railway(s)*
senedd	*parliament*

noddi	*to sponsor*

sawl	*several*

coleg(au)	*college(s)*
cwch (cychod)	*boat(s)*
eli haul	*suncream*
gorffennol	*past*
hofrennydd (hofrenyddion)	*helicopter(s)*
maes (meysydd) awyr	*airport(s)*
opsiwn (opsiynau)	*option(s)*
porthladd(oedd)	*port(s)*
rhaeadr(au)	*waterfall(s)*
tacsi(s)	*taxi(s)*
tractor(au)	*tractor(s)*
twnnel (twnelau)	*tunnel(s)*

Geiriau pwysig i fi...

....

....

....

Dych chi'n cofio?

Es i i'r <u>dre</u> ddoe.

Dysgwch nawr:

Af i i'r sinema yfory.	*I'll go to the cinema tomorow.*
Af i i'r theatr yfory.	*I'll go to the theatre tomorrow.*
Af i i'r ganolfan hamdden yfory.	*I'll go to the leisure centre tomorrow.*
Af i i'r archfarchnad yfory.	*I'll go to the supermarket tomorrow.*

Neithiwr es i i'r gwely am <u>ddeg o'r gloch</u>. Heno af i i'r gwely am <u>ddeg o'r gloch</u> hefyd.

Ble ei di yr wythnos nesa?	*Where will you go next week?*
Ble ei di yfory?	*Where will you to tomorrow?*
Ble ewch chi yr wythnos nesa?	*Where will you go next week?*
Ble ewch chi yfory?	*Where will you go tomorrow?*

Af i i Gaerdydd.	*I'll go to Cardiff.*
Af i i nofio.	*I'll go swimming.*
Af i i chwarae golff.	*I'll go to play golf.*
Af i i siopa yn	*I'll go shopping in ....*

Holiadur – Ble ewch chi yr wythnos nesa?

Enw	Ble?	Sut?	Gyda phwy?	Pryd?

Aiff Sam i'r gwaith.	*Sam will go to work.*
Aiff Sam i'r dafarn.	*Sam will go to the pub.*
Aiff Sam i sgio.	*Sam will go skiing.*
Aiff Sam adre.	*Sam will go home.*

Awn ni ddim adre ar ôl y dosbarth.	*We won't go home after class.*
Awn ni ddim i'r gwaith ar ôl y dosbarth.	*We won't go to work after class.*
Ân nhw ddim i'r gwaith ar ôl y dosbarth.	*They won't go to work after class.*
Ân nhw ddim i'r dafarn ar ôl y dosbarth.	*They won't go to the pub after class.*

Os ewch chi i'r caffi,	gwnewch chi ddysgu llawer.
Os aiff hi ma's heb eli haul,	gwnei di weld ffilm dda.
Os aiff e i'r siop,	gwnawn ni barcio yng nghanol y ddinas.
Os af i i'r gwely'n hwyr heno,	gwnaiff hi losgi.
Os ân nhw i'r ganolfan hamdden,	wnaiff e ddim prynu dim byd neis.
Os ewch chi i'r cwis tafarn,	gwnaf i ddechrau coginio swper.
Os awn ni i'r gwaith,	gwnewch chi brynu paned o de a bara brith.
Os af i i'r gegin,	gwnân nhw chwarae sboncen.
Os ei di i'r sinema,	wnaf i ddim codi'n gynnar bore fory.
Os awn ni i Gaerdydd yn y car,	gwnawn ni weithio ar y cyfrifiadur.

1 – fi   **2** – ti   **3** – fe   **4** – ni   **5** – chi   **6** – nhw

Dilynwch y patrwm:

Rhif 5: Os ewch chi i ...., gwnewch chi weld ....

Rhif 6: Os ân nhw i ...., gwnân nhw weld ....

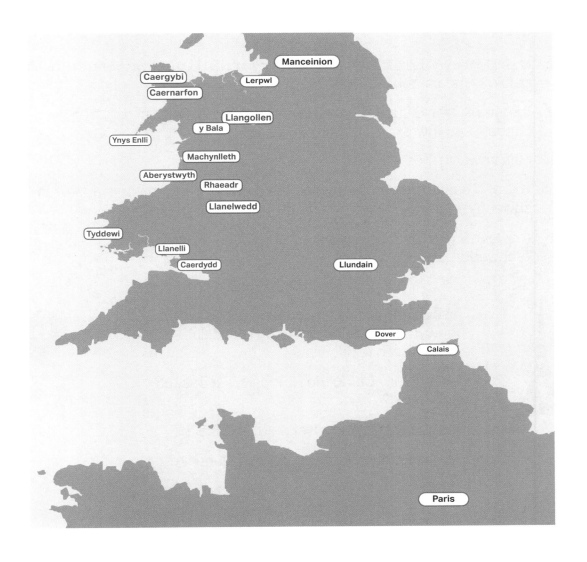

Sgwrs

Ceri: Dw i'n cael pen-blwydd arbennig eleni…

Eryl: Wyt, wrth gwrs! Beth wyt ti eisiau ei wneud?

Ceri: Dw i eisiau mynd i Baris am y penwythnos!

Eryl: Gwych, sut awn ni?

Ceri: Wel, dw i wedi bod yn edrych ar yr opsiynau. Mae sawl ffordd yn bosib!

Eryl: Fel beth?

Ceri: 'Dyn ni'n gallu hedfan o'r maes awyr – dim ond £86 yw'r awyren.

Eryl: Ond bydd rhaid i ni yrru i'r maes awyr – ac mae parcio'n ddrud iawn yn y maes awyr!

Ceri: Wel, beth am fynd ar y fferi? £85.50 yw pris y car a'r fferi!

Eryl: Ond dw i'n mynd yn sâl ar y môr.

Ceri: Mae'n bosib mynd â'r car drwy'r twnnel ond mae'n costio dwbl y pris – £160!

Eryl: Mae Dover yn bell ta beth. Mae'n cymryd oriau i yrru drwy Loegr, a mynd heibio Llundain! Ych a fi! Beth am y trên?

Ceri: Wel, mae'r trên o Lundain yn £109 yr un, a basai rhaid i ni gael trên i Lundain wrth gwrs.

Eryl: Mae'r bws yn rhad.

Ceri: Ydy, ond basai'r bws yn cymryd amser hir iawn. Basai rhaid i ni adael tua chwech o'r gloch y bore a chyrraedd yn y nos! Dim diolch!

Eryl: A dweud y gwir, dw i'n meddwl bod Ynys Enlli yn braf iawn ym mis Tachwedd!

- Tasech chi'n cael cynnig mynd i Baris am y penwythnos (a fasai dim rhaid i chi dalu), sut basech chi'n teithio yno?

- Tasech chi'n trefnu trip i Lundain, sut basech chi'n mynd?

- Beth fasech chi'n hoffi ei weld ym Mharis?

- Beth fasech chi'n hoffi ei weld yn Llundain?

Siaradwch – Teithio

Gyda'ch partner, ysgrifennwch dair brawddeg yn defnyddio rhai o'r geiriau yma.

1. ....

2. ....

3. ....

- Sut daethoch chi i'r dosbarth? Sut oedd y daith?

- Sut dych chi'n hoffi teithio?

- Dych chi'n gyrru car?

- Dych chi'n hoffi gyrru ar drafordd neu ar ffyrdd yn y wlad?

- Dych chi'n hoffi mynd ar awyren? Pryd aethoch chi ar awyren ddiwetha? I ble?

- Dych chi'n hoffi mynd ar drên? Pryd aethoch chi ar drên ddiwetha? I ble?

- Pryd ewch chi ar drên neu awyren nesa?

- Pryd aethoch chi ar fws ddiwetha?

- Pryd aethoch chi ar long neu fferi ddiwetha?

- Dych chi neu o'ch chi'n gyrru yn eich gwaith chi? (e.e. lori, tacsi, tractor)

- Sut o'ch chi'n mynd i'r ysgol pan o'ch chi'n blentyn?

Robin Radio

a) **Atebwch:**

I bwy mae Mair wedi bod yn codi arian?

....

I bwy bydd Mair yn codi arian y tro nesa?

....

Ble mae'r tudalen 'Rhoi i Redwyr'?

....

b) **Gwrandewch am:**

Diolch am y gwahoddiad.	*Thank you for the invitation.*
y degfed tro	*the tenth time*
os caf i ddweud ...	*if I may say so ...*

c) **Cyfieithwch:**

The Eisteddfod is in our county.   ....

How can we sponsor you?   ....

Thank you for the opportunity.   ....

Help llaw

Dysgwch ddyfodol (*future tense*) **mynd:**

af i	awn ni	af i ddim	awn ni ddim
ei di	ewch chi	ei di ddim	ewch chi ddim
aiff e/hi	ân nhw	aiff e/hi ddim	ân nhw ddim

Future Mynd 1

Uned 12 – Caf i dost i frecwast yfory. Gaf i dost, os gweli di'n dda?

Nod
Gofyn am ganiatâd a'i roi *Asking for and giving permission*
(caf i, cei di, caiff e/hi, cawn ni, cewch chi, cân nhw)

Geirfa

Gwlad Groeg	*Greece*
sgrin (sgriniau)	*screen(s)*
technoleg	*technology*

copïo	*to copy*
diffodd	*to switch off*
disgwyl	*to expect*
esbonio	*to explain*
trydar	*to tweet; to twitter*
ysmygu	*to smoke*

bwystfil(od)	*monster(s)*
cigydd(ion)	*butcher(s)*
y cyfryngau cymdeithasol	*social media*
cytundeb(au)	*contract(s)*
grawnfwyd(ydd)	*cereal(s)*
grawnffrwyth	*grapefruit*
llonydd	*peace and quiet*
tŵr (tyrau)	*tower(s)*

hyderus	*confident*
tywyll	*dark*

hyn	*this*
ar fy mhen fy hun	*on my own*

Geiriau pwysig i fi...

....

....

....

Dych chi'n cofio?

Ces i <u>dost</u> i frecwast.

Dysgwch nawr:

Caf i uwd i frecwast yfory.	*I'll have porridge for breakfast tomorrow.*
Caf i ffrwythau i frecwast.	*I'll have fruit for breakfast.*
Caf i ŵy i frecwast.	*I'll have an egg for breakfast.*
Caf i dost i frecwast.	*I'll have toast for breakfast.*
Beth gei di i frecwast?	*What will you have for breakfast?*
Beth gei di i ginio?	*What will you have for lunch?*
Beth gewch chi i ginio?	*What will you have for lunch?*
Beth gewch chi i swper?	*What will you have for supper?*

Yfory...

Enw				
brecwast				
cinio				
swper				

Caiff Huw dost i frecwast.	*Huw will have toast for breakfast.*
Caiff Huw frechdan i ginio.	*Huw will have a sandwich for lunch.*
Caiff Huw fwyd Eidalaidd i swper.	*Huw will have Italian food for supper.*
Beth gaiff Huw?	*What will Huw have?*
Cawn ni amser <u>cyffrous</u> yn y gêm griced.	*We'll have an exciting time in the cricket game.*
Cawn ni amser gwych yn <u>Iwerddon</u>.	*We will have a great time in Ireland.*
Cân nhw amser <u>diddorol</u> yn Amsterdam.	*They'll have an interesting time in Amsterdam.*
Cân nhw amser tawel ar <u>Ynys Enlli</u>.	*They'll have a quiet time on Bardsey Island.*

Gyda'ch partner – Dilynwch y patrwm:

Aiff Gwyn i <u>Gaerffili</u>.
Gwnaiff e weld <u>y castell</u>.
Caiff e <u>gaws</u> i fwyta.
Caiff e <u>baned o de</u> i yfed.

	Lle	Gweld	Bwyd	Diod
A – Tom	Tokyo	kimonos	sushi	sake
2 – Nesta	Napoli	Vesuvius	pitsa	capuccino
3 – Helen	Hong Kong	marchnad stryd	dim sum	te gwyrdd
4 – Idris	India	Taj Mahal	cyrri	te chai masala
5 – Mair	Madrid	fflamenco	tapas	gwin Rioja
6 – Sara	Sydney	Y Tŷ Opera	barbeciw	lager
7 – Matt	Moscow	Y Kremlin	stroganoff	fodca
8 – Iwan	Inverness	bwystfil Loch Ness	hagis	wisgi
9 – Prys	Paris	Y *Mona Lisa*	croissant	siampên
10 – Bethan	Berlin	Wal Berlin	sauerkraut	cwrw
Jac – Jac	Jamaica	grwpiau *Reggae*	cyrri gafr	coctêl
Brenhines – Liz	Llundain	Tŵr Llundain	te prynhawn	te
Brenin – Wil	Gwlad Groeg	Y Parthenon	moussaka	ouzo

Chaf i ddim post heddiw.	*I won't get any post today.*
Chaf i ddim ebost heno.	*I won't get an email tonight.*
Chaf i ddim llythyr yfory.	*I won't get a letter tomorrow.*
Chaf i ddim byd.	*I won't get anything.*

1 - Af i i'r siop fara ond chaf i ddim <u>bara brith</u>.

2 - Ei di i'r sinema ond chei di ddim <u>popcorn</u>.

3 - Aiff e i'r siop lysiau ond chaiff e ddim <u>moron</u>.

4 - Awn ni i'r swyddfa bost ond chawn ni ddim <u>arian</u>.

5 - Ewch chi i'r traeth ond chewch chi ddim <u>lliw haul</u>.

6 - Ân nhw i'r siop ddillad ond chân nhw ddim <u>bargen</u>.

Dych chi'n cofio?

Gaf i <u>ffôn</u> newydd?	Cei/Na chei.
Gaf i fenthyg <u>arian</u>?	Cewch/Na chewch.

Dysgwch nawr:

Gawn ni air?	Cewch.	*May we have a word?*	*Yes.*
Gawn ni ddiffodd y golau?	Cewch.	*May we switch off the light?*	*Yes.*
Gawn ni lonydd?	Na chewch.	*Can we have peace and quiet?*	*No.*
Gawn ni drafod hyn?	Na chewch.	*Can we discuss this?*	*No.*

Llongau rhyfel

defnyddio eich ffôn chi?	copïo dy waith cartref di?	benthyg ugain punt?	eich helpu chi?	agor y drws?
benthyg dy gar di?	lifft i'r Sadwrn Siarad?	benthyg dy eiriadur di?	mynd i gael coffi?	dod i'r parti heno?
chwarae golff gyda ti dydd Sul?	eich ffonio chi heno?	diffodd y golau?	siarad Cymraeg â chi?	mynd i'r dafarn gyda ti nos Sadwrn?
cau'r ffenest?	gweld dy ffeil di?	gadael yn gynnar?	siarad Saesneg yn y dosbarth?	ysmygu yma?

Sgwrs

Person y siop:	Gaf i helpu?
Cwsmer:	Cewch. Gaf i air gyda chi am y ffôn 'ma?
Person y siop:	Cewch, wrth gwrs.
Cwsmer:	Prynais i'r ffôn dau fis yn ôl yn y siop yma. Dyw e ddim yn gweithio o gwbl erbyn hyn. Roedd e'n ddrud iawn a dw i'n talu llawer am y cytundeb.
Person y siop:	Beth yw'r broblem?
Cwsmer:	Mae'r sgrin yn dywyll pan dw i'n tecstio, a dw i ddim yn gallu clywed y llais pan mae rhywun yn ffonio.
Person y siop:	Dw i'n gweld.
Cwsmer:	Mae e'n gwneud sŵn "ping" pan dw i ddim yn disgwyl clywed "ping".
Person y siop:	Gaf i weld y ffôn?
Cwsmer:	Cewch, wrth gwrs. Dyma chi.
Person y siop:	Dych chi wedi trio diffodd y ffôn?
Cwsmer:	Ym… ydw, wrth gwrs…
Person y siop:	Gaf i wneud?
Cwsmer:	Cewch.
	(*"ping"*)
Person y siop:	Dyma chi. Mae popeth yn iawn nawr.
Cwsmer:	Diolch.
Person y siop:	Gaf i helpu gyda rhywbeth arall? Gaf i esbonio'r ffôn yn iawn i chi?
Cwsmer:	Dim diolch. Dw i'n deall popeth nawr. Hwyl!
Person y siop:	Hwyl! … Tan y tro nesa!

Siaradwch – Technoleg

Nodwch o leia 6 gair fydd yn eich helpu chi i siarad am dechnoleg:

Sgwrs

A: Dych chi'n hoffi defnyddio technoleg?

B: Ydw, mae diddordeb gyda fi mewn technoleg.

A: Oes llawer o bethau technolegol gyda chi?

B: Oes, mae <u>ffôn</u> newydd gyda fi.

A: Oedd y <u>ffôn</u> yn ddrud?

B: Oedd, ond roedd e'n werth pob ceiniog.

A: Gaf i fenthyg eich <u>ffôn</u> chi?

B: Na chewch wir, mae e'n rhy ddrud! Beth tasech chi'n torri'r <u>ffôn</u>?

A: Bydda i'n ofalus iawn...

- Pa dechnoleg dych chi'n defnyddio bob dydd?

- Dych chi'n dda/hyderus gyda thechnoleg?

- Dych chi'n hoffi defnyddio'r cyfryngau cymdeithasol?

- Dych chi'n defnyddio technoleg i ddysgu Cymraeg?

- Sut dych chi'n gwylio rhaglenni teledu?

'Technoleg' gan Emyr Davies

Pan fydda i'n hen ofnadwy
A'r teulu wedi mynd,
Dw i'n gwybod erbyn hynny –
Y we fydd yma'n ffrind.

Bydd hi'n glanhau'r carpedi,
Bydd hi'n cael bwyd o'r siop,
A bydd hi'n galw'r meddyg
Pan fydda i ar stop.

A bydda i'n dweud 'Alexa…
Dw i eisiau cwrw nawr!'
A bydd hi'n mynd i'r oergell –
Dw i'n edrych 'mlaen yn fawr.

Robin Radio

a) **Atebwch:**
Beth oedd y broblem gyda *sat nav* Catrin?

....

Beth oedd y broblem gyda ffôn Catrin?

....

Cafodd Catrin gyfweliad am swydd. Beth oedd y swydd?

....

b) **Gwrandewch am:**

Sut hwyl gest ti?   *How did you get on?*
Mae'n gas gyda fi dechnoleg.   *I hate technology.*
Gobeithio cei di well lwc y tro nesa.   *I hope you get better luck next time.*

c) **Cyfieithwch:**

May I ask why? ....

My sat nav doesn't work in a storm. ....

I didn't have a signal. ....

Help llaw

1. **Dysgwch:**

caf i	cawn ni
cei di	cewch chi
caiff e/hi	cân nhw

2. *The verb* **cael** *has two functions.*
   It firstly means 'to have' or 'to get':

   Caiff e gawl. – *He'll have soup.*

   However, it is also used to ask for permission:

   Gaf i fynd i'r parti?   *May I go to the party?*

   (Mae treiglad meddal yn y cwestiwn – Caf i > **G**af i?)

3. *Notice the* treiglad llaes *following* na – na **ch**ei.
   Hefyd, mae treiglad llaes yn y frawddeg negyddol:

   Caiff e amser da.   **Ch**aiff e ddim amser da.

4. *As in the past tense,* mae treiglad meddal *after a short form verb:*

   tost = Ces i **d**ost./Caf i **d**ost.   coffi = Ces i **g**offi./Caf i **g**offi.

5. Byddwch chi'n gweld **Gaf i?** a **Ga i?**

Future Cael 1

Uned 13 – Un flwyddyn, dwy flynedd, tair blynedd

Nod

Trafod cyfnodau o amser *Discussing periods of time*

Geirfa

gradd(au)	degree(s)
iaith (ieithoedd)	language(s)
myfyrwraig	student
sgwrs (sgyrsiau)	conversation(s)
treth(i)	tax(es)
Y Swistir	Switzerland

datblygu	to develop

Almaeneg	German
ar bwys	near
lleol	local
rhugl	fluent

cyfreithiwr (cyfreithwyr)	solicitor(s)
eiliad(au)	second(s)
Eryri	Snowdonia
glanhäwr (glanhawyr)	cleaner(s)
glöwr (glowyr)	miner(s)
milfeddyg(on)	vet(s)
myfyriwr (myfyrwyr)	student(s)
peiriannydd (peirianwyr)	engineer(s)
plymwr (plymwyr)	plumber(s)
presennol	(the) present

Geiriau pwysig i fi...

Enw	yn wreiddiol	byw nawr

Dysgwch:

un flwyddyn	chwe blynedd
dwy flynedd	saith mlynedd
tair blynedd	wyth mlynedd
pedair blynedd	naw mlynedd
pum mlynedd	deg mlynedd

Dw i'n byw yn yr ardal ers blwyddyn.	*I have been living in the area for a year.*
Dw i'n byw yn yr ardal ers dwy flynedd.	*I have been living in the area for two years.*
Dw i'n byw yn yr ardal ers tair blynedd.	*I have been living in the area for three years.*
Dw i'n byw yn yr ardal ers blynyddoedd.	*I have been living in the area for years.*

Ers faint rwyt ti'n byw yn yr ardal?	*How long have you been living in the area?*
Ers faint rwyt ti'n dysgu Cymraeg?	*How long have you been learning Welsh?*
Ers faint dych chi'n gyrru?	*How long have you been driving?*
Ers faint dych chi'n gweithio?	*How long have you been working?*

yr ysgol gynradd – Ro'n i yno am saith mlynedd.	*I was there for seven years.*
yr ysgol uwchradd – Roedd Rhys yno am saith mlynedd.	*Rhys was there for seven years.*
y coleg – Roedd Carys yno am ddwy flynedd.	*Carys was there for two years.*
y brifysgol – Roedd y plant yno am flynyddoedd.	*The children were there for years.*

Am faint ro't ti'n byw yn Llanelli?	*How long did you live in Llanelli for?*
Am faint ro'ch chi'n byw yn Aberteifi?	*How long did you live in Cardigan for?*
Am faint roedd Marc yn byw ym Merthyr?	*How long did Marc live in Merthyr for?*
Am faint roedd Cari yn byw yng Nghaerdydd?	*How long did Cari live in Cardiff for?*

	Dewi	**Dona**
1980–1985	Wrecsam	Y Rhyl
1985–1988	Abertawe	Y Rhyl
1988–1989	Abertawe	Bethesda
1989–1997	Treorci	Caernarfon
1997–2007	Glyn Nedd	Caernarfon
2007–2009	Pontypridd	Caernarfon
2009–2014	Caerdydd	Machynlleth
2014–2016	Caerdydd	Caerdydd
2016–presennol	Aberystwyth	Aberystwyth

Prynais i gar newydd bedair blynedd yn ôl.	*I bought a new car four years ago.*
Ces i swydd newydd bum mlynedd yn ôl.	*I got a new job five years ago.*
Symudais i dŷ chwe blynedd yn ôl.	*I moved house six years ago.*
Gadawais i'r ysgol dri deg mlynedd yn ôl.	*I left school thirty years ago.*

Ennill y loteri

Enillon ni'r loteri bum mlynedd yn ôl.

Ymddeolon ni bum mlynedd yn ôl.

Prynon ni dŷ mawr iawn bedair blynedd yn ôl.

Aethon ni ar wyliau drud dair blynedd yn ôl.

Aethon ni'n ôl i'r gwaith ddwy flynedd yn ôl.

Beth o't ti'n wneud...?

Enw	llynedd	bum mlynedd yn ôl	ddeg mlynedd yn ôl	ugain mlynedd yn ôl
tiwtor				
fi				

Darllen a siarad

Mae eich canolfan chi'n chwilio am diwtor newydd. I bwy fasech chi'n rhoi'r swydd? Darllenwch ac yna siaradwch.

Claudine dw i. Dw i'n dod o'r Swistir yn wreiddiol felly dw i'n siarad Ffrangeg ac Eidaleg, a thipyn bach o Almaeneg. Symudais i i Gymru ddeg mlynedd yn ôl i weithio mewn canolfan ddringo. Mae plentyn tair oed gyda fi sy'n mynd i'r ysgol feithrin Gymraeg yn y pentre. Dw i wedi dysgu Cymraeg yn rhugl mewn dosbarth ond dw i'n siarad Ffrangeg â Juliette, fy merch, yn y tŷ. Dw i eisiau bod yn diwtor achos dw i'n hoffi ieithoedd yn fawr a dw i wedi mwynhau pob eiliad o'r gwersi Cymraeg!

Sara dw i. Dw i'n byw yn Abercastell ers deg mlynedd ond ces i fy ngeni yng Nghaerdydd. Ro'n i'n fyfyrwraig ym Mhrifysgol Abertawe ble ces i radd dosbarth cyntaf yn y Gymraeg. Gwnes i gwrs ymarfer dysgu wedyn ym Mangor i ddysgu plant bach. Dw i'n gweithio i'r cyngor lleol ers blwyddyn. Ond dw i ddim eisiau gweithio mewn swyddfa, dw i eisiau dysgu Cymraeg i bobl.

Dafydd dw i. Cyfreithiwr wedi ymddeol dw i. Ymddeolais i bedair blynedd yn ôl – yn gynnar wrth gwrs! Dw i ddim wedi dysgu Cymraeg i neb ond dw i'n trefnu cwis a sesiwn sgwrs yn y dafarn leol bob mis i ddysgwyr. Dw i'n dod o'r ardal yma'n wreiddiol. Dw i'n meddwl bod dysgwyr yn hoffi cael tiwtor sy'n byw'n lleol.

I bwy fasech chi'n rhoi'r swydd?

....

Pam? ....

....

Gyda'ch partner, ailysgrifennwch baragraff 1: Claudine yw hi.

....

....

....

....

....

....

....

....

....

....

Gwrando

Cyfweliad am swydd

1. Am faint roedd Mrs Roberts yn byw yn Llundain? ....

2. Ers faint mae hi'n byw yn yr ardal? ....

3. Pryd dechreuodd hi ddysgu Cymraeg? ....

4. Pryd bydd hi'n gallu cael y swydd (efallai?) ....

Sgwrs

Hywel: Wel, wel, Mari, sut wyt ti ers oesoedd?

Mari: Helô, Hywel, dw i'n dda iawn. Wyt ti wedi symud o Gaerdydd?

Hywel: Ydw, gyda'r teulu.

Mari: Ble dych chi'n byw erbyn hyn?

Hywel: 'Dyn ni'n byw ar bwys Machynlleth. Mae swydd gyda fi yn Aberystwyth.

Mari: Ers pryd?

Hywel: Symudon ni ddwy flynedd yn ôl. Mae'r amser wedi hedfan.

Mari: Dych chi wedi setlo?

Hywel: Ydyn, ro'n ni'n byw yn Birmingham am dair blynedd cyn Caerdydd felly mae byw yng nghefn gwlad yn braf iawn. Ble dych chi'n byw erbyn hyn?

Mari: Dw i'n dal i fyw yng Nghaerdydd; a dweud y gwir, faswn i ddim yn hoffi byw yn y wlad.

Siaradwch – Gwaith

Ysgrifennwch o leia 10 gair ar y thema Gwaith (eich gwaith chi eich hun neu waith pobl eraill):

- Beth yw'ch gwaith chi? / Beth oedd eich swydd ddiwetha chi?

- Ers faint dych chi'n gwneud y gwaith yma? Am faint ro'ch chi yn eich swydd ddiwetha chi?

- Beth oedd eich swydd gynta chi?

- Beth dych chi/o'ch chi'n hoffi am eich gwaith?

- Beth dych chi/do'ch chi ddim yn hoffi am eich gwaith?

- Oedd swydd gyda chi pan o'ch chi yn yr ysgol?

- Edrychwch ar y swyddi yma. Gyda'ch partner, trafodwch pa swydd basech chi'n hoffi ei gwneud, pa swydd fasech chi ddim yn hoffi ei gwneud.

tiwtor Cymraeg	deintydd	garddwr
milfeddyg	peilot	glöwr
plymwr	glanhäwr	athro gyrru
nyrs	peiriannydd	actor

Robin Radio

a) **Atebwch:**

Pwy oedd yn siarad Cymraeg â Llinos? ....

Ble bydd Llinos ym mis Medi? ....

Beth fydd yn digwydd mewn pum mlynedd? ....

b) **Gwrandewch am:**

Dw i'n eich clywed chi'n gofyn.	*I hear you ask.*
Mae hi'n ganol nos.	*It's the middle of the night.*
siwrne saff	*safe journey*

c) **Cyfieithwch:**

I moved twenty years ago. ....

She speaks Welsh fluently. ....

We have come to Wales for a month. ....

Help llaw

1. 'Dyn ni'n defnyddio **blynedd** ar ôl rhif, ond dim ar ôl **un**:

un flwyddyn	chwe blynedd
dwy flynedd	saith mlynedd
tair blynedd	wyth mlynedd
pedair blynedd	naw mlynedd
pum mlynedd	deg mlynedd

The mutations look complicated but follow the common principles:

Singular feminine nouns always mutate following **un** *– un* **f**erch *(blwyddyn is a singular feminine noun).*
Dau *and* **dwy** *always cause a* treiglad meddal *– dau* **f**ab, dwy **f**erch
Tair *and* **pedair** *never cause a mutation – tair punt, pedair punt*

Some like to remember the following to help them remember the mutation pattern: **f**ish **f**ingers, **b**aked **b**eans, **m**ore **b**read, **mmmm**! *(the first letter of each word is the same as the mutation!)*

2. *Notice how* **pump** *becomes* **pum** *and* **chwech** *becomes* **chwe** *before the word* **blynedd** *and other nouns.*

pum mlynedd   chwe blynedd

3. *We use* **ers** *when the action/activity is ongoing. We also use the present tense, which is different to English. Does* **dim** *treiglad ar ôl* **ers***:*
Dw i'n byw yng Nghaerdydd ers dwy flynedd.
We use **am** *when the action/activity referred to is completed and in the past. Mae* **treiglad meddal** *ar ôl* **am***:*
Ro'n i'n byw yng Nghaerdydd am ddwy flynedd.

4. *Ar ôl 10, it is easier to say XX* **o flynyddoedd** *(of years), e.e. tri deg saith o flynyddoedd.*

5. *Notice that there is a* **treiglad meddal** *on the number when we use* yn ôl.

ddwy flynedd yn ôl.

Duration

Uned 14 – Adolygu ac ymestyn

Nod

Adolygu unedau 7–13 – Trefnu mynd i ddigwyddiadau *Arranging to go to events*

Geirfa

calon(nau)	*heart(s)*
cantores(au)	*female singer(s)*
dawns(feydd)	*dance(s)*
gwisg(oedd)	*uniform(s), costume(s)*
santes(au)	*saint(s)*

bardd (beirdd)	*poet(s)*
bedd(au)	*grave(s)*
canwr (cantorion)	*singer(s)*
cwt (cytiau)	*hut(s)*
ffŵl (ffyliaid)	*fool(s)*
grŵp (grwpiau)	*group(s)*
Norman(iaid)	*Norman(s)*
sant (saint)	*saint(s)*
teithiwr (teithwyr)	*traveller(s)*
twrci	*turkey*
tywod	*sand*
ymwelydd (ymwelwyr)	*tourist(s), visitor(s)*

bwcio	*to book*
gweddïo	*to pray*
gwylltio	*to lose one's temper*
lliwio	*to colour*

creulon	*cruel*
rhesymol	*reasonable*
unig	*lonely; only*

gwisg ffansi	*fancy dress*
Noswyl Nadolig	*Christmas Eve*
sef	*i.e. (that is)*
yn ystod	*during*

Geiriau pwysig i fi...

Gêm o gardiau

	♠	♦	♣	♥
A	Ers faint dych chi'n dysgu Cymraeg?	Ble ewch chi ar wyliau nesa?	Ers faint dych chi'n byw yn eich tŷ chi?	Pwy ffoniaist ti ddiwetha?
2	Pryd aethoch chi ar drên ddiwetha?	Dych chi'n defnyddio cyfrifiadur?	Fasech chi'n hoffi bod yn diwtor Cymraeg?	Beth gewch chi i frecwast yfory?
3	Beth wnewch chi fwyta dydd Nadolig?	Beth oedd eich swydd gynta chi?	Dych chi'n mwynhau hedfan?	Pryd gwnewch chi brynu car newydd?
4	Pryd gwnewch chi godi yfory?	Gyda phwy gwnewch chi siarad Cymraeg yr wythnos nesa?	Oes hoff anifail 'egsotig' gyda chi?	Gyda phwy cewch chi baned nesa?
5	Pryd aethoch chi ar fws ddiwetha?	Dych chi'n gyrru car?	Ers faint dych chi'n byw yn yr ardal yma?	Am faint o'r gloch ewch chi i'r gwely heno?
6	Sut ewch chi ar wyliau nesa?	Fasech chi'n hoffi bod yn filfeddyg?	Oedd anifail anwes gyda chi pan o'ch chi'n blentyn?	Beth yw'ch hoff lyfr chi?
7	Dych chi'n mwynhau defnyddio'r cyfryngau cymdeithasol?	Pan gewch chi baned nesa, beth gewch chi?	Dych chi'n bwyta llawer o siocled?	Beth yw'ch hoff raglen gomedi chi?
8	Pryd aethoch chi i'r sinema ddiwetha?	Ble gwnewch chi eich siopa Nadolig chi?	Beth dych chi'n ei feddwl o griced?	Ble ewch chi ar ôl y dosbarth?
9	Ble ewch chi mis Awst nesa?	Beth gewch chi i ginio dydd Sul?	Pryd ewch chi i ffwrdd dros nos nesa?	Beth dych chi'n ei feddwl o operâu sebon?
10	Oes ffilm yn y sinema fasech chi'n hoffi ei gweld?	Sut ewch chi adre o'r dosbarth?	Oes ofn rhywbeth arnoch chi?	Fyddwch chi'n anfon ebost at rywun heddiw?
Jac	Beth wnewch chi yfory?	Beth yw'ch hoff ffilm chi?	O'ch chi'n hoffi darllen pan o'ch chi'n blentyn?	Oes anifail anwes gyda chi?
Brenhines	Dych chi'n hoffi gwrando ar y radio yn y car?	Ble ewch chi i siopa nesa?	Beth wnewch chi y penwythnos nesa?	Beth wnewch chi wylio ar y teledu dros y penwythnos?
Brenin	Beth wnaethoch chi y penwythnos diwetha?	Beth wnewch chi dydd Sul?	Oes chwaraeon ar y teledu ar hyn o bryd?	Beth wnewch chi ddarllen dros y penwythnos?

Adolygu – Beth yw'r cwestiwn?

....?	Gwnaf i godi am saith o'r gloch.
....?	Gwnaf i bobi cacen ar ôl y dosbarth.
....?	Af i i'r sinema yfory.
....?	Caf i uwd i frecwast yfory.

Cael

Gaf i gau'r ffenest?	Cei, wrth gwrs. Mae hi'n oer yma.
Gaiff e gau'r ffenest?	Caiff, wrth gwrs. Mae hi'n oer yma.
Gawn ni gau'r ffenest?	Cewch, wrth gwrs. Mae hi'n oer yma.
Gân nhw gau'r ffenest?	Cân, wrth gwrs. Mae hi'n oer yma.
Gaf i gau'r ffenest?	Na chei, mae'n flin gyda fi. Mae hi'n dwym yma.
Gaiff hi gau'r ffenest?	Na chaiff, mae'n flin gyda fi. Mae hi'n dwym yma.
Gawn ni gau'r ffenest?	Na chewch, mae'n flin gyda fi. Mae hi'n dwym yma.
Gân nhw gau'r ffenest?	Na chân, mae'n flin gyda fi. Mae hi'n dwym yma.

Cysylltwch y cwestiynau â'r atebion cywir.

Yn y tŷ

Gaf i addurno fy ystafell wely i?	Na chaiff, mae'n flin gyda fi. Mae hi yn y gwaith.
Gaiff Dafydd ddod i fy mharti i?	Cewch, wrth gwrs. Mae'r tywydd yn braf.
Gaiff Anti Mair roi lifft i fi?	Na chewch. Rhaid i chi wneud eich gwaith cartref chi.
Gaf i wario fy arian poced i heddiw?	Caiff, wrth gwrs. Gwnaf i ffonio ei fam e.
Gaf i liwio gyda fy mhensiliau newydd i?	Na chei, 'dyn ni ddim yn mynd i'r dre heddiw.
Gaiff Jac a fi fynd i'r parc?	Cei, wrth gwrs. Mae paent yn y garej.
Gaf i archebu esgidiau newydd ar y we?	Cei, wrth gwrs, ar ôl i ti orffen dy fwyd.
Gawn ni chwarae ar yr X-box?	Na chei, maen nhw'n rhy ddrud.

Cysylltwch y cwestiynau â'r atebion cywir eto.

Yn y gwaith

Gaf i archebu papur i'r swyddfa?	Dw i ddim yn gwybod y manylion eto.
Gaf i fenthyg eich ffôn chi?	Oes problem?
Gaf i ebostio'r gwesty nawr?	Does dim batri ar ôl gyda fi.
Gaf i gofrestru ar gwrs cyfrifiaduron?	Dw i ddim wedi gorffen gyda hi eto.
Gaiff y bòs eich gweld chi am funud?	Does dim ar ôl?
Gaiff Siân ac Aled weld y ffeil?	Mae'n bwysig dysgu pethau newydd.

Cei di fynd ma's i chwarae.	*You may go out to play.*
Cei di fynd i'r parc.	*You may go to the park.*
Cewch chi fynd i'r parc.	*You may go to the park.*
Cewch chi chwarae yn yr ardd.	*You may play in the garden.*

Dw i ddim yn cael...
siarad Saesneg yn y dosbarth Cymraeg.

ysmygu yn y tŷ.

....

....

Pan o'n i'n blentyn, do'n i ddim yn cael...
bwyta losin yn ystod yr wythnos.

aros lan yn hwyr.

....

....

Ynganu

Mae pawb yn gwybod am Dewi Sant ond mae Santes Cariadon gyda ni yng Nghymru hefyd. Dwynwen yw enw Santes y Cariadon a 'dyn ni'n anfon cerdyn at ein cariad ar Ionawr 25. Mae eglwys Santes Dwynwen yn Llanddwyn, Ynys Môn. Mae'n lle hyfryd iawn. Wrth gwrs, mae hi'n bosib anfon cerdyn Sant Ffolant at eich cariad ym mis Chwefror hefyd os dych chi'n rhamantus.

Calendr y flwyddyn

Parwch y diffiniadau (*definitions*):

saith diwrnod	Dydd Calan
24 awr	Dydd Gŵyl Dewi
chwe deg eiliad	Nos Galan
chwe deg munud	Calan Mai
pedair wythnos	Calan Gaeaf
deuddeg mis	wythnos
deg mlynedd	munud
can mlynedd	diwrnod
25 Rhagfyr	blwyddyn
26 Rhagfyr	awr
31 Rhagfyr	mis
1 Ionawr	degawd
1 Mawrth	Dydd Nadolig
1 Mai	canrif
31 Hydref	Gŵyl San Steffan

Beth wnewch chi y flwyddyn nesa?

Dyma galendr o ddigwyddiadau eich menter iaith leol am y flwyddyn. Mae mentrau iaith yn trefnu digwyddiadau Cymraeg.

Siaradwch â'ch partner. Dilynwch y patrwm.

A: Ble ewch chi ym mis xx?

B: Af i i'r xx.

A: A finnau. Af i i'r xx hefyd. **neu** Af i i'r xx.

Oes un digwyddiad dych chi'n cytuno dych chi ddim yn ei hoffi?

Ionawr 25	Cyngerdd Santes Dwynwen. Neuadd fawr Abercastell.	Disgo Santes Dwynwen. Dewch i ddawnsio – clwb nos y Bont, Bryncastell.
Chwefror ___	Dewch i weld gêm rygbi Cymru v Lloegr ar S4C. Clwb Rygbi Trecastell.	Cwis Tafarn. Yn y Llew Du, Abercastell. Gwobrau bendigedig!
Mawrth 1	Cinio Gŵyl Dewi. Gwesty'r Castell, Bryncastell. Cawl, cinio a bara brith am £15.	Cyngerdd yng Nghapel y Groes, Abercastell gyda chôr y capel a llawer mwy.
Ebrill 1	Noson gomedi Ffŵl Ebrill. Clwb Comedi'r Castell. Bar tan hanner nos. Oedolion yn unig!	Dewch i ddweud eich jôcs yn neuadd ysgol Abercastell. Llawer o hwyl i bawb o bob oed.
Mai 1	Ffair mis Mai – cae Ysgol y Bryn, Bryncastell.	Sêl cist car. Dewch i gael bargen! Maes parcio Canolfan Hamdden Abercastell.
Mehefin 21	Gŵyl Ganol Haf. Dewch â phicnic i fwynhau cyngerdd jazz - Gerddi Plas Abercastell.	Barbeciw Canol Haf – Fferm Cae Llwyd, Bryncastell. Bwyd a band!
Gorffennaf 29	Taith Gerdded ar lan y môr. Croeso i bawb. Parciwch yn y maes parcio, traeth Abercastell.	Carnifal Trecastell. Parêd yn dechrau am 10 o'r gloch o faes parcio'r ysgol, drwy'r stryd fawr at y Ffair.
Awst 11	Bws i'r Eisteddfod Genedlaethol. Dechrau o Ganolfan Hamdden Bryncastell am 7 y bore. Yn ôl erbyn 7 y nos.	Gêm griced rhwng athrawon a rhieni ysgol Abercastell, yn y Clwb Criced.
Medi 13	Bore Coffi i ddysgwyr – Croeso'n ôl! Canolfan Gymraeg Trecastell.	Gêm bêl-droed rhwng Abercastell Athletig a Bois Bryncastell. Bwffe wedyn yn y Clwb Pêl-droed.
Hydref 31	Parti Calan Gaeaf i deuluoedd yr ardal. Gwisg ffansi a gemau. Neuadd y dre, Abercastell.	Dawns Calan Gaeaf i bobl dros 18 – Tafarn y Bont, Abercastell. Gwobr i'r wisg ffansi orau!
Tachwedd 3	Noson Tân Gwyllt! Parc Llanbryncastell. Tân gwyllt a bwyd poeth gan ddynion tân Abercastell. £5.	Drama Gymraeg – "Cuddio yn y cwt" – clwb drama ardal Abercastell. Yn Theatr Bryncastell.
Noswyl Nadolig	Gwasanaeth carolau Cymraeg yn Eglwys y dre, Llancastell.	Cinio twrci – clwb hen bobl Trecastell. Dewch i helpu ac i roi Parti Nadolig gwych i hen bobl yr ardal.

Sgwrs 1

Mae'r tiwtor yn trefnu bore coffi dydd Sadwrn nesa. Bydd y bore coffi yn yr ystafell ddosbarth.

Tiwtor: Dych chi'n cofio am y bore coffi i godi arian i <u>Oxfam</u> dydd Sadwrn? Pwy sy'n gallu dod?

Ceri: **Dof i**.

Eryl: Dw i ddim yn gallu dod, mae'n flin gyda fi, achos dw i'n gweithio. Ond **daw** fy <u>chwaer</u> i.

Tiwtor: Sam a Chris, beth amdanoch chi?

Sam: **Down ni** ar ôl mynd â'r plant i'r wers jiwdo. Wyt ti eisiau help?

Tiwtor: Mae'n iawn, ond basai cacen neu wobr raffl yn wych.

Chris: Dof i â <u>bara brith</u>.

Tiwtor: Diolch yn fawr.

Chris: Bydd y plant yn gallu helpu – maen nhw'n hoffi gwerthu tocynnau raffl!

Tiwtor: Bendigedig. Dewch i helpu <u>Oxfam</u> ac ymarfer siarad Cymraeg gyda fi a fy ffrindiau!

Beth yw:

dof i   _____

daw fy chwaer   _____

down ni   _____

Dyfodol dod

Dof i yn y car.	*I'll come in the car.*
Dof i ar y bws.	*I'll come on the bus.*
Dof i ar y trên.	*I'll come on the train.*
Dof i ar y beic.	*I'll come on the bike.*
Sut dewch chi i'r dosbarth?	*How will you come to class?*
Sut dewch chi i'r parti?	*How will you come to the party?*
Sut doi di i'r parti?	*How will you come to the party?*
Sut doi di i'r gwaith?	*How will you come to work?*

Parti Gwisg Ffansi

Sut doi di i'r parti?   Dof i ar y bws.

Fel beth doi di i'r parti?   Dof i fel Batman.

Enw	Dod i'r parti sut?	Dod i'r parti fel...

Daw Ceri fel Batman. *Ceri will come as Batman.*
Daw Sam fel canwr opera. *Sam will come as an opera singer.*
Daw e fel bachgen ysgol. *He'll come as a schoolboy.*
Daw Dafydd a Siân fel bwystfilod. *Dafydd and Siân will come as monsters.*

Down ni i'r cyfarfod nesa. *We'll come to the next meeting.*
Ddown ni ddim i'r cyfarfod nesa. *We won't come to the next meeting.*
Dôn nhw i'r cyfarfod nesa. *They'll come to the next meeting.*
Ddôn nhw ddim i'r cyfarfod nesa. *They won't come to the next meeting.*

Dof i â bara brith. *I'll bring bara brith.*
Dof i â llaeth. *I'll bring milk.*
Dof i â bisgedi. *I'll bring biscuits.*
Dof i â choffi. *I'll bring coffee.*

Gwrando a gwylio

Mae llawer o leoedd arbennig yng Nghymru. Edrychwch ar y fideo o Dalacharn *(Laugharne)* yn sir Gaerfyrddin ac atebwch y cwestiynau.

1. Beth yw enw *Pendine* yn Gymraeg?

    ....

2. Mae dau gastell yn y fideo. Ble maen nhw?

    ....

3. Pam mae Talacharn yn enwog?

    ....

4. Ble buodd Dylan Thomas farw?

    ....

5. Ble mae ei fedd e?

    ....

6. Mae llawer o ymwelwyr o un rhan o'r byd yn dod i Dalacharn. O ble?

    ....

Trefnu taith ddosbarth yn yr ardal

Ble awn ni?	Beth wnawn ni yno?
Pryd awn ni?	Beth wnawn ni weld yno?
Sut awn ni?	Beth gawn ni i fwyta ac yfed yno?
O ble awn ni?	Pryd down ni'n ôl?

Sgwrs 2

Sam: Mae <u>Tad-cu</u>'n dathlu ei ben-blwydd yn <u>saith deg</u> y mis nesa.

Chris: Ydy. Beth wnawn ni i ddathlu?

Sam: Beth am fynd â fe i'r <u>Llew Aur</u> yn <u>Llanbryncastell</u>?

Chris: Pam rwyt ti eisiau mynd i'r <u>Llew Aur</u>?

Sam: Dw i'n meddwl bod y Llew Aur yn <u>gyfleus</u>. Cawn ni ginio dydd Sul da yna. Ac mae <u>Tad-cu</u>'n nabod y staff yn dda.

Chris: Ac mae'r cwrw'n eitha rhesymol.

Sam: Dw i'n hoff iawn o'r pwdinau hefyd – dw i wrth fy modd gyda'r <u>gacen gaws</u>!

Chris: Mmmm – a finnau!

Sam: Mae'r pwll tywod yn dda yn yr ardd gwrw, gwnaiff y plant chwarae'n hapus a chawn ni lonydd!

Chris: Gobeithio chawn ni ddim glaw.

Sam: Wel os caiff y plant bach bapur lliwio, ac os caiff y plant mawr eu ffonau symudol, byddan nhw'n hapus.

Chris: Rwyt ti'n iawn, yn anffodus. Pa anrheg gawn ni iddo fe?

Sam: Dyw e ddim eisiau dim byd, dim ond gweld y teulu!

Chris: Chware teg iddo fe. Dof i â chacen.

Sam: Syniad da!

Siaradwch – Y flwyddyn nesa

Ticiwch bopeth byddwch chi'n ei wneud y flwyddyn nesa:

mynd ar wyliau	**dathlu rhywbeth arbennig**	**mynd i ŵyl (e.e. yr Eisteddfod)**
gwylio chwaraeon	**mynd i grŵp yn yr ardal (e.e. côr)**	**mynd ar drip (e.e. i siopa)**
gweld ffrindiau	**dechrau hobi newydd**	**dysgu Cymraeg**

Beth fyddwch chi'n ei wneud y flwyddyn nesa – yn y gwanwyn, yn yr haf, yn yr hydref ac yn y gaeaf?

Beth dych chi'n ei wneud fel arfer amser Nadolig a dros y Pasg? Fyddwch chi'n gwneud rhywbeth gwahanol y flwyddyn nesa?

Sut byddwch chi'n ymarfer eich Cymraeg?

Robin Radio

a) **Atebwch:**

Pryd aeth Llinos ar wyliau ddiwetha?

....

Pwy helpodd Radio Rocio pan oedd Robin ac Anti Mair i ffwrdd?

....

Ble bydd Anti Mair ar ddydd Nadolig?

....

b) **Gwrandewch am:**

Rwyt ti newydd symud tŷ.	*You have just moved house.*
munud ola	*last minute*
hen bryd	*high time*

c) **Cyfieithwch:**

I hate discussing the rota. ....

Will he come back with you? ....

His granny was from Wales. ....

Help llaw

1. Dyfodol **dod** – Mae dyfodol **dod** yn wahanol i'r berfau eraill achos 'dyn ni'n defnyddio'r llythyren (*letter*) **o,** dim **a**:

gwneud		**mynd**		**cael**		**dod**	
gwnaf i	gwnawn ni	af i	awn ni	caf i	cawn ni	dof i	down ni
gwnei di	gwnewch chi	ei di	ewch chi	cei di	cewch chi	doi di	dewch chi
gwnaiff e/hi	gwnân nhw	aiff e/hi	ân nhw	caiff e/hi	cân nhw	daw e/hi	dôn nhw

2. Cofiwch: **dod â** = *to bring*. Mae **â** yn achosi (*cause*) treiglad llaes. Mae **â** yn troi yn **ag** o flaen llafariaid (*vowels*).

> Dof i â bisgedi.
>
> Dof i â choffi.
>
> Dof i ag afalau.

Future Dod 1

Uned 15 – Disgrifio

Nod yr uned hon yw...
Disgrifio pobl a phethau *Describing people and places* (Pa mor dal dych chi? mor dal â)

Geirfa

barf(au)	*beard(s)*
blows(us)	*blouse(s)*
cardigan(au)	*cardigan(s)*
daear	*earth*
ffrog(iau)	*dress(es)*
modfedd(i)	*inch(es)*
pluen (plu)	*feather(s)*
sandal(au)	*sandal(s)*
sgarff(iau)	*scarf (scarves)*
sgert(iau)	*skirt(s)*
siaced(i)	*jacket(s)*
siwmper(i)	*jumper(s)*
troedfedd(i)	*foot (feet)*

croen	*skin*
crys(au) T	*T shirt(s)*
drwm (drymiau)	*drum(s)*
mwstas(his)	*moustache(s)*
triongl(au)	*triangle(s)*
trowsus	*trousers*
tŷ (tai) teras	*terraced house(s)*

anobeithiol	*hopeless*
blewog	*hairy*
cyfeillgar	*friendly*
cyrliog	*curly*
isel	*low*
moel	*bald*
peryglus	*dangerous*
tal	*tall*
trwm	*heavy*
uchel	*high*

chwyrnu	*to snore*
disgrifio	*to describe*

diolch byth	*thank goodness*
dwywaith	*twice*
o dro i dro	*from time to time*
o'r diwedd	*at last, finally*
tair gwaith	*three times*

Geiriau pwysig i fi...

....

....

Disgrifio pethau

Mae'r car yn swnllyd.	*The car is noisy.*
Mae'r car yn dawel.	*The car is quiet.*
Mae'r car yn araf.	*The car is slow.*
Mae'r car yn gyflym.	*The car is fast.*

Gyda'ch partner, ysgrifennwch frawddegau am y lluniau yma, e.e.
Mae'r awyren yn gyflym ond mae'r beic yn araf.

swnllyd	tawel
tal	byr
trwm	ysgafn
mawr	bach

....

....

....

....

....

Disgrifio pobl

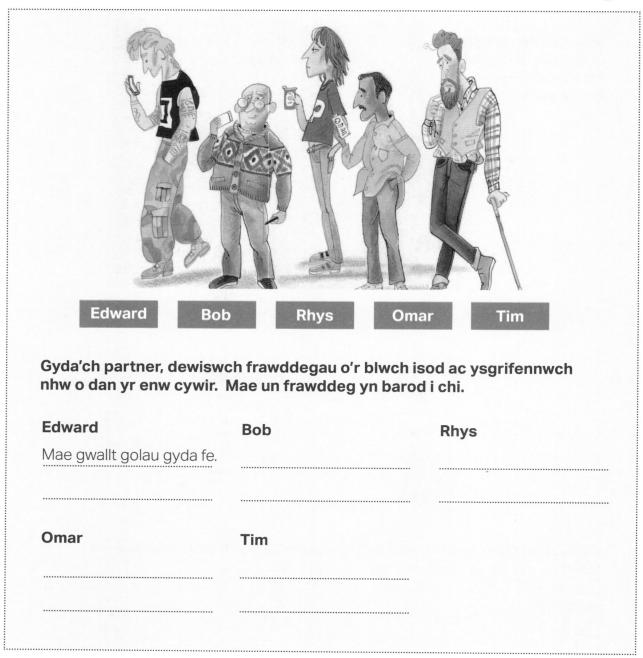

| Edward | Bob | Rhys | Omar | Tim |

Gyda'ch partner, dewiswch frawddegau o'r blwch isod ac ysgrifennwch nhw o dan yr enw cywir. Mae un frawddeg yn barod i chi.

Edward

Mae gwallt golau gyda fe.

....

Bob

....

....

Rhys

....

....

Omar

....

....

Tim

....

....

Mae gwallt hir gyda fe.	Mae gwallt byr gyda fe.	Mae gwallt cyrliog gyda fe.
Mae gwallt brown gyda fe.	Mae gwallt syth gyda fe.	Mae barf gyda fe.
Mae gwallt tywyll gyda fe.	Mae gwallt golau gyda fe.	Mae sbectol gyda fe.
Mae pen moel gyda fe.	Does dim gwallt gyda fe.	Does dim sbectol gyda fe.

Gyda'ch partner, edrychwch ar y llun a llenwch y bylchau. Beth yw enwau'r merched?

Mae gwallt cyrliog gyda	Delyth a Maya.
Mae gwallt syth gyda	Katie a Monika.
Mae ffôn symudol gyda	Monika a Delyth.
Mae sgert hir gyda	Delyth a Samia
Mae bag melyn gyda	
Mae siaced las gyda	a
Mae gwallt gwyn gyda	
Mae gwallt hir gyda	a
Mae sbectol gyda	
Mae sgarff ddu gyda	
Mae bag glas golau gyda	
Mae cardigan binc gyda	
Mae sandalau gyda	
Mae bag coch gyda	
Mae siaced lwyd gyda	
Mae cylchgrawn gyda	

Pa mor...?

Pa mor dal dych chi?	*How tall are you?*	Pum troedfedd.
Pa mor dal wyt ti?	*How tall are you?*	Pum troedfedd, pum modfedd.
Pa mor dal yw e?	*How tall is he?*	Chwe throedfedd.
Pa mor dal yw hi?	*How tall is she?*	Chwe throedfedd, dwy fodfedd.

Pa mor dda dych chi'n gallu nofio?		Yn dda iawn.
Pa mor dda dych chi'n gallu canu?		Yn eitha da.
Pa mor dda dych chi'n gallu coginio?		Dw i ddim yn ddrwg.
Pa mor dda dych chi'n gallu dawnsio?		Dw i'n ofnadwy.

**Edrychwch ar y grid a gofynnwch y cwestiynau i o leia 5 o bobl.
Defnyddiwch y symbolau yma yn eich ateb chi:**

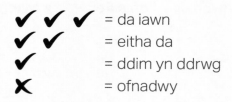

✔ ✔ ✔ = da iawn
✔ ✔ = eitha da
✔ = ddim yn ddrwg
✗ = ofnadwy

	Enw	Enw	Enw	Enw	Enw
coginio					
nofio					
reidio beic					
siarad Ffrangeg					
canu					
codi yn y bore					
cysgu yn y nos					
cofio penblwyddi					

Pa mor aml dych chi'n mynd ar wyliau?	Unwaith y flwyddyn.
Pa mor aml dych chi'n mynd at y deintydd?	Dwywaith y flwyddyn.
Pa mor aml dych chi'n mynd i'r sinema?	Tair gwaith y flwyddyn.
Pa mor aml dych chi'n teithio ar y trên?	Pedair gwaith y flwyddyn.
Pa mor aml dych chi'n golchi'r car?	Byth!

Siaradwch – Pa mor aml dych chi'n...

yfed coffi?

darllen papur newydd?

mynd i'r gampfa/ganolfan hamdden?

mynd am dro yn y wlad?

prynu ffrwythau a llysiau?

gwrando ar Radio Cymru?

edrych ar S4C?

mynd i dafarn?

mynd i dŷ bwyta?

Gyda'ch partner, cysylltwch y cwestiwn â'r ateb.

1. Pa mor bell dych chi'n cerdded bob dydd?

a. Tua ugain troedfedd.

2. Pa mor aml dych chi'n siopa am fwyd?

b. Chwe wythnos.

3. Pa mor drwm yw'r deisen?

c. Tua dwy awr a hanner.

4. Pa mor aml dych chi'n mynd at y deintydd?

ch. Bob wythnos.

5. Pa mor dal yw jiráff?

d. Bob chwe mis.

6. Pa mor hir fydd y cyfarfod?

dd. Fel Tom Jones.

7. Pa mor hen dych chi?

e. Tua dwy filltir.

8. Pa mor hen yw'r babi erbyn hyn?

f. Fel pysgodyn.

9. Pa mor dda dych chi'n gallu canu?

ff. Fel Geraint Thomas.

10. Pa mor dda dych chi'n gallu nofio?

g. Bob pum munud.

11. Pa mor aml dych chi'n edrych ar eich ffôn chi?

ng. Dros ddau ddeg un.

12. Pa mor dda dych chi'n gallu reidio beic?

h. Dau gilogram.

Cymharu

Dyw hi ddim mor dwym â ddoe.   *It's not as warm as yesterday.*
Dyw hi ddim mor oer â ddoe.   *It's not as cold as yesterday.*
Dyw hi ddim mor wlyb â ddoe.   *It's not as wet as yesterday.*
Dyw hi ddim mor wyntog â ddoe.   *It's not as windy as yesterday.*

Mae hi'n swnllyd heddiw.   Ydy, ond ddim mor swnllyd â ddoe.

Mae hi'n brysur heddiw.   ....

Mae hi'n ddiflas heddiw.   ....

Mae hi'n dywyll heddiw.   ....

Mae hi'n llawn heddiw.   ....

Ydy'r Wyddfa'n uchel?   Ydy, ond ddim mor uchel â Ben Nevis.

Ydy *prosecco* yn ddrud?   ....

Ydy hi'n oer heddiw?   ....

Ydy rygbi'n gyffrous?   ....

Ydy cathod yn flewog?   ....

Ydy Abertawe'n fawr?   ....

Ydy teithio ar y bws yn ddrud?   ....

Sgwrs

Mynd i Gaerdydd

Dyma sgwrs rhwng ffrindiau yng ngorsaf Caerdydd. Maen nhw ar eu ffordd i gêm rygbi.

Catrin: Gwych – yma o'r diwedd.

Dai: Pa mor hir oedd dy daith di?

Catrin: <u>Pump awr</u>! Mae dod o <u>Landudno'n</u> cymryd drwy'r dydd. Roedd rhai i fi newid <u>yng Nghaer</u>.

Dai: Dyw hi ddim yn rhy ddrwg o <u>Gaerfyrddin</u> – dim ond <u>dwy awr a chwarter</u>.

Edrychwch ar yr amserlen a newidiwch y sgwrs.

Amseroedd trenau i Gaerdydd o brif orsafoedd Cymru	
Abertawe	1 awr
Wrecsam	2 awr, 15 munud
Bangor	4 awr
Abergwaun	3 awr
Aberystwyth	4 awr (newid yn Amwythig)
Llandudno	5 awr (newid yng Nghaer)
Y Rhyl	3 awr, 30 munud
Pwllheli	6 awr (newid yn Amwythig)
Casnewydd	15 munud

Cymdogion

Darllen – Ar fy stryd

Dw i'n byw mewn tŷ teras. Mae pum tŷ ar fy stryd. Mae'r parc gyferbyn â ni.

Dw i'n byw yn rhif 5 ac mae cymdogion cyfeillgar gyda fi.

Yn rhif 1 mae Mario a Mair yn byw. Mae tri o blant gyda nhw – Gethin, Eva a Carlos. Mae Mario yn dod o Golombia a Mair o Aberystwyth. Cwrddon nhw yn Llundain. Cafodd eu babi cynta nhw ei eni yno, ond symudon nhw yma cyn cael y ddau arall. Mae'r plant yn siarad Cymraeg â Mair a Sbaeneg â Mario.

Yn rhif 2 mae Mrs Casi Roberts. Mae hi'n dod o'r dre'n wreiddiol. Roedd hi'n byw yma gyda'r gŵr, Owen, ond mae e wedi marw ers blynyddoedd. Mae plant ac wyrion gyda hi yn yr ardal. Dw i'n mwynhau siarad Cymraeg â Mrs Roberts achos dw i'n hoffi clywed yr acen leol yn fawr.

Yn rhif 3 mae David a Dylan. Mae David o Lundain a Dylan o Gaernarfon. Symudon nhw yma o Gaerdydd llynedd. Does dim plant gyda nhw. Dyw David ddim mor dal â Dylan, a dyw Dylan ddim mor hen â David. Mae Dylan yn siarad Cymraeg, wrth gwrs, ac mae David yn dysgu yn y dosbarth gyda fi.

Yn rhif 4 mae'r teulu Tomos. Mae Julie a Jack yn dod yn wreiddiol o Abertawe. 'Dyn nhw ddim yn siarad Cymraeg yn y tŷ ond mae Julie yn dysgu yn y gwaith, ac mae eu merch nhw, Lydia, yn mynd i'r ysgol leol ac yn siarad Cymraeg yn rhugl.

A dw i yn rhif 5!

Atebwch y cwestiynau gyda'ch partner

1. Faint o bobl ar y stryd sy'n siarad Cymraeg yn rhugl?

2. Faint o bobl ar y stryd sy'n dysgu Cymraeg?

3. Faint o bobl ar y stryd sy ddim yn siarad Cymraeg?

4. Faint o bobl ar y stryd gafodd eu geni yng Nghymru?

5. Edrychwch ar y llun a dewiswch un person sy'n byw ar y stryd a disgrifiwch y person – sut mae e/hi'n edrych, beth mae e/hi'n ei wisgo ac o ble mae e/hi'n dod. Dych chi'n gallu dyfalu'r oedran! Byddwch chi'n disgrifio'r person i'r dosbarth.

Siaradwch

- Pwy yw eich cymdogion chi?

- Disgrifiwch eich cymdogion chi.

- Dych chi'n nabod eich cymdogion chi'n dda?

- Beth maen nhw'n wneud?

- Pa mor aml dych chi'n siarad â nhw? Am beth dych chi'n siarad?

- Ydyn nhw'n siarad Cymraeg?

- Dych chi'n cofio eich cymdogion chi pan o'ch chi'n blentyn?

Darllen

Dych chi nawr yn gallu darllen *Yn ei gwsg* gan Bethan Gwanas. Dych chi'n gallu prynu'r llyfr yn eich siop Gymraeg leol, neu ar www.gwales.com Dyma'r paragraff cyntaf:

Roedd gan Dafydd Jones broblem. A dweud y gwir, roedd gynno fo lawer o broblemau: roedd ei wraig wedi ei adael; roedd y peiriant golchi wedi torri; roedd malwod yn bwyta ei letys ac roedd y car wedi methu ei MOT (eto). Ond roedd gynno fo un broblem oedd yn broblem fawr ers blynyddoedd: roedd Dafydd yn cerdded yn ei gwsg.

Robin Radio

a) Atebwch

Beth yw problem Delyth, Carwyn a Geraint? ....

Pam mae Gavin Griffiths yn enwog? ....

Pa mor aml mae Gavin yn defnyddio'r jacwsi? ....

b) Gwrandewch am:

Pa fath o gymdogion sy gyda chi?	*What kind of neighbours do you have?*
y dyn ei hun	*the man himself*
Mae'n anodd canolbwyntio.	*It's difficult to concentrate.*

c) Cyfieithwch:

Who have we got now? ....

I played a record for you. ....

How often does he go? ....

Help llaw

1. Treigladau

Mae ansoddeiriau (*adjectives*) yn treiglo'n feddal ar ôl **yn**:

Mae hi'n **b**rysur/**d**wym/**d**al.

Mae e'n **g**yflym/**d**rwm/**dd**iflas.

Ond dyw **ll** a **rh** ddim yn treiglo:

Maen nhw'n **rh**ad/**ll**awn.

Mae treiglad meddal ar ôl enw **benywaidd unigol** (*feminine singular noun*):

llyfr cyffrous, ond ffilm **g**yffrous

ci du, ond cath **dd**u

tŷ llawn, ond ystafell **l**awn

llyfr rhad, ond nofel **r**ad

2. Pa mor? I ddweud *how + adjective*, 'dyn ni'n dweud **Pa mor...?**

mawr > Pa mor **f**awr?

drud > Pa mor **dd**rud?

da > Pa mor **dd**a? (*how good + how well*)

Mae **treiglad meddal** ar ôl **mor** ond ddim gyda **ll** a **rh**:

Pa mor llawn?

Pa mor rhad?

3. mor _____ **â** = *as* _____ *as*

mor fawr â = *as big as*

mor hen â = *as old as*

Mae **treiglad llaes** ar ôl y gair **â**: Dyw Abertawe ddim mor fawr â **Ch**aerdydd.

Dyw coffi ddim mor rhad â **th**e.

Dyw trydan ddim mor ddrud â **ph**etrol.

Cofiwch: Dim **yn** cyn **mor:**

Mae hi mor hen â fi.

Mae **â** yn troi'n **ag** o flaen llafariad (*vowel*):

Dyw Cymru ddim mor fawr **ag** Awstralia.

Dyw hi ddim mor brysur **ag** arfer.

Compare 1   Describe Place   Fashion

Uned 16 – Mae hi'n oerach heddiw!

Nod yr uned hon yw...

Cymharu ansoddeiriau *Comparison of adjectives* (talach, mwy, llai, gwell, gwaeth)

Geirfa

fferm(ydd)	*farm(s)*		**bas**	*bass; shallow*
llygoden fawr (llygod mawr)	*rat(s)*		**cyfoethog**	*rich*
			ffasiynol	*fashionable*
neidr (nadroedd)	*snake(s)*		**heini**	*fit*
straen	*strain, stress, tension*		**lliwgar**	*colourful*
			poenus	*painful*
telyn(au)	*harp(s)*		**syml**	*simple*
			tenau	*thin*
			tew	*fat*
afal(au)	*apple(s)*		**tlawd**	*poor, poverty-stricken*
cais (ceisiadau)	*application(s)*			
cais (ceisiau)	*rugby try (tries)*			
corryn (corynnod)	*spider(s)*			
cysylltiad(au)	*contact(s); connection(s)*			
hiraeth	*longing*			
oren(au)	*orange(s)*			
pennill (penillion)	*verse(s)*			
rhiant (rhieni)	*parent(s)*			

astudio	*to study*
beicio	*to bike, to cycle*
penderfynu	*to decide*

cadw mewn cysylltiad	*to keep in touch*
erbyn hyn	*by now*
hyd yn oed	*even*
o hyd	*still*
o'r blaen	*before*
yn y bôn	*basically*

Geiriau pwysig i fi...

....

....

Cymharu ansoddeiriau

Dw i'n dalach na chi.   *I am taller than you.*
Dw i'n ifancach na chi.   *I am younger than you.*
Dw i'n henach na chi.   *I am older than you.*
Dw i'n henach na phawb.   *I am older than everyone.*

Mae hi'n oerach heddiw.   *It is colder today.*
Mae hi'n dwymach heddiw.   *It is warmer today.*
Mae hi'n sychach heddiw.   *It is drier today.*
Mae hi'n wlypach heddiw.   *It is wetter today.*

Mae Llundain yn bell.
London is far.

Mae Paris yn bellach.
Paris is further.

Mae Aberystwyth yn agos.
Aberystwyth is near.

Mae Abertawe'n agosach.
Swansea is closer/nearer.

Mae Llundain yn ddrud.
London is expensive.

Mae Paris yn ddrutach.
Paris is more expensive.

Mae pasta'n rhad.
Pasta is cheap.

Mae tatws yn rhatach.
Potatoes are cheaper.

Gyda'ch partner, edrychwch ar y lluniau ac ysgrifennwch frawddegau sy'n cymharu.

Dyma Helen a Delyth.

Mae Helen yn .... na Delyth. (hapus)

Mae Delyth yn .... na Helen. (trist)

Dyma Bobi a Barbara.

....

....

Dyma Dafydd a Gwyn.

....

....

Teigr   **Twm**

Dyma Teigr a Twm.
Mae Teigr yn .... (tew) na Twm.
Mae Teigr yn dr**y**mach na Twm.

Mae Twm yn den**eu**ach na Teigr.
Mae Twm yn .... (ysgafn) na Teigr.

Mae Caerdydd yn fwy nag Abertawe.   *Cardiff is bigger than Swansea.*
Mae Caerdydd yn llai na Llundain.   *Cardiff is smaller than London.*
Mae pêl-droed yn well na rygbi.   *Football is better than rugby.*
Mae gwynt yn waeth na glaw.   *Wind is worse than rain.*

Gyda'ch partner, gorffennwch y brawddegau:

Mae Abertawe yn fawr.
Mae Caerdydd ....

Mae Tyddewi yn fach.
Mae Llangrannog..

Roedd Dracula yn ddrwg.
Roedd Frankenstein ....

Mae bwyd Ffrainc yn dda.
Mae bwyd Cymru..

Roedd gôl Giggs yn dda.
Roedd gôl Bale...

Roedd Elvis yn canu'n dda.
Roedd Sinatra..

Mae hwyaden yn nofio'n dda.
Mae pysgodyn...

Gwrando – Llenwch y bylchau

Doedd dim byd ....na siopa

O hyd, ...o'r blaen;

Roedd ....yn Ikea

Yn ....o straen.

Mae pethau'n ....o lawer

I .... fel fi'n y bôn:

Dw i'n... prynu ....

Mewn .... ar y ....!

Siaradwch

• Dych chi'n siopa ar-lein? Beth dych chi'n ei brynu ar-lein?

Mwy o ansoddeiriau

Mae'r Wyddfa'n uchel.	Mae Ben Nevis yn uwch.	*Ben Nevis is higher.*
Mae Ben Nevis yn uchel.	Mae Everest yn uwch.	*Everest is higher.*
Mae llais alto yn isel.	Mae llais bas yn is.	*A bass voice is lower.*
Mae tri yn rhif isel.	Mae un yn rhif is.	*One is a lower number.*

Mae hi'n fwy heini na fe.   Mae e'n llai heini na hi!

Mae pêl-droed yn fwy diddorol na **ch**riced.	*Soccer is more interesting than cricket.*
Mae rygbi'n fwy cyffrous na **ph**êl-droed.	*Rugby is more exciting than soccer.*
Mae trombôn yn fwy swnllyd na **th**elyn.	*A trombone is noisier than a harp.*
Mae oren yn fwy blasus na**g** afal.	*An orange is tastier than an apple.*

Edrychwch ar y lluniau gyda'ch partner a dwedwch dair brawddeg am bob pâr.

Y dillad yn siop Steil a siop Oxfam (e.e. ffasiynol, newydd, drud, rhad).

Y tŷ a'r bwthyn (e.e. newydd, hen, bach, mawr, diddorol, drud, rhad).

Yr oriawr ddu a'r oriawr goch (e.e. lliwgar, mawr, bach, drud, rhad, diddorol).

Y car mawr a'r car bach (e.e. newydd, hen, ffasiynol, drud, rhad, cyflym, araf).

Y Tywydd

Sut roedd y tywydd ddoe?

Sut mae'r tywydd heddiw?

Roedd hi'n wlypach ddoe.

Mae hi'n sychach heddiw.

Roedd hi'n fwy stormus ddoe.

Mae hi'n llai stormus heddiw.

Roedd hi'n fwy cymylog ddoe.

Mae hi'n fwy heulog heddiw.

Roedd hi'n fwy gwyntog ddoe.

Mae hi'n llai gwyntog heddiw.

Ymarfer

Dewiswch un blwch o'r chwith ac un blwch o'r dde i wneud brawddegau,
e.e. Mae pasta'n fwy blasus na reis.

pasta/ reis	**Lloegr/ Cymru**	prysur	cyffrous
Tŵr Blackpool/ Tŵr Eiffel	**bara/ tatws**	diflas	blasus
rygbi/ criced	**smwddio/ garddio**	uchel	ffasiynol
Yr Wyddfa/ Ben Nevis	**sgio/ nofio**	drud	oer
eira/ iâ	**siocled/ bara brith**	rhad	anodd
Ferrari/ Mercedes	**cwrw/ gwin**	hardd	twym
Tenerife/ Y Sahara	**Milan/ Paris**	mawr	melys
dŵr tap/ dŵr potel	**Nadolig/ Nos Galan**	pell	cyflym

Sgwrs – Y Cyfweliad

A: Croeso i'r cyfweliad.

B: Diolch.

A: Felly, y cwestiwn cynta: Pam dych chi eisiau swydd newydd?

B: A bod yn onest, roedd y bòs diwetha'n ofnadwy.

A: O? Pam felly?

B: Roedd hi'n rhoi llawer o bwysau ar y staff. Dw i eisiau swydd gyda llai o straen.

A: Dw i'n gweld. Felly pam dych chi wedi gwneud cais am y swydd yma?

B: Mae'r ganolfan yma'n fwy cyfleus na'r swyddfa lle dw i'n gweithio nawr. Dw i'n gallu cael bws yma.

A: Unrhyw beth arall?

B: Dw i angen mwy o wyliau. Ac mae tiwtor Cymraeg yn cael llawer iawn o wyliau.

A: Wel, mae gwyliau'r haf yn hir....

B: A dw i angen mwy o arian i fynd ar wyliau, wrth gwrs. Dw i'n dlawd nawr. Dw i angen bod yn fwy cyfoethog i gael gwyliau gwell.

A: Mae gwyliau **yn** bwysig, ond mae'r tymor yn bwysicach. Reit, cwestiwn dau. Barod?

B: Barod.

A: Dych chi'n berson amyneddgar?

B: Does neb mwy amyneddgar na fi.

A: Iawn. Un cwestiwn arall. Dych chi'n hapus i weithio gyda'r nos?

B: Gyda'r nos? Dych chi'n fwy creulon na'r bòs diwetha! Nesa, byddwch chi'n gofyn i fi weithio ar ddydd Sadwrn! Dw i eisiau **llai** o waith, dim **mwy** o waith. Dydd da i chi!

Darllen a gwrando

Gwrandewch a darllenwch ar yr un pryd. Yna, gyda'ch partner, atebwch y cwestiynau.

Symud i Awstralia

Mae Beca Jones a'i theulu wedi symud i Awstralia i fyw. Yr wythnos diwetha, dwedon nhw ffarwél wrth y teulu a'r cymdogion, cyn dal yr awyren i Melbourne. Pam felly mae mam ifanc wedi gadael fferm yng ngorllewin Cymru i weithio mewn ysbyty yn ne-ddwyrain Awstralia?

'Doedd ffermio ddim yn talu,' meddai Beca, 'roedd rhaid gwneud rhywbeth. Mae fy ngŵr i wedi bod yn Melbourne sawl gwaith yn y gorffennol, ond dw i erioed wedi teithio dramor. Mae fy mhlant i wedi teithio'n bellach na fi hyd yn oed! Ro'n i wedi bod yn meddwl am y peth am flynyddoedd a dweud y gwir, ond ar ôl i ni golli llawer o anifeiliaid yn yr eira mawr y llynedd, penderfynon ni... iawn, dyma'r amser! Roedd y gaeaf diwetha yn anodd a doedd dim llawer o arian gyda ni o gwbl.'

Sut gaethon nhw ddigon o arian i fynd i Awstralia, felly? 'Mae'r ateb yn syml,' meddai Beca, 'gwerthu'r fferm. Doedd fy rhieni i ddim yn rhy hapus am hynny, a bod yn onest, achos mae'r fferm yn y teulu ers dros gan mlynedd. Doedd dim ots gyda nhw fod eu merch nhw'n symud i wlad arall i fyw – ro'n nhw'n poeni mwy am golli'r fferm.'

Sut byddan nhw'n cadw mewn cysylltiad â'r teulu yng Nghymru, felly? 'Byddwn ni'n gallu siarad drwy Skype, wrth gwrs. Dw i'n poeni y bydd y plant yn colli eu Cymraeg nhw. Dyna'r unig iaith maen nhw'n ei siarad yn y tŷ. Mae'n bwysig eu bod nhw'n dysgu siarad Saesneg, wrth gwrs. A chyn bo hir byddan nhw'n gwneud ffrindiau newydd ac yn siarad ag acen Awstralaidd.

'Nid ni yw'r teulu cynta i symud i Awstralia, ac mae lle neis iawn gyda ni i fyw ynddo. Bydd yr hiraeth am Gymru fach yn llai poenus pan fydd yr haul yn dwym a'r tywydd yn braf, dw i'n siŵr!'

1. Chwiliwch am: *My children have travelled further than me.*

- -

The longing for Wales will be less painful.

- -

2. Beth yw'r ddwy ffordd o ddweud _to tell the truth_?

....

3. Chwiliwch am dair enghraifft o'r treiglad trwynol yn y darn.

....

4. Bydd Beca'n gweithio...

a) mewn banc.
b) ar ffem.
c) mewn ysgol.
ch) mewn ysbyty.

5. Mae Beca wedi bod yn Awstralia...

a) unwaith.
b) ddwywaith.
c) sawl gwaith.
ch) ddim o gwbl.

6. Collon nhw anifeiliaid llynedd...

a) oherwydd yr eira.
b) ar ôl eu gwerthu nhw.
c) daeth TB ar y ffem.
ch) doedd dim arian i'w bwydo nhw.

7. Y broblem i fam a thad Beca yw...

a) ei bod hi'n symud dramor.
b) ei bod hi'n gwerthu ffem y teulu.
c) bod y plant yn mynd i siarad Saesneg.
ch) defnyddio Skype.

8. Gartre, mae'r plant yn sgwrsio...

a) yn Gymraeg.
b) yn Gymraeg a Saesneg.
c) yn Saesneg.
ch) ag acen Awstralaidd.

Siaradwch

- Dych chi'n nabod rhywun sy wedi symud i wlad bell i ffwrdd?

- Dych chi wedi byw mewn gwlad sy'n bell o Gymru neu fasech chi'n hoffi gwneud hynny?

Siaradwch – Dw i ddim yn hoffi ...

Sgwrs 2

A: Beth dych chi ddim yn hoffi ei fwyta?

B: Mae'n gas gyda fi <u>dreiffl</u>.

A: Pam? Mae <u>treiffl</u> yn fendigedig!

B: Dyw e ddim. Mae e'n rhy <u>felys</u>.

A: Wel, dw i wrth fy modd gyda <u>threiffl</u>. Dych chi'n hoffi hufen iâ 'te?

B: Ydw wir, mae hufen iâ'n flasus iawn.

A: Beth yw'ch hoff flas chi?

B: <u>Mefus</u>, dw i'n meddwl.

A: Wel wel, dw i'n cytuno!

Beth dych chi ddim yn hoffi? Ysgrifennwch un peth dych chi ddim yn hoffi ym mhob categori yn y tabl a siaradwch!

Ydy'r bobl eraill yn y dosbarth yn cytuno? Siaradwch â 5 o bobl a marciwch yn y tabl faint sy'n cytuno a faint sy'n anghytuno.

Ddim yn hoffi ...	cytuno	anghytuno
cerddoriaeth		
bwyd		
diod		
tywydd		
lle		
person enwog		
chwaraeon		
rhaglen deledu		
ffilm		
gwaith tŷ		

Dych chi'n hoff o'r anifeiliaid yma?

Robin Radio

a) Atebwch:

Pam mae llawer o bobl eisiau gwybod sut bydd y tywydd yn yr ardal dros y penwythnos?

....

Pryd bydd hi'n stormus?

....

Beth mae Robin yn mynd i wisgo dydd Sul?

....

b) Gwrandewch am:

y bwletin tywydd	*the weather bulletin*
Mas â fe!	*Out with it!*
Mae'n ddrwg 'da fi ddweud.	*I'm sorry to say.*

c) Cyfieithwch:

better than last week ....

It will be worse tomorrow. ....

no colder than today ....

Help llaw

1. Yn Saesneg, 'dyn ni'n defnyddio ansoddair (*adjective*) + -**er** *to make comparisons, e.g. tall – taller.*

Yn Gymraeg, 'dyn ni'n defnyddio ansoddair + -**ach**.

tal > talach   hen > henach   tew > tewach   ifanc > ifancach

2. I ddweud *taller **than***, 'dyn ni'n dweud: talach **na**.

Mae **treiglad llaes** (t, c, p) ar ôl **na**:
  Dw i'n henach na **ph**awb.
Mae **na** yn troi'n **nag** cyn llafariaid (*vowels*):
  Dw i'n dalach **nag** Angharad.

3. Rhad, gwlyb, teg. Os bydd ansoddair (*adjective*) yn gorffen gyda **d**, **b**, **g**, mae'r llythyren yma (*this letter*) yn newid pan 'dyn ni'n ychwanegu (*add*) -**ach**:

rha**d** > rha**t**ach   gwly**b** > gwly**p**ach   te**g** > te**c**ach

4. Mawr, bach, da, drwg, uchel, isel. Mae'r chwe ansoddair yma'n afreolaidd (*irregular*). Rhaid i chi eu dysgu nhw'n iawn:

mawr > **mwy** *(bigger, more)*
bach > **llai** *(smaller, less)*
da > **gwell**
drwg > **gwaeth**
uchel > **uwch**
isel > **is**

Gydag **ansoddeiriau hir**, a geiriau sy'n gorffen ag-**og** fel **cyfoethog**, **gwyntog**, **niwlog**, a rhai geiriau eraill fel **diflas**, defnyddiwch **mwy/ llai** o flaen yr ansoddair:

> Mae fy chwaer yn **fwy cyfoethog** na fi.
> Bydd hi'n **fwy gwyntog** fory.
> Roedd e'n edrych yn **llai diflas** ddoe.

5. Does dim treiglad ar ôl **mwy** na **llai**. Hefyd, mae **mwy** yn treiglo'n feddal ar ôl **yn**, ond dyw **llai** ddim:

> Mae hi'n **f**wy gwyntog heddiw.
> Mae hi'n llai cyfoethog na fe.

Prefer   Compare 2

Uned 17 – Y wlad dwyma? Y wlad oera!

Nod yr uned hon yw...

Cymharu ansoddeiriau *Comparison of adjectives* (tala, mwya, lleia, gorau, gwaetha)

Geirfa

cornel(i)	*corner(s)*
golygfa (golygfeydd)	*view(s), scenery*
potel(i)	*bottle(s)*
sesiwn (sesiynau)	*session(s)*
sosban (sosbenni)	*saucepan(s)*

dechreuwr (-wyr)	*beginner(s)*
maint (meintiau)	*size(s)*
mynydd(oedd)	*mountain(s)*
powdr	*powder*
reis	*rice*
taldra	*height*

costio	*to cost*
ffansïo	*to fancy*
rhannu	*to share*

call	*sensible*
cryf	*strong*
iach	*healthy*
plaen	*plain*
trefnus	*organised*

yn y pen draw	*eventually*

Geiriau pwysig i fi...

....

....

....

Adolygu Uned 16

Dechrau	tal	ffasiynol	da	pell
heini	drwg	rhad	lliwgar	mawr
drud	poenus	bach	trist	diddorol
uchel	hen	stormus	isel	cyflym
swnllyd	cyffrous	araf	oer	**Yn ôl i'r dechrau**

Geraint yw'r tala.	*Geraint is the tallest.*
Geraint yw'r hena.	*Geraint is the oldest.*
Geraint yw'r ifanca.	*Geraint is the youngest.*
Geraint yw'r cryfa.	*Geraint is the strongest.*
Ann yw'r hena.	*Ann is the oldest.*
Ann yw'r ifanca.	*Ann is the youngest.*
Ann yw'r dala.	*Ann is the tallest.*
Ann yw'r galla.	*Ann is the most sensible.*

Tim pêl-rwyd bechgyn Ysgol y Llan

	Dyddiad geni	Taldra	Cyflymder (amser 100m)
Siôn	1 Hydref 2010	4'10"	13 eiliad
Dafydd	3 Mawrth 2009	5'	13.3 eiliad
Aled	2 Mai 2010	4'8"	15 eiliad
Bryn	1 Rhagfyr 2008	4'10"	14 eiliad
Derec	3 Ionawr 2009	4'9"	14.2 eiliad
Martin	1 Rhagfyr 2010	5'1"	13.9 eiliad
Sam	3 Tachwedd 2009	4'9"	15.2 eiliad

Tim pêl-rwyd merched Ysgol y Llan

	Dyddiad geni	Taldra	Cyflymder (amser 100m)
Siân	2 Mai 2010	4'6"	14 eiliad
Nia	3 Tachwedd 2009	5'2"	14.3 eiliad
Angharad	3 Mawrth 2009	4'10"	16 eiliad
Elin	1 Rhagfyr 2010	4'10"	12.9 eiliad
Efa	1 Hydref 2010	4'9"	15 eiliad
Mandy	1 Rhagfyr 2008	4'11"	14.9 eiliad
Cara	3 Ionawr 2009	5'	13.6 eiliad

Fe yw'r gorau.	*He is the best.*
Fe yw'r gwaetha.	*He is the worst.*
Fe yw'r mwya.	*He is the biggest.*
Fe yw'r lleia.	*He is the smallest.*

Hi yw'r orau.	*She is the best.*
Hi yw'r waetha.	*She is the worst.*
Hi yw'r fwya.	*She is the biggest.*
Hi yw'r lleia.	*She is the smallest.*

Yn eich teulu/grŵp o ffrindiau chi...

Pwy yw'r nofiwr gorau? Gareth yw'r gorau/Ann yw'r orau.

	gorau	gwaetha
nofiwr		
dawnsiwr		
canwr/cantores		
gyrrwr		
cogydd		

Caerdydd yw'r ddinas fwya yng Nghymru.

Cardiff is the biggest city in Wales.

Tyddewi yw'r ddinas leia yng Nghymru.

St Davids is the smallest city in Wales.

Caerdydd yw'r ddinas fwya swnllyd.
Tyddewi yw'r ddinas leia swnllyd.

Cardiff is the noisiest city.
St Davids is the least noisy city.

Y Sosban yw'r bwyty gorau.

Y Sosban *is the best restaurant.*

Y Sosban yw'r bwyty gwaetha.

Y Sosban *is the worst restaurant.*

Siop y Gornel yw'r siop ddruta.

Siop y Gornel *is the most expensive shop.*

Siop y Gornel yw'r siop rata.

Siop y Gornel *is the cheapest shop.*

Pwy yw'r tala yn y teulu?
Pwy yw'r ifanca yn y teulu?
Pwy yw'r mwya gofalus yn y teulu?
Pwy yw'r mwya trefnus yn y teulu?

Tad-cu yw'r tala.
Ifan yw'r ifanca.
Siân yw'r fwya gofalus.
Fi yw'r mwya trefnus.
Fi yw'r fwya trefnus.

Yn eich barn chi...

Beth yw... ?

Enw	y llyfr gorau	y lle gorau i fynd am dro	y gân orau	y siop orau	y caffi gwaetha	y ffilm drista	y rhaglen fwya doniol

Caerdydd yw'r lle prysura yng Nghymru?

Aberaeron yw'r lle perta yng Nghymru?

Casnewydd yw'r lle gwlypa yng Nghymru?

Llandudno yw'r traeth gorau yng Nghymru?

Ie, Caerdydd yw'r lle prysura.

Nage, Aberystwyth yw'r lle perta.

Nage, Blaenau Ffestiniog yw'r lle gwlypa.

Nage, Porthcawl yw'r traeth gorau.

Ymarfer

Edrychwch ar y llun o Gareth, Ann a Geraint. Gyda'ch partner, dwedwch dair brawddeg yn eu cymharu nhw. Defnyddiwch **tal**, **hen**, **ifanc**.

Ble 'dyn ni'n mynd am y penwythnos?

Mae Manceinion yn bell, mae Glasgow yn bellach, ond Caeredin yw'r bella.

Mae Glasgow yn ddrud, mae Manceinion yn ddrutach, ond Caeredin yw'r ddruta.

Mae Manceinion yn oer, mae Glasgow yn oerach, ond Caeredin yw'r oera.

Mae Manceinion yn ddiddorol, mae Caeredin yn fwy diddorol, ond Glasgow yw'r fwya diddorol.

Gyda'ch partner, cymharwch y dinasoedd yma. Defnyddiwch **pell**, **drud**, **oer** a **diddorol**.

a)	Paris	Amsterdam	Berlin
b)	Barcelona	Bryste	Llundain

Grid cymharu

Mewn grwpiau o dri, dewiswch un o'r ansoddeiriau dan y grid i wneud tair brawddeg, e.e.

Person 1:   Mae bara'n rhad.
Person 2:   Mae reis yn rhatach.
Person 3:   Tatws yw'r rhata.

pasta cinio rhost bwyd Mecsican	tractor lori beic	Barcelona Milan Paris	criced snwcer rygbi	cyrri corma cyrri findalŵ chili
hwfro garddio smwddio	Caerdydd Abertawe Pontypridd	bara tatws llaeth	Mercedes Rolls Royce Mini	mynd i'r theatr darllen llyfr gwylio ffilm

bach
prysur rhad
drud cyffrous
agos ffasiynol cyflym
mawr diflas
blasus cyfleus pell
poeth
sbeislyd araf
diddorol

Mynyddoedd Cymru

Yr Wyddfa   Cadair Idris   Pen y Fan

Yr Wyddfa   1,085 metr
Tryfan   917 metr
Cadair Idris   893 metr
Pen y Fan   886 metr
Moel Hebog   783 metr
Yr Aran   747 metr

Gyda'ch partner, cymharwch ddau fynydd. Dilynwch y patrwm:

Yr Wyddfa a'r Aran
Yr Wyddfa yw'r mynydd ucha (*highest*).   Yr Aran yw'r mynydd isa (*lowest*).

Tryfan a Moel Hebog

Cadair Idris a Moel Hebog

Pen y Fan a'r Aran

Yr Wyddfa a Tryfan

Darllen

Sganiwch ac atebwch:

Cwrs Coginio

Addas i ddechreuwyr.

Bob nos Iau, 6.30–9pm. Dechrau 20 Medi.

Cwrs i oedolion. Lle i 10 o bobl yn unig.

Y cogydd Pierre Alain fydd y tiwtor. Bydd yn dysgu sut i wneud
bwyd o Ffrainc a sut i fwynhau gwin.

Ffi: £150 am ddeuddeg sesiwn, yn cynnwys pryd ar y diwedd i ddathlu.
Ffoniwch y coleg i gofrestru.

Cwrs Sbaeneg

Croeso i bawb... os dych chi'n siarad tipyn o'r iaith yn barod!

Bob nos Iau, 7–9pm. Dechrau 20 Medi.

Os dych chi wedi gwneud cwrs blwyddyn gynta, neu os dych chi'n gwneud
cwrs Sbaeneg yn yr ysgol, bydd croeso i chi yn nosbarth Ann Jones.

Lle i 15 o ddysgwyr.

Ffi: £80 am ddeuddeg sesiwn. Ffoniwch y coleg i gofrestru.

Cyfrifiaduron

Bob nos Fercher, 7–9pm. Dechrau 19 Medi.

Cwrs i bobl sy ddim wedi defnyddio'r cyfrifiadur o'r blaen. Dim ond lle i 10 sy
ar y cwrs yma. Tiwtor: Glyn Davies. Dechreuwyr yn unig.

Cwrs i bobl dros 60 oed yn unig.

Ffi: £50 am ddeuddeg sesiwn. Ffoniwch y coleg i gofrestru.

Cwrs Ioga i'r teulu

Addas i bawb dros 6 oed. Does dim ots os dych chi ddim wedi gwneud ioga o'r
blaen. Bob prynhawn Iau, 5 –7pm. Dechrau 20 Medi. Lle i 20 yn y neuadd. Rhaid
bod yn iach i wneud ioga, a rhaid dod â dillad addas i'r cwrs. Y tiwtor fydd Heini
Williams.

Ffi: £60 am ddeuddeg sesiwn (£12 y plentyn). Ffoniwch y coleg i gofrestru.

1. Pa un yw'r cwrs druta?

---

2. Pa un yw'r cwrs rhata?

---

3. Pa gwrs sy ar gael i blant ifanc?

---

4. Pa gwrs sy ddim yn addas i ddechreuwyr?

---

5. Pa gwrs yw'r hira?

---

6. Pwy sy ddim yn cael mynd ar y cwrs cyfrifiaduron?

---

7. Pam dyw hi ddim yn bosib gwneud y cwrs ioga a'r cwrs coginio?

Siaradwch

- I ba gwrs fasech chi'n hoffi mynd? Pam?
- I ba un fasech chi ddim yn mynd? Pam?

Sgwrs 1 – Noson ma's – Tŷ Bwyta Bangla Blasus

Fe: Reit, beth wyt ti eisiau?

Hi: Pa un yw'r cyrri twyma?

Fe: Findalŵ, wrth gwrs. Ond Madras yw'r mwya blasus.

Hi: Iawn, dw i eisiau Findalŵ cig oen – hyfryd iawn. Gyda bara naan.
Beth wyt ti eisiau?

Fe: Wel, dw i ddim yn rhy hoff o fwyd sbeislyd, beth sy ddim yn boeth?

Hi: Tandwri – neu corma....

Fe: Corma i fi felly, un llysiau dw i'n meddwl. Gyda reis plaen. Dyna'r rhata hefyd.

Hi: Wyt ti eisiau gwin neu gwrw? Cwrw yw'r gorau gyda chyrri fel arfer.

Fe: Dŵr tap i fi; dw i'n gyrru.

Hi: Wel, dw i'n mynd i drio'r gwin o India.

****

Fe: Iawn, gawn ni dalu nawr? Dw i eisiau mynd adre...

Hi: Wrth gwrs, wel, roedd y gwin yn fendigedig – y gwyn a'r coch! Ond y coch
oedd y mwya blasus, dw i'n meddwl!

Fe: Ie? Roedd y dŵr yn dda.

Hi: Felly beth am rannu'r bil hanner a hanner...?

Fe: O diar... (Oes rhaid i ni?)

Tŷ Bwyta Bangla Blasus

Cyrri Llysiau £5 /Caws + 50c / Cyw iâr + £1 / Pysgod + £2 /Cig Oen + £3
(Pob pryd yn cynnwys reis/bara naan)

Tandwri	)	
Corma	))	
Madras	)))	
Findalŵ	))))	

Dŵr o Gymru	£1.00
Sudd mango o India	£1.50
Cwrw o Gymru	£3.00
Cwrw o India	£3.50
Prosecco	£6.00
Gwin gwyn o India	£5.50
Gwin coch o Awstralia	£6.00
Gwin coch o India	£5.50

Dewiswch fwyd a diod.

Siaradwch: Pwy sy wedi dewis y pryd druta/rhata/mwya sbeislyd?

I'ch helpu chi: Dw i wedi dewis...
Pryd Dewi yw'r rhata.
Fy mhryd i yw'r mwya sbeislyd.

Sgwrs 2 – Yn yr archfarchnad

Gwrandewch ar Sgwrs 2 a llenwch y bylchau.

A. Mae hi'n ofnadwy o brysur yma.

B. Ydy. Nos Wener yw'r noson .... bob amser. Cer i nôl powdr golchi, wnei di?

A. Pa faint wyt ti eisiau?

B. Yr un ....

A. Ond mae e'n costio dros bedair punt!

B. Dw i'n gwybod, ond dyna'r fargen .... yn y pen draw. Beth wyt ti'n ffansïo i ginio dydd Sul?

A. 'Dyn ni ddim wedi cael stêc ers tipyn.

B. Stêc! Rhy ddrud o lawer. Bacwn yw'r cig ....

A. Ond....

B. O, cer i nôl *Super-Whiskas*.

A. Wyt ti wedi gweld ei bris e? *Super-Whiskas* yw'r peth .... yma. Beth am *Paws*? Dim ond ugain ceiniog ...

B. *Super-Whiskas* mae Pws yn lico, felly mae Pws yn cael *Super-Whiskas*. Iawn?

A. Pwy yw'r .... yn ein tŷ ni, fi neu'r gath?

B. Pws yw'r ....

Siaradwch – Hoff leoedd a hoff bethau

I'ch helpu chi: Fy hoff le i yw.../Dw i'n hoffi/Dw i'n hoff o

Hoff leoedd
Ble mae eich hoff le chi:
• yn yr ardal?
• yng Nghymru (tu allan i'r ardal)?
• yn y byd (tu allan i Gymru)?

Hoff bethau
Edrychwch ar y categorïau yn y grid a siaradwch yn eich grŵp chi.

bwyd	diod	dinas	tŷ bwyta
lliw	rhaglen deledu	tymor	pwdin
llyfr	actor	golygfa	ffilm
tywydd	anifail	blodyn	ffrwyth

Robin Radio

a) Atebwch:

O ble symudodd Barbara? ....

Pam mae Barbara yn sôn am **chi** a **ti**? ....

Beth mae Quentin Spielberg eisiau ei wneud? ....

b) Gwrandewch am:

Galwch fi'n Barbara. *Call me Barbara.*

Dyma'r lle mwya rhamantus yng Nghymru. *This is the most romantic place in Wales.*

y mynydd gyda'r grug *the mountain with the heather*

c) Cyfieithwch:

This is the prettiest place in Wales. ....

I don't drive, of course. ....

I feel very old... ....

Help llaw

1. Yn Saesneg, pan 'dyn ni'n cymharu pethau, 'dyn ni'n ychwanegu *the ending -est to some adjectives, e.g. tall – tallest.*

Yn Gymraeg, *we add* -**a**:

        tal > tal**a**   poeth > poeth**a**

Os yw'n helpu, meddyliwch am y gair **fiesta**. -**est** (yn Saesneg) = -**a** (yn Gymraeg).

2. Edrychwch ar y brawddegau isod (*below*). *Notice the emphasis in the pattern:*

        Fi yw'r tala yn y teulu.

        Caerdydd yw'r lle mwya yng Nghymru.

        Richard Burton oedd yr actor gorau.

        John fydd y capten.

Mae'r goddrych (*subject*) yn dod gynta ac mae'r ferf bob amser yn y **trydydd person unigol** (*singular*).

3. Cofiwch fod **treiglad meddal** gyda merched/enwau benywaidd unigol (*feminine singular nouns*) ar ôl **y**. Felly:

Gareth yw'r tala.	Mari yw'r **d**ala.
Y bachgen yw'r tala.	Y ferch yw'r **d**ala.
ond	Y merched yw'r tala.

4. Rhad, teg, gwlyb. Unwaith eto, os bydd ansoddair (*adjective*) yn gorffen gyda **d**, **g**, **b**, mae'r llythyren yma (*this letter*) yn newid pan 'dyn ni'n ychwanegu (*add*) -**a**:

        rhad > rha**t**a   teg > te**c**a   gwlyb > gwly**p**a

5. Dysgwch yr ansoddeiriau afreolaidd (*irregular*):

mawr > mwya (*biggest, most*)   bach > lleia (*smallest, least*)

da > gorau (*best*)   drwg > gwaetha (*worst*)

uchel > ucha (*highest*)   isel > isa (*lowest*)

6. Gyda geiriau sy'n gorffen ag **-us**, ac **-og**, a gydag ansoddeiriau hir, rhaid i ni roi **mwya/lleia** o flaen yr ansoddair. Mae **mwya** a **lleia**'n treiglo'n feddal ar ôl enwau benywaidd unigol (*feminine singular nouns*).

y noson fwya stormus

y plentyn mwya swnllyd

y llyfr lleia diddorol

y ffilm leia rhamantus

7. Achos bod pwyslais (*emphasis*) yn y patrwm, yr ateb i'r cwestiwn yw **Ie / Nage**:

Siarad yw'r peth pwysica?   Ie.

Abba oedd y grŵp gorau?   Nage, y Beatles!

Felly dyma'r patrwm i gyd:

tal	talach	tala
drud	drutach	druta
teg	tecach	teca
gwlyb	gwlypach	gwlypa
mawr	mwy	mwya
bach	llai	lleia
da	gwell	gorau
drwg	gwaeth	gwaetha
uchel	uwch	ucha
isel	is	isa
diddorol	mwy diddorol	mwya diddorol

Compare 3

Uned 18 – Pwy? Beth? Faint? Pryd? Sut? Ble? Pam?

Nod yr uned hon yw...

Cyfnewid gwybodaeth ffeithiol a phersonol *Exchanging factual and personal information*

Geirfa

coeden deuluol	*family tree*
cymuned(au)	*community (-ies)*
gwybodaeth	*information*
Gŵyl San Steffan	*Boxing Day*
heulwen	*sunshine*
seremoni (seremonïau)	*ceremony (ceremonies)*

aelod(au)	*member(s)*
balŵn (balwnau)	*balloon(s)*
cwrt (cyrtiau)	*court(s) (chwaraeon)*
chwaraewr (-wyr)	*player(s)*
dathliad(au)	*celebration(s)*
jeli	*jelly*

chwythu	*to blow*
gofalu am	*to look after, to care for*
rhentu	*to rent*

erbyn	*by (amser)*
y rhan fwya	*the majority*

Geiriau pwysig i fi...

....

....

....

Pwy yw e?

Pwy yw'r person enwog?	Nelson Mandela.
Beth yw'r rhif?	Saith deg wyth.
Faint yw'r tocyn?	Ugain punt.
Faint o'r gloch yw hi?	Chwarter wedi deg.

Pa mor bell yw...?

Pa mor bell yw'r ysgol?	Milltir.
Pa mor bell yw'r orsaf?	Dwy filltir.
Pa mor bell yw'r archfarchnad?	Tair milltir.
Pa mor bell yw'r arfordir?	Pedair milltir.

Pwy sy...?

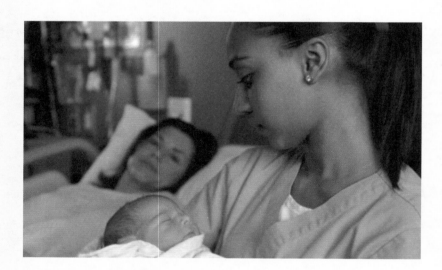

Pwy sy yn y llun?	Mae mam, babi a nyrs yn y llun.

Beth sy yn y llun?   Mae buwch yn y llun.

Faint sy yn y llun?   Mae pedwar yn y llun.

Pwy sy'n gweithio mewn ysbyty?

Mae nyrs yn gweithio mewn ysbyty.

Beth sy'n digwydd yfory?

Mae cyfarfod yn y neuadd.

Faint sy'n chwarae mewn tîm pêl-rwyd?

Mae saith yn chwarae mewn tîm pêl-rwyd.

Ble mae e?

Ble mae'r dosbarth?

Yn y neuadd.

Pryd mae'r dosbarth?

Nos Fercher.

Faint o'r gloch mae'r dosbarth?

O saith o'r gloch tan naw.

Edrychwch ar yr hysbysebion yma i ymarfer gofyn cwestiynau gyda **ble**, **pryd** a **faint o'r gloch**.

Ffilm newydd Sinema'r dref Nos Fawrth 7.30pm	**Cyngerdd** Ysgol gynradd Aberwylan Nos Wener 7.00pm	**Gêm bêl-droed** Parc Brynglas Dydd Sadwrn 3.00pm

Parti Pen-blwydd Ffion
Gofynnwch gwestiynau i'ch partner i lenwi'r grid:
Partner A

Enw	oed	hoff fwyd	byw
Sara	7		
Llinos			Llanddarog
Gwen	8	jeli pinc	
Gwyn	6		
Gareth		pizza	Caerfyrddin
Catrin	6		Cefneithin
Rhian		brechdan jam	
Marc	7	hufen iâ	
Elin			Porth-y-rhyd

Partner B

Enw	oed	hoff fwyd	byw
Sara		sglodion	Caerfyrddin
Llinos	6	hufen iâ	
Gwen			Cefneithin
Gwyn		brechdan jam	Porth-y-rhyd
Gareth	8		
Catrin		ffrwythau	
Rhian	7		Llanddarog
Marc			Caerfyrddin
Elin	6	jeli oren	

Gwrando – Beth sy ymlaen dros y penwythnos?

Beth?	Ble?	Pryd?	Amser dechrau?	Pris?
Comedi				
Gêm bêl-droed				
Bore coffi				
Noson Tapas				

Siaradwch

- I ba un fasech chi'n hoffi mynd? Pam?
- I ba un fasech chi ddim yn hoffi mynd? Pam?

Gofyn cwestiwn

Canolfan Hamdden Abercastell

Gyda'ch partner, darllenwch yr hysbyseb am Ganolfan Hamdden Abercastell. Mae bylchau yna. Pa gwestiynau mae rhaid i chi eu gofyn i lenwi'r bylchau? Ysgrifennwch y cwestiynau.

Canolfan Hamdden Abercastell

Mae Canolfan Hamdden Abercastell ar agor! Mae'r cwrt sboncen, y gampfa a'r trac rhedeg ar gael. Erbyn mis .... (1), bydd y pwll nofio'n barod. Prynhawn Sul nesa, mae'r chwaraewr pêl-droed enwog, ... (2), yn agor y ganolfan hamdden. Bydd mynediad am ddim i bawb! Mae'r seremoni'n dechrau am .... (3) o'r gloch. Mae paned a chacen am ddim i bawb yn y .... (4) hefyd.

Cost mynd i'r ganolfan: £5 y sesiwn, neu £ .... (5) y flwyddyn. Mae pris arbennig i deuluoedd. I wybod mwy, ffoniwch y ganolfan ar .... (6). Mae'n hawdd ffeindio'r ganolfan, dim ond .... (7) milltir o'r ysgol uwchradd.

1. ....
2. ....
3. ....
4. ....
5. ....
6. ....
7. ....

Cwestiynau personol

Beth yw'ch enw llawn chi?   Ffion Eleri Jones.
Beth yw'ch rhif ffôn chi?   07406 716269.
Beth yw'ch cyfeiriad chi?   33 Bryn Castell, Llanaber.
Beth yw'ch cyfeiriad ebost chi? ffion33@cymraeg.cymru
Beth yw'ch dyddiad geni chi?   Mawrth y cynta, 1995.

Gwrando

Gwrandewch ar y pedwar person ac ysgrifennwch yr atebion yn y grid:

enw llawn	rhif ffôn	cyfeiriad	cyfeiriad ebost	dyddiad geni

Sgwrs

Ceri: Eryl...

Eryl: Ie, cariad...

Ceri: Mae ymwelydd gyda ni yr wythnos nesa.

Eryl: Pwy?

Ceri: Miriam Morris, fy modryb i o Ganada.

Eryl: Wel, wel! Pam mae hi'n dod yma?

Ceri: Mae hi'n gobeithio gweld ble roedd ei hen fam-gu hi'n byw.

Eryl: Sut mae hi'n dod yma?

Ceri: Ar y trên o Lundain. Mae hi eisiau mynd o gwmpas de Cymru.

Eryl: Sut mae hi'n mynd i deithio o gwmpas os yw hi'n dod ar y trên?

Ceri: Mae hi wedi rhentu bws mini bach.

Eryl: Ydy hi'n gallu gyrru?

Ceri: Wel...mae hi'n gobeithio byddi di'n gallu cael gwyliau.

Eryl: Pam mae hi'n dod yma, 'te?

Ceri: Mae hi eisiau ysgrifennu am y goeden deuluol. Ac mae hi eisiau dysgu Cymraeg.

Eryl: Gyda phwy mae hi'n dod? Mae hi'n naw deg pump oed!

Ceri: Gyda ei theulu i gyd!

Eryl: O na! Ble maen nhw'n mynd i aros?

Ceri: Gyda ni, wrth gwrs!

Dathlu

Gyda'ch partner, ysgrifennwch o leia chwe gair ar y thema dathlu:

Siaradwch

- Ym mha fis mae eich pen-blwydd chi?
- Sut dathloch chi eich pen-blwydd diwetha chi?
- Beth wnaethoch chi Nadolig diwetha?
- Pa un dych chi'n hoffi fwya – Noswyl y Nadolig, Dydd Nadolig, Gŵyl San Steffan, Nos Galan neu Ddydd Calan ?
- Dych chi'n dathlu unrhyw beth arall bob blwyddyn yn eich teulu chi neu yn eich cymuned chi?
- Dych chi'n dathlu Dydd Gŵyl Dewi?
- Fyddwch chi'n dathlu unrhyw beth arbennig yn ystod y flwyddyn nesa?
- Pryd aethoch chi i barti ddiwetha? Siaradwch amdano fe.
- Dych chi'n cofio un parti neu un dathliad yn arbennig? Siaradwch amdano fe.

Gwrando

Gwrandewch ar y deialogau ac atebwch y cwestiynau:

1. Mae Jac eisiau help ei fam...

a) i edrych ar ôl ei blant.

b) i fynd â'r plant i dŷ Tom.

c) i roi gwersi piano i'r plant.

ch) i wneud swper iddo fe.

2. Beth fydd Tom yn ei wneud heno? ....

3. Mae Mrs Williams eisiau...

a) anfon siec yn y post.

b) mynd ar wyliau yr wythnos nesa.

c) pasbort newydd.

ch) talu £20 dros y ffôn.

4. Beth yw pris pasbort newydd? ....

5. Mae'r cwsmer...

a) eisiau blodau a tedi bêr.

b) eisiau codi'r blodau o'r siop.

c) eisiau mynd â'r blodau i'r ysbyty.

ch) eisiau i'r siop anfon blodau at ei chwaer.

6. Pam mae'r cwsmer eisiau blodau? ....

Robin Radio

a) Atebwch

Pam mae Barbara yn hoffi fflamingos? ....

Beth oedd hoff fwyd Barbara? ....

Beth yw hoff liw Barbara? ....

b) Gwrandewch am:

y dyddiau hyn — *these days*

y cwestiwn ola — *the last question*

Wyt ti'n gallu dyfalu? — *Can you guess?*

c) Cyfieithwch:

I prefer Turkish Delight. ....

What do you like doing? ....

The news is so sad. ....

Help llaw

Cofiwch:

1. Pwy?, Beth?, Faint?:

Before anything definite (enw person, y, *pronoun*), 'dyn ni'n defnyddio **yw**:

Pwy yw John?

Beth yw e?

Faint yw'r tocyn?

Before a preposition, verb or adjective, 'dyn ni'n defnyddio **sy**:

Pwy sy yn y llun?

Pwy sy'n dysgu? (dim treiglad gyda berfau)

Pwy sy'n dost? (treiglad meddal gyda ansoddeiriau, ond dim **ll** a **rh**)

2. Ble?, Pryd?, Sut?, Pam?:

'Dyn ni'n defnyddio **mae** ar ôl y geiriau yma:

Ble mae'r dosbarth?

Pryd mae'r cyngerdd?

Sut mae'r bwyd?

3. Faint o'r gloch?

Byddwch yn ofalus:

Faint o'r gloch **yw** hi?

Am faint o'r gloch **mae**'r dosbarth?

Distance & Size

Uned 19 – Trowch i'r dde

Nod yr uned hon yw...

Cyfarwyddo a chyfeirio *Giving directions and instructions*

Geirfa

allwedd(i)	*key(s)*
cylchfan(nau)	*roundabout(s)*
cyllell (cyllyll)	*knife (knives)*
darlith(oedd)	*lecture(s)*
fforc (ffyrc)	*fork(s)*
ffordd (ffyrdd) osgoi	*by-pass(es)*
llwy(au)	*spoon(s)*
milfeddygfa (milfeddygfeydd)	*veterinary surgery(-ies)*
powlen(ni)	*bowl(s)*
rysáit (ryseitiau)	*recipe(s)*
ton(nau)	*wave(s)*

ciwb(iau)	*cube(s)*
chwys	*sweat*
gorchymyn (gorchmynion)	*command(s)*
perlysiau	*herbs*
pupur	*pepper*
safle (safleoedd) bws	*bus stop(s)*
stadiwm	*stadium*
tun(iau)	*tin(s)*

blasu	*to taste*
cyfarwyddo	*to direct, to instruct*
cyfeirio	*to direct*
gratio	*to grate*
pilio	*to peel*
taflu	*to throw*
tynnu	*to pull; to take off*
ychwanegu (at)	*to add (to)*

caled	*hard*
ffres	*fresh*
llysieuol	*vegetarian*
pren	*wooden*
traddodiadol	*traditional*

dal y lein	*to hold the line*
gair o gyngor	*word of advice*
papur bro	*papur Cymraeg lleol*
tra	*while*

Geiriau pwysig i fi...

....

....

....

Gorchmynion

Dych chi'n cofio...?

Ychwanegu **-wch** at y berfenw	**-wch** yn lle'r llafariad ola	Ychwanegu **-wch** at fôn (*stem*) y ferf	Arall
eistedd eisteddwch	**codi** codwch	**rhedeg** rhedwch	**mynd** ewch
darllen darllenwch	**bwyta** bwytwch	**cerdded** cerddwch	**dod** dewch
edrych edrychwch	**canu** canwch	**aros** arhoswch	**gwneud** gwnewch
	ffonio ffoniwch	**cymryd** cymerwch	**troi** trowch
	peidio peidiwch	**dal** daliwch	**rhoi** rhowch
			bod byddwch

Yn y dre

Gyda'ch partner, edrychwch ar y map o'r dre.

Ble dych chi? Dewch allan o'r ysbyty. Ewch heibio'r ysgol gyfun ar y chwith. Trowch i'r chwith ar y gylchfan. Mae'r .... ar y dde.

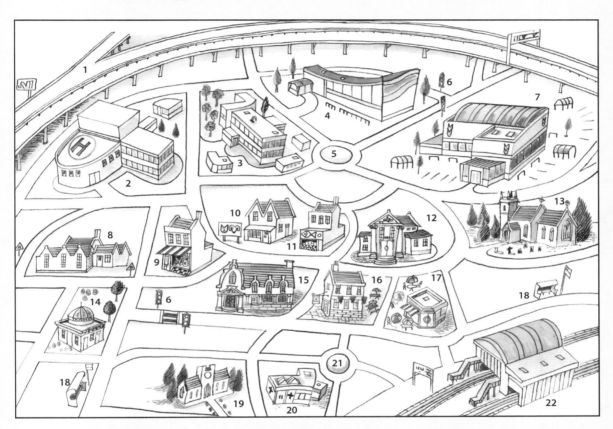

Allwedd:

1. Y ffordd osgoi
2. Yr ysbyty
3. Yr ysgol gyfun
4. Y ganolfan hamdden
5. Y gylchfan fawr
6. Y goleuadau traffig
7. Yr archfarchnad
8. Yr ysgol gynradd
9. Siop y cigydd
10. Y filfeddygfa
11. Y siop bysgod a sglodion

12. Y llyfrgell
13. Yr eglwys
14. Y mosg
15. Y banc
16. Y dafarn
17. Y pizzeria
18. Y safle bws
19. Y capel
20. Y feddygfa
21. Y gylchfan fach
22. Yr orsaf drenau

Mwynhewch y penwythnos!

Mwynhewch y dathlu!

Gadewch y llestri!

Gadewch y bagiau!

Gwrandewch ar y neges!

Gwrandewch ar Radio Cymru!

Enjoy the weekend!

Enjoy the celebrating!

Leave the dishes!

Leave the bags!

Listen to the message!

Listen to Radio Cymru!

Coginio cawl – Cawl tomato cogydd diog

Gyda'ch partner, llenwch y bylchau.

.... dun o domatos. **(agor)**

.... y tomatos mewn powlen fawr. **(rhoi)**

.... y tomatos â chyllell. **(torri)**

.... hanner litr o ddŵr mewn sosban, gyda chiwb stoc os dych chi eisiau. **(berwi)**

.... berlysiau sych yn y dŵr. **(rhoi)**

.... y tomatos at y sosban, a thipyn bach o bupur a halen. **(ychwanegu)**

.... bopeth â llwy bren. **(troi)**

.... y cawl i ferwi am bum munud. **(gadael)**

Tra mae'r cawl yn berwi, ... ddarn o gaws. **(gratio)**

.... y cawl mewn powlen. **(rhoi)**

.... y caws ar ben y cawl. **(rhoi)**

.... ! **(mwynhau)**

Gorchmynion

Wyt ti'n cofio...?

Ychwanegu **-a** at y berfenw	**-a** yn lle'r llafariad ola	Ychwanegu **-a** at fôn (*stem*) y ferf	Arall
eistedd eistedda	**codi** coda	**rhedeg** rheda	**mynd** cer
darllen darllena	**bwyta** bwyta	**cerdded** cerdda	**dod** dere
edrych edrycha	**canu** cana	**aros** arhosa	**gwneud** gwna
	ffonio ffonia		**troi** tro
			rhoi rho
			bod bydd
			peidio paid

Gair o gyngor

Gyda'ch partner, llenwch y bylchau.

Annwyl Ceri ,

Dyma lythyr oddi wrth dy fam-gu di cyn i ti ddechrau yn y coleg. Dw i eisiau rhoi ychydig o gyngor i ti. Paid ag .... gormod o gwrw. Dwyt ti ddim wedi yfed llawer o'r blaen. Paid â .... gormod o arian yn y mis cynta. Mae ffôn symudol newydd gyda ti, felly cofia .... adre yn aml. .... i mewn ar nos Sul, neu byddi di wedi blino bob bore dydd Llun. .... 'n gynnar bob bore yn yr wythnos, a ....i dy ddarlithoedd di. .... dy hun ond plîs .... dipyn bach o waith hefyd. A .... yn ofalus!

Ysgrifennwch y llythyr eto, y tro yma at Ceri ac Eryl.

Annwyl Ceri ac Eryl
Dyma lythyr oddi wrth eich mam-gu chi.

....

....

....

....

....

....

Cer i'r dde.	*Go right.*
Cer i'r chwith.	*Go left.*
Cer i'r siop.	*Go to the shop.*
Cer adre.	*Go home.*
Dere 'ma.	*Come here.*
Dere mewn.	*Come in.*
Dere 'mlaen.	*Come on.*
Dere adre.	*Come home.*
Cer â'r biniau ma's!	*Take the bins out!*
Cer â'r ci am dro!	*Take the dog for a walk!*
Cer â'r car i'r garej!	*Take the car to the garage!*
Cer â'r llythyr i'r ysgol!	*Take the letter to school!*
Dere â'r ffeil yma!	*Bring the file here!*
Dere â'r papur yma!	*Bring the paper here!*
Dere â'r llyfr yma!	*Bring the book here!*
Dere â'r ddogfen yma!	*Bring the document here!*

Pryna fara!	*Buy bread!*
Pryna betrol!	*Buy petrol!*
Pryna laeth!	*Buy milk!*
Pryna bapur newydd!	*Buy a newspaper!*

Sgwrs

Pennaeth:	Bore da, bawb. Croeso i'r cyfarfod. Croeso arbennig i Twm Tomos o swyddfa Abercastell.
Twm Tomos:	Diolch.
Pennaeth:	Dych chi wedi bod yn Swyddfa Caerheli o'r blaen, Twm?
Twm:	Nac ydw, erioed.
Pennaeth:	Twm, dyma Llinos, Llion, Ffion, Rhian, Ryan, Rhys, Rhodri a Rhiannon.
Pawb:	Helô, Twm.

Twm Tomos:	Siaradwch yn araf os gwelwch chi'n dda. Dw i ddim yn gallu cofio enwau pawb.
Pennaeth:	Peidiwch â phoeni. Reit, mae problem fawr gyda ni. Dw i eisiau dechrau gyda'r ffigyrau yma. Trowch eich cyfrifiaduron chi ymlaen. Edrychwch ar y graff.
Twm Tomos:	Esgusodwch fi, dyw'r cyfrifiadur yma ddim yn gweithio.
Pennaeth:	Wel, edrychwch ar y cyfrifiadur gyda Llinos, 'te.
Twm Tomos:	Iawn, diolch.
Pennaeth:	Reit, edrychwch ar y graff.
Twm Tomos:	O diar, dw i ddim yn deall graffiau'n dda iawn.
Pennaeth:	Mae'n hawdd – mae llai o werthu bob mis, yn arbennig ym mis Awst yn Abercastell. Dwedwch wrthon ni beth sy'n bod, Twm.
Twm Tomos:	Wel, ro'n i ar fy mhen fy hun yn y swyddfa ym mis Awst. Roedd Siân yn dost, mae Beti wedi cael babi ac roedd Gwyn yn gweithio yma.
Pennaeth:	Yma yn swyddfa Caerheli. Pam?
Twm Tomos:	Achos ro'ch chi a deg o bobl o'r swyddfa yma ar y cwrs 'Ymlacio gyda Ioga' ar Ynys Madeira am fis.
Pennaeth:	Dw i'n gweld. Wel, peidiwch â meddwl am ymlacio nawr! Rhaid i ni weithio'n galed! Reit, amser paned dw i'n meddwl. Gwna baned i bawb, Ryan. Wedyn, 'dyn ni angen trafod y parti Nadolig, Twm.

Darllen – Bwyd

Atebwch y cwestiynau gyda'ch partner.

Y Gegin

Wrth yr eglwys, milltir o ganol y dre.

Y bwyd gorau o ffermydd lleol.

Ar agor:
11am-9pm (ar gau dydd Iau).

£20 am ddau gwrs.
neu
2 gwrs am £10 os dych chi'n bwyta cyn 6:30pm.

Llysiau'r Llan

Yng nghanol y dre, drws nesa i'r llyfrgell ar y stryd fawr.

Tŷ bwyta llysieuol.

Ar agor (Llun-Sadwrn):
10:00-8:00 y nos.

Dau gwrs am £8 (yn cynnwys diod ddi-alcohol).

Bwydlen arbennig i'r plant.

Pizzeria Cambria

Newydd agor!
Yn y Ganolfan Siopa yn Stryd y Llan.

Os dych chi'n hoffi bwyd yr Eidal dewch i flasu ein pizzas ni!

Popeth wedi ei goginio'n ffres gan ein cogydd ni, Giovanni Jones.
Pryd o fwyd i ddau: £9.
Ar agor bob dydd o 11am tan ganol nos.

Potel o win am ddim gyda chopi o'r hysbyseb yma.

Caffi'r Cwm

Gyferbyn â'r orsaf.

Ar agor 8am - 8pm bob dydd.
Bwyd syml am bris rhesymol.
Dim byd yn costio mwy na £6!

Brecwast llawn ar gael trwy'r dydd am £3.50.

Te/coffi am ddim gyda brecwast cyn 9 o'r gloch.

Darllen – Bwyd

1. Pa dŷ bwyta yw'r druta?

....

2. Ble basech chi'n gallu bwyta ar ôl 10 o'r gloch y nos?

....

3. Ble dych chi **ddim** yn gallu bwyta ar ddydd Sul?

....

4. Sut dych chi'n gallu cael gwin am ddim?

....

5. Sut dych chi'n gallu cael te neu goffi am ddim?

....

Siaradwch

- I ba dŷ bwyta fasech chi'n mynd? Pam?

- I ba dŷ bwyta fasech chi ddim yn mynd? Pam?

Geirfa

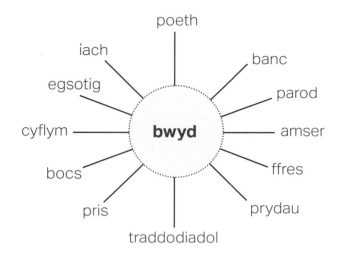

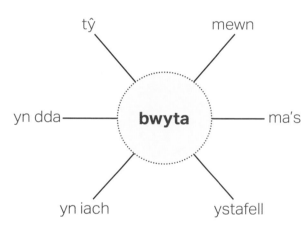

Gyda'ch partner, ysgrifennwch 6 brawddeg:

1. ....

2. ....

3. ....

4. ....

5. ....

6. ....

Siaradwch

- Beth dych chi wedi ei fwyta heddiw?

- Beth fyddwch chi'n ei fwyta yfory?

- Dych chi'n hoffi bwyta tu fa's (picnic/barbeciw) neu dych chi'n hoffi bwyta tu mewn, yn y tŷ neu mewn tŷ bwyta?

- Beth do'ch chi ddim yn hoffi ei fwyta pan o'ch chi'n blentyn? Dych chi'n bwyta'r bwyd yna nawr?

- Tasech chi mewn tŷ bwyta nawr, beth fasech chi'n ei ddewis fel cwrs cynta, prif gwrs a phwdin?

- Disgrifiwch un pryd bwyd arbennig. Pam dych chi'n cofio'r pryd yna'n dda?

Gofynnwch i bawb am eu hoff dŷ bwyta nhw yn yr ardal. Oes hoff dŷ bwyta gyda'r dosbarth?

Enw	Hoff dŷ bwyta?	Pam?

Gwrando

Gwrandewch ar y negeseuon ac atebwch y cwestiynau:

Neges 1

Oddi wrth:_____ i: _____
Mae hi'n gweithio mewn _____
Mae allwedd yr ystafell fawr yn _____
Mae eisiau prynu _____

Neges 2

Oddi wrth:_____ i: _____
Mae Dafydd wedi colli
_____
_____
_____

Neges 3

Oddi wrth:_____ i: _____

Mae hi'n byw yn _____

Mae hi eisiau _____

Mae hi'n gobeithio am _____

Neges 4

Oddi wrth:_____ i: _____

Mae hi eisiau iddo fe ddod â ...

a) _____

b) _____

c) _____

Neges 5

Oddi wrth:_____ i: _____

Mae e'n chwilio am berson i siarad ar Radio Cymru sy'n......

a) _____

b) _____

c) _____

Robin Radio

a) Atebwch

I bwy mae Cwnstabl Jones yn gweithio?

....

Beth sy'n bwysig i chi ei gau, yn ôl Cwnstabl Jones?

....

Ble yn y stryd dych chi angen parcio'r car?

....

b) Gwrandewch am:

cyngor doeth iawn   *very wise advice*
dim byd gwerthfawr   *nothing valuable*
dwyn o dai   *stealing from houses*

c) Cyfieithwch:

Leave your mobile phone number.   ....
Make sure...   ....
on the way to work   ....

Help llaw

1. Yn yr uned yma, 'dyn ni'n ymarfer patrwm ddysgon ni yn Uned 20 Mynediad.

I roi gorchymyn (*command*), 'dyn ni'n ychwanegu'r terfyniad (*ending*) -**wch** (chi) neu -**a** (ti) fel arfer, e.e.

eistedd   eisteddwch   eistedda

2. Mae **mynd** a **dod** yn afreolaidd:

mynd	ewch (cerwch)	cer
	Ewch ma's!	Cer â'r ci am dro.
dod	dewch	dere
	Dewch yma.	Dere â gwobr raffl.
gwneud	gwnewch	gwna
	Gwnewch eich gorau.	Gwna dy waith cartre.

3. Mae **bod** ychydig yn wahanol hefyd:

bod   byddwch   bydd

4. 'Dyn ni'n defnyddio **â** ar ôl **Peidiwch/Paid:**

Peidiwch â mynd.   Paid â gadael.

Cofiwch y treiglad llaes (**+h**) ar ôl **t**, **c** a **p**:

Peidiwch â **ph**oeni/**ph**arcio.   Paid â **ch**odi/**th**alu.

Mae **â** yn troi yn **ag** o flaen llafariaid (*vowels*):

Paid **ag** aros.

5. Mae **treiglad meddal** pan fydd enw'n dod yn syth ar ôl gorchymyn:

papur	Pryna **b**apur.
tocyn	Cymerwch **d**ocyn.

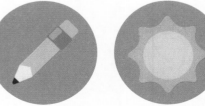

Commands 1   Commands 2

Uned 20 – Ydw! Oes! Do!

Nod yr uned hon yw...
Ymarfer atebion. *Practising answers.*

Geirfa

atig(au)	*attic(s)*
coron(au)	*crown(s)*
gem(au)	*gem(s)*
lein(iau)	*line(s)*
meicrodon	*microwave*
seler(i)	*cellar(s)*
ystafell wydr (ystafelloedd gwydr)	*conservatory (conservatories)*

ar wahân (i)	*separate (to); apart (from)*

hwfro	*to hoover*
sychu	*to dry*
tacluso	*to tidy*

boeler(i)	*boiler(s)*
carped(i)	*carpet(s)*
celfi	*furniture*
dyfodol	*future*
ffermdy (ffermdai)	*farmhouse(s)*
glo	*coal*
gris(iau)	*step(s), stair(s)*
gwres canolog	*central heating*
newyddiadurwr (-wyr)	*journalist(s)*
olew	*oil*
to(eau)	*roof (roofs/rooves)*
trydanwr (-wyr)	*electrician(s)*
tŷ gwydr (tai gwydr)	*greenhouse(s)*

ar hyn o bryd	*at the moment*
ar-lein	*online*
lan llofft	*upstairs*
lawr llawr	*downstairs*
uwchben	*above*

Geiriau pwysig i fi...

....

....

Atebion

Darllen

Wyt ti'n mwynhau darllen?	Ydw.
O't ti'n mwynhau darllen pan o't ti'n blentyn?	O'n.
Fyddi di'n darllen yn ystod yr wythnos nesa?	Bydda.
Faset ti'n hoffi darllen mwy?	Baswn.
Wyt ti wedi darllen llyfr Cymraeg?	Ydw.
Ddarllenaist ti bapur newydd ddoe?	Do.

Gyda'ch partner, ysgrifennwch chwe chwestiwn ar **siopa**, **chwaraeon** neu **gwyliau**.

1. .... Ydw.

2. .... O'n.

3. .... Bydda

4. .... Baswn.

5. .... Ydw.

6. .... Do.

Y Tywydd

Oes glaw ar y ffordd?	Oes.
Ydy hi'n braf heddiw?	Ydy.
Oedd hi'n braf ddoe?	Oedd.
Fydd hi'n braf yfory?	Bydd.
Ydy hi wedi bwrw glaw heddiw?	Ydy.
Gyrhaeddodd y storm eich ardal chi?	Do.

Pwy fydd yn gallu mynd i'r cyfarfod a phryd?
Partner A

Enw	heddiw	yfory
John	X	
Jac		
Mari	X	
Siân		X
Awen	X	

Partner B

Enw	heddiw	yfory
John		X
Jac	X	
Mari		X
Siân	X	
Awen		X

Oes/Ydy

Oes coffi gyda chi?   Oes.
Ydy'r coffi'n gryf?   Ydy.

Ysgrifennwch ddau gwestiwn fel hyn bob tro.

ystafell wydr   **bwthyn**

....

....

plant   **brechdanau**

....

....

Teithio

Dych chi'n mwynhau teithio?	Ydyn.
O'ch chi'n mynd dramor pan o'ch chi'n blant?	O'n.
Fyddwch chi'n mynd ar drên yr wythnos nesa?	Byddwn.
Fasech chi'n hoffi teithio mwy?	Basen.
Dych chi wedi bod ar feic modur?	Ydyn.
Aethoch chi ar fws yr wythnos diwetha?	Do.

Plant

Ydy plant yn hoffi chwarae?	Ydyn.
Oedd plant yn arfer darllen mwy?	O'n.
Fydd plant yn fwy heini yn y dyfodol?	Byddan.
Fasai plant yn hoffi mynd i'r ysgol ar fore Sadwrn?	Basen.

Tasech chi'n gofyn i gant o bobl roi ateb yn y categorïau yma, beth fasen nhw'n ei ddweud? Beth fasai'r ateb mwya poblogaidd?

lliw	
ffordd o deithio	
rhywbeth yn yr ystafell ymolchi	
rhywbeth sy'n dod mewn carton	
ffrwyth ar goeden	
rhywbeth sy'n dod mewn pâr	
rhywbeth yn y swyddfa bost	

Ymarfer

Cysylltwch y cwestiwn â'r ateb:

a.	John wyt ti?	**i.**	Gwnaf.
b.	Wnei di dacluso dy ystafell?	**ii.**	Bydda.
c.	Gaf i gerdded ar y carped newydd?	**iii.**	Ydw.
ch.	Wyt ti ar-lein ar hyn o bryd?	**iv.**	Ie.
d.	Ydy'r plant yn cysgu lan llofft?	**v.**	Byddan.
dd.	Fyddwch chi'n codi arian i elusen?	**vi.**	Ydyn.
e.	Fasech chi'n byw dramor?	**vii.**	Cei.
f.	Fydd y staff yn anfon ebost?	**viii.**	Baswn.

Nesa, ysgrifennwch gwestiynau:

1. .... Oes.

2. .... Ydy.

3. .... Cewch.

4. .... Gwnaf.

5. .... Bydda.

Ymatebion

Mae hi'n braf.	Ydy, wir.
Mae hi'n oer.	Ydy, wir.
Mae hi'n stormus.	Ydy, wir.
Mae hi'n niwlog.	Ydy, wir.
Mae bwyd ar ôl.	Oes.
Mae digon o fwyd ar ôl.	Oes.
Mae gormod o fwyd ar ôl.	Oes.
Mae ychydig o fwyd ar ôl.	Oes.
Mae e'n goffi cryf.	....
Mae coffi cryf yn y siop yma.	....
Mae eli haul yn y bag.	....
Mae'r eli haul dros y brechdanau.	....
Mae'r fferm yn hen iawn.	....
Mae fferm hyfryd yn yr ardal.	....
Mae e'n feddyg da.	....
Mae siop fara dda iawn yn y pentre.	....

Sgwrs 1

A: Mae newyddion gyda fi.

B: ....? Beth?

A: Dw i'n symud i Aberystwyth.

B: Aberystwyth! Waw! Wyt ti wedi cael swydd newydd?

A: ...., dw i wedi cael swydd newydd yn y Llyfrgell Genedlaethol.

B: Llongyfarchiadau!

A: Diolch. Dw i'n dwlu ar Aberystwyth. Bydda i'n byw ar bwys y môr.

B: Wyt ti wedi cael rhywle i fyw?

A: ...., dw i wedi prynu tŷ.

B: Fydd rhaid i ti wneud llawer o waith ar y tŷ?

A: ...., dim ond prynu carpedi newydd.

B: Wel, dw i'n edrych ymlaen at gael gwahoddiad i ddod i aros, 'te.

A: Wrth gwrs.

Sgwrs 1

Sgwrs 2

A: Mae hi'n oer y bore 'ma!

B: Beth sy'n bod? O na, dyw'r gwres canolog ddim yn gweithio! Fydda i ddim yn gallu cael cawod.

A: .... 'r olew wedi gorffen?

B: ...., ond mae'r boeler yn oer.

A: Bydd rhaid i fi ffonio'r plymwr.

B: .... Pob lwc – bydd pawb eisiau plymwr heddiw – ac mae hi'n bwrw eira!

A: ...., yn drwm erbyn hyn. O wel, does dim rhaid i fi gael cawod achos fydda i ddim yn gallu mynd i'r gwaith.

B: .... Rwyt ti'n gallu hwfro'r tŷ. Mae'n ofnadwy yma.

A: ....

Darllen

Gyda'ch partner, atebwch y cwestiynau:

Bryn Awel, Ffordd y Mynydd

Hen dŷ fferm,
tua phum milltir o Lanaber.

Dwy ystafell wely,
ystafell fyw, cegin,
dim ystafell ymolchi ar hyn o bryd.

Gardd fawr yn y cefn.

Rhaid cael ffenestri newydd cyn
symud i mewn.

Pris: £95,000

5, Stryd yr Eglwys

Tŷ modern:
popeth yn barod, a dim gwaith
i'w wneud.

Dwy ystafell wely, ystafell
ymolchi, ystafell fyw fawr,
cegin fodern, swyddfa,
ystafell deledu.

Digon o le i barcio.

Gardd fach yn y blaen. Dim ond
2 filltir o'r dre.

Pris: £200,000

Golwg y Mynydd

Tŷ newydd, ugain milltir o'r dre.

Chwech ystafell wely, cegin
fodern, ystafell fyw, gardd fach.

Garej newydd.

Pris: £158,000
(yn cynnwys carpedi a llenni)

Angen to newydd cyn symud
i mewn.

28, Y Stryd Fawr

Fflat fach, un ystafell wely
uwchben Caffi Dewi.
Pum munud o gerdded i ganol
tre Llanaber.

Patio bach yn y cefn.

Rhaid aros nes i'r tenant gael
wlle newydd.

Yn addas fel cartre cynta.

Pris: £65,000

1. Pa un yw'r tŷ druta?

....

2. Pa un yw'r tŷ agosa i'r dre?

....

3. Tasech chi eisiau tyfu llysiau, pa dŷ fasai'r dewis gorau? Pam?

....

4. Pam basai teulu mawr eisiau prynu Golwg y Mynydd?

....

5. Tasech chi eisiau symud i mewn yn gyflym, pa dŷ fasai'n rhaid i chi ei
ddewis? Pam?

....

6. Pa dŷ fasech chi'n ei brynu? Pam?

....

7. Pa dŷ fasech chi ddim yn ei brynu? Pam?

....

Y Tŷ

tŷ teras   **tŷ pâr**   **tŷ ar wahân**

Edrychwch ar y cwmwl geiriau ac ysgrifennwch bum brawddeg yn defnyddio o leia un gair o'r cwmwl ym mhob brawddeg.

ffwrn adeiladu
gardd trydanwr oergell glanhau
cartref grisiau fflat prynu
ffenestri tacluso addurno
rhewgell golygfa teras seler garej
hwfro celfi tyfu hen
bwthyn cyfreithiwr carped gyferbyn atig llawr
newydd gwerthu cawod trydan llenni
cymdogion stryd symud
meicrodon lolfa adeilad
cegin ffermdy plymwr
peintio

1. ....

2. ....

3. ....

4. ....

5. ....

Siaradwch

- Pryd symudoch i'ch cartref presennol? O ble?

- Disgrifiwch eich tŷ chi, e.e. pa fath o dŷ yw e, sawl ystafell lan llofft a lawr llawr, eich gardd chi.

- Pa fath o wres canolog sy gyda chi? Dych chi'n sychu dillad yn y tŷ neu ar lein ddillad yn yr ardd?

- Pa un yw eich hoff ystafell chi yn y tŷ? Pam?

- Oes atig gyda chi? Os oes, beth sy yn yr atig?

- Tasech chi'n gallu newid un peth am eich tŷ chi, beth fasech chi'n hoffi ei wneud?

- Oes rhaid i chi wneud gwaith ar y tŷ eleni, e.e. addurno, adeiladu?

- Dych chi'n meddwl byddwch chi'n symud yn y deg mlynedd nesa? Pam? I ble?

Dych chi nawr yn gallu darllen **Teithio drwy Hanes** gan Jon Gower (CAA). Dych chi'n gallu prynu'r llyfr yn eich siop Gymraeg leol chi, neu ar www.gwales.com.

Mae'r newyddiadurwr Simon Jenkins yn disgrifio Erddig fel 'gem fawr yng nghoron tai cefn gwlad Cymru'. Dydy Erddig ddim mor drawiadol â Chastell Powis. Dydy e ddim mor gyffrous â gwylio tân gwyllt yng Nghastell Caerdydd. Beth sydd yn Erddig ydy'r teimlad bod pobl go iawn wedi byw yma. Mae'r hanes yn dod yn fyw i ymwelwyr.

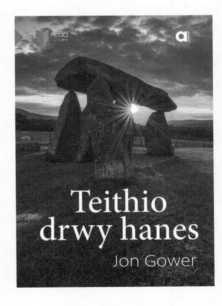

Help llaw

1. Mae brawddegau yn Gymraeg fel arfer yn dechrau gyda berf (*verb*). Rhaid i chi wrando'n ofalus ar y ferf i wybod sut i ateb, e.e.

Ydy e'n mynd?	**Ydy/Nac ydy**.
Fyddwch chi'n mynd?	**Bydda/Na fydda**.
Fasen nhw'n gofyn?	**Basen/Na fasen**.

Do yw'r ateb i bob cwestiwn yn y gorffennol cryno (*concise past*).

Est ti?	**Do/Naddo**.
Glywodd hi?	**Do/Naddo**.
Welon nhw?	**Do/Naddo**.

Oes yn y cwestiwn = **Oes** yn yr ateb.

2. *If there is any part of speech apart from a verb at the beginning of a question, then this is considered emphatic and the answer is* **Ie/Nage**.

Siân wyt ti?	**Ie/Nage**.
Brawd Siân wyt ti?	**Ie/Nage**.

3. *We also respond with an answer to statements.* Uned 20 *concentrates on* **Ydy** *and* **Oes. Ydy** *is definite and* **Oes** *is indefinite.*

Mae'r coffi yn gryf. (*The coffee is strong.*)	**Ydy**.
Mae coffi cryf yn y caffi. (*There is strong coffee in the cafe.*)	**Oes**.

Mae hi'n stormus. (*It is stormy.*)	**Ydy**.
Mae storm ar y ffordd. (*There is a storm on the way.*)	**Oes**.

Robin Radio

a) Atebwch:

Ble mae Anti Mair wedi bod? ....

Pryd bydd Anti Mair ar y rhaglen? ....

Beth yw cyfeiriad ebost Robin? ....

b) Gwrandewch am:

ar ôl y daith	*after the journey*
ei thaith ddiweddara	*her latest journey*
Does dim byd arall.	*There is nothing else.*

c) Cyfieithwch:

I'll drive to the airport. ....

I'll ask the questions. ....

I'll look forward to hearing the questions. ....

Uned 21 – Gwyliau

Nod yr uned hon yw...
Adolygu ac ymestyn *Revision and extension*

Geirfa

antur	*adventure*
cymdeithas rieni	*parents' association*
sbectol haul	*sunglasses*
twristiaeth	*tourism*
ysgol fabanod	*infant school*

adroddiad(au)	*report(s)*
cyhoeddiad(au)	*announcement(s)*
dyffryn(noedd)	*valley(s)*
niwl(oedd)	*fog(s), mist(s)*
swyddog(ion)	*officer(s)*
sychwr gwallt	*hair dryer*

clirio	*to clear*
cyhoeddi	*to announce*

anturus	*adventurous*
bodlon	*willing; contented, satisfied*
canolog	*central*
coll	*lost*
gwag	*empty*
hen ffasiwn	*old-fashioned*
naturiol	*natural*
ychwanegol	*additional*

ar fai	*to blame; at fault*

Geiriau pwysig i fi...

....

....

....

Adolygu – Gêm o Gardiau

	♠	♦	♣	♥
A	Pa mor bell dych chi'n byw o'r dosbarth?	Beth fyddwch chi'n ei ddathlu nesa?	Cymharwch ddau fis. (Defnyddiwch -**ach**)	Dwedwch rywbeth am eich cymdogion chi.
2	Beth dych chi'n hoffi ei fwyta amser brecwast?	Cymharwch y tywydd heddiw a ddoe.	Pa mor hen yw eich car chi?	Beth dych chi'n ei fwynhau am y Nadolig?
3	Pa fis yw'r gwlypa yng Nghymru?	Pa un yw eich hoff ffilm chi?	Pa fwyd dych chi ddim yn ei hoffi?	Beth yw enw'r gwesty druta yn yr ardal?
4	Pwy yw eich hoff ganwr/gantores chi?	Beth yw'ch enw llawn chi?	Dwedwch rywbeth am eich tŷ chi pan o'ch chi'n blentyn.	Pwy yw'r ifanca yn eich teulu chi?
5	Beth yw'r peth anodda am ddysgu Cymraeg?	Beth dych chi'n hoffi ei goginio?	Beth yw'r rhaglen deledu orau ar hyn o bryd?	Beth yw'ch cyfenw chi?
6	Pa mor hir yw eich taith chi i'r dosbarth? (amser)	Pa mor braf oedd hi ddoe?	Pa fis yw'r oera yng Nghymru?	Oes anifail dych chi ddim yn ei hoffi?
7	Pa waith yn y tŷ dych chi ddim yn ei hoffi o gwbl?	Beth oedd eich cyfenw chi pan gawsoch chi eich geni?	Beth wnaethoch chi nos Sadwrn?	Cymharwch ddwy dref. (prysur)
8	Cymharwch ddwy siop. (drud)	Dych chi'n hoffi dathlu Nos Galan? Pam?/Pam lai?	Pwy yw'r person mwya doniol ar y teledu?	Dwedwch rywbeth am eich tŷ chi.
9	Beth do'ch chi ddim yn hoffi ei fwyta pan o'ch chi'n blentyn?	Cymharwch ddau fwyd. (blasus)	Beth ddathloch chi ddiwetha?	Pa mor brysur fyddwch chi y penwythnos yma/nesa?
10	Pa fath o gerddoriaeth dych chi ddim yn ei hoffi?	Ym mha fis mae eich pen-blwydd chi?	Pa un yw eich hoff dŷ bwyta chi?	Pa ddiod dych chi ddim yn ei hoffi?
Jac	Pwy yw'r hena yn eich teulu chi?	Beth dych chi ddim yn ei fwynhau am y Nadolig?	Pa fath o raglenni teledu dych chi ddim yn eu hoffi?	Dwedwch rywbeth am eich hoff le chi yn yr ardal.
Brenhines	Beth yw'r peth pwysica wrth ddysgu Cymraeg?	Dwedwch rywbeth am eich tŷ diwetha chi.	Pwy yw'r person prysura dych chi'n nabod?	Pa mor bell yw'r orsaf drenau agosa o'ch tŷ chi?
Brenin	Pryd dych chi hapusa?	Pa mor braf oedd hi mis Awst diwetha?	Pryd siaradoch chi â'r cymdogion ddiwetha?	Pa mor brysur o'ch chi y penwythnos diwetha?

Adolygu – Gwrando, darllen ac ynganu

Gwrandewch ar y cyhoeddiadau. (Dych chi'n gallu eu darllen nhw yr un pryd.)
Ble basech chi'n eu clywed nhw?

1.

2.

3.

4.

5.

6.

Gyda'ch partner, darllenwch yn uchel:

1. Diolch i bawb am ddod heno. Fy enw i yw Carwyn Cartwright. 'Dyn ni'n mynd
i drafod y ffordd osgoi newydd. Y person cynta i siarad yw Geraint Griffiths o'r
cyngor cymuned.

2. Digwyddodd protest y tu allan i Neuadd y Sir heddiw. Roedd pum deg o blant a
rhieni'n anghytuno â phenderfyniad y Cyngor i gau ysgol gynradd Coed-y-Glyn
ym mis Medi. Dwedodd Mrs Mari Morgan, o'r gymdeithas rieni, fod y Cyngor
ar fai yn cau ysgol mor dda, gyda llawer mwy o blant yn barod i ddechrau yn yr
ysgol y flwyddyn nesa.

3. Y trên nesa i gyrraedd yw'r gwasanaeth saith munud wedi wyth i Abergwaun,
yn galw yng Nghasnewydd, Caerdydd, Abertawe, Caerfyrddin a Hwlffordd. Bydd
y trên yn cyrraedd Abergwaun am hanner dydd. Cymerwch ofal wrth fynd ar y
trên, mae bwlch rhwng y trên a'r platfform.

4. Dyma'r bwletin tywydd. Bydd hi'n oerach heddiw na ddoe, ac yn fwy gwyntog.
Ond mae'r niwl wedi clirio dros nos a bydd digon o haul, gyda'r tymheredd yn
cyrraedd un deg saith gradd. Mwynhewch y penwythnos!

5. Bydd y ddrama 'Y Dyffryn Du' yn dechrau mewn pum munud, felly wnewch chi
gymryd eich seddau chi, os gwelwch yn dda? Diffoddwch eich ffonau symudol
cyn mynd i mewn. Diolch.

6. Tawelwch, os gwelwch chi'n dda. Y person nesa i ganu yw Ffion Philips o
Ffostrasol. Mae Ffion yn mynd i ganu 'Ffal-di-ral-di-ral'. Diolch yn fawr. Ydy'r
beirniad yn barod? Caewch y drysau, os gwelwch chi'n dda.

Adolygu – Llenwi bylchau

Gyda'ch partner, llenwch y bylchau:

1.   Mae hi'n .... (oer) heddiw na ddoe.

2.   Ble ....'r cyfarfod heno?

3.   Pa mor .... yw'r plentyn? Pedair troedfedd, dwy fodfedd.

4.   Pwy .... tiwtor eich cwrs chi?

5.   .... (aros) os gwelwch chi'n dda!

6.   Pwy .... gweithio yn y banc bwyd heddiw?

7.   Caffi Coch yw'r caffi .... (da) yn y dre.

8.   .... ! (brysio) Bydd dy fws di yma mewn 5 munud!

9.   Faint o'r gloch ....'r ddrama'n gorffen?

10. Beth .... bod?

11. Gawn ni ofyn cwestiwn? (✓) ....

12. Wyt ti'n mwynhau'r gwyliau? (✗) ....

Gwyliau

Baled y Bagiau Coll – Mae Gareth, Ann a Geraint yn cwrdd ym maes awyr Caerdydd.

Dyma Ann o Aberteifi,
Mae ei ches yn Lanzarote,
Gyda Gareth o Gaerffili,
Mae ei fagiau yn Alicante.
Ond mae Geraint o Gaergybi
Wedi colli pawb o'r teulu:
Er ei fod e'n ôl yng Nghymru,
Mae pawb arall yn Miami!

Gyda'ch partner, atebwch y cwestiynau:
Pwy sy wedi colli dillad?

Beth mae Gareth wedi ei golli?

Pwy sy'n byw bella o Gaerdydd?

Pwy sy'n byw agosa i Gaerdydd?

Siaradwch

- Dych chi wedi colli rhywbeth ar wyliau?

Gwylio 1

Rhowch ✓ o dan bob un o'r gweithgareddau sy'n digwydd yng Nglan-llyn.

....

....

....

....

Siaradwch

- Beth fasech chi'n hoffi ei wneud yng Nglan-llyn?
- Beth fasech chi ddim yn hoffi ei wneud?

Sgwrs – Yn y ganolfan dwristiaeth

Swyddog y Ganolfan: Bore da, croeso i Aber-pwll.

Carwyn Crac: Bore da, 'dyn ni yma ar wyliau am bythefnos.

Swyddog y Ganolfan: Da iawn. Ble dych chi'n aros?

Carwyn: Yn y parc carafanau ar y bryn.

Swyddog y Ganolfan: Braf iawn! Dych chi'n gweld y môr o'r garafán?

Carwyn: Nac ydyn, dyw'r niwl ddim wedi clirio o gwbl.

Swyddog y Ganolfan: Beth bynnag, sut dw i'n gallu eich helpu chi?

Carwyn: Beth dw i'n gallu ei wneud gyda'r teulu yma yn Aber-pwll?

Swyddog y Ganolfan: Mae traeth enwog iawn yma, wrth gwrs, gyda lle braf iawn i nofio.

Carwyn: Dw i ddim yn hoff o nofio yn y glaw. Oes pwll nofio yma?

Swyddog y Ganolfan: Wel, nac oes, ond mae pwll padlo ar y prom.

Carwyn: Dw i ddim yn lico padlo yn y glaw chwaith. Oes sinema yma?

Swyddog y Ganolfan: Nac oes, ond dych chi'n gallu benthyg DVDs o'r llyfrgell.

Carwyn: DVDs? Am hen ffasiwn! Oes tafarn dda yn y pentre?

Swyddog y Ganolfan: Oes wir, y Llew Gwyn, gyda bwyd blasus iawn.

Carwyn: O na, dw i wedi bod yna, do'n nhw ddim yn hoffi'r ci.

Swyddog y Ganolfan: Dych chi'n gallu bwyta gyda'r ci yn yr ardd gwrw.

Carwyn: Dw i ddim yn hoffi bwyta ma's yn y glaw chwaith.

Swyddog y Ganolfan: Dych chi eisiau map gyda lleoedd picnic da yn yr ardal?

Carwyn: Nac ydw, wir! Dw i ddim yn dod i Aber-pwll ym mis Tachwedd eto!

Darllen

Gyda'ch partner, darllenwch yr hysbysebion gwyliau ac atebwch y cwestiynau:

Llundain

2-4 Hydref
Dwy noson yng ngwesty'r Hilton
yng nghanol y ddinas.
Sioe nos Sadwrn.
£205
(ddim yn cynnwys brecwast, ond
mae ar gael am £9.50).

Caerdydd

22-25 Hydref
(hanner tymor yr ysgol).
Aros am dair noson yng ngwesty'r
Angel yng nghanol y ddinas
(gwely a brecwast).

Tocynnau ar gael i weld sioe yng
Nghanolfan y Mileniwm
(cost tocyn yn ychwanegol)
£210.

Stratford-Upon-Avon

5-8 Tachwedd
Nos Iau, nos Wener a nos Sadwrn
mewn gwesty pedair seren
ychydig tu allan i'r dre.
Bws i'r theatr
£175
(gan gynnwys tocyn i'r theatr).

Paris

8-12 Tachwedd
Gwesty dwy seren yng nghanol
Paris am bedair noson.

Taith diwrnod i barc Eurodisney
£199
(gan gynnwys gwely, brecwast,
cinio a thocyn i Eurodisney).

1. Pa un yw'r gwyliau hira?

....

2. Pa wyliau fasai'n gyfleus i deulu gyda phlant? Pam?

....

....

3. Pa westy sy ddim yn ganolog?

....

4. I gael beth fasai'n rhaid i chi dalu mwy

a) yng Nghaerdydd?:

....

b) yn Llundain?:

....

Siaradwch

- Dych chi wedi bod i Lundain, i Baris neu i Stratford-upon-Avon?
- Beth o'ch chi'n feddwl o'r lleoedd yma?
- Pa un o'r gwyliau sy'n apelio atoch chi? Pam?
- Pa un o'r gwyliau sy ddim yn apelio atoch chi? Pam?

Gwylio 2

Gwyliwch y siaradwyr yn siarad am ble maen nhw'n hoffi mynd ar wyliau. Ysgrifennwch ddwy ffaith am dri o'r bobl.

1. Enw: ....

     a) ....

     b) ....

2. Enw: ....

     a) ....

     b) ....

3. Enw: ....

     a) ....

     b) ....

Gwyliau

Gyda'ch partner, dwedwch beth sy yn y ces.

Siaradwch

Bydd eich tiwtor chi'n gofyn i chi ddysgu un o'r cwestiynau yma. Gofynnwch y cwestiwn i bawb yn y dosbarth.

- Faint o'r pethau yma sy yn eich ces chi fel arfer?
- Beth sy bob amser yn eich ces chi?
- Ble aethoch chi ar eich gwyliau diwetha?
- Ble byddwch chi'n mynd ar eich gwyliau nesa?
- Disgrifiwch y lle mwya diddorol dych chi wedi bod.
- Ble mae'r lle prysura dych chi wedi bod?
- Ble basech chi'n hoffi mynd ar wyliau yn y dyfodol?
- Dych chi'n hoffi mynd ar wyliau i leoedd newydd, neu dych chi'n hoffi mynd yn ôl i'r un lleoedd?

Gwrando

Gwrandewch ar yr eitem ac atebwch y cwestiynau:

1. Mae Hanna eisiau i bobl eraill...
a. siarad amdani hi.
b. aros gartre.
c. edrych ar y teledu.
ch. ddod i chwarae bingo.

2. Erbyn hyn, mae hi'n mynd i'r bingo...
a. bob nos.
b. gyda hen ffrind.
c. i chwilio am ŵr.
ch. ar ei phen ei hun.

3. Mae Hanna wedi ennill...
a. potel o siampên.
b. dim byd.
c. gwyliau yn Fflorida.
ch. llawer o arian.

4. Yn y briodas, roedd...
a. teulu a ffrindiau.
b. ffrindiau o'r bingo.
c. gweithwyr o'r ysbyty.
ch. cacen arbennig.

5. Dyw John ddim yn mynd i'r bingo achos...
a. mae e'n casáu bingo.
b. mae e yn y gwaith.
c. mae e'n chwarae golff.
ch. does dim arian gyda nhw.

6. Mae'r bingo yn Aberefail...
a. ddwywaith yr wythnos.
b. bob nos.
c. ar y penwythnos.
ch. dair gwaith yr wythnos.

Robin Radio

a) Atebwch:

Pwy yw Alejandro? ....

Beth fydd gwaith Alejandro? ....

Pa mor hir oedd gwyliau Anti Mair? ....

b) Gwrandewch am:

Dych chi'n ôl i aros?	*Are you back to stay?*
ambell waith	*sometimes*
ar ôl yr holl deithio	*after all the travelling*

c) Cyfieithwch:

We must live somewhere. ....

We enjoy travelling a lot. ....

So, where was the best country? ....

Revision 4

Uned 22 – Dylet ti fynd!

Nod yr uned hon yw...

Dysgu sut i gynghori *Learning how to give advice* (dylwn i, dylet ti, dylai fe/hi, dylen ni, dylech chi, dylen nhw)

Geirfa

cadwyn(i)	*chain(s)*
ffi (ffioedd)	*fee(s)*
jar(iau)	*jar(s)*
prifddinas(oedd)	*capital city (-ies)*
siwt(iau)	*suit(s)*
sliper(i)	*slipper(s)*

angladd(au)	*funeral(s)*
castell neidio	*bouncy castle*
clustdlws (clustdlysau)	*earring(s)*
drôr (droriau)	*drawer(s)*
gemwaith	*jewellery*
gwydr(au)	*glass(es)*
gwydraid	*glassful*
pen-blwydd priodas	*wedding anniversary*
rhiwbob	*rhubarb*

canslo	*to cancel*
cloi	*to lock*
cwyno	*to complain*
dilyn	*to follow*
gwella	*to get better, to improve*
llogi	*to hire*
trwsio	*to repair*

arian	*silver*

cofion	*regards*
er enghraifft	*for example*
rhag ofn	*just in case*

Geiriau pwysig i fi...

....

....

....

Dych chi'n cofio...?

Bas**wn** i'n hoffi mynd <u>i'r Eidal</u>.
Fas**et** ti'n gallu <u>gwarchod y plant</u> heno?
Bas**ai** Sam yn <u>dweud</u>.
Bas**en** ni'n dewis <u>te</u>.
Bas**ech** chi'n gallu aros <u>mewn bwthyn</u>.
Bas**en** nhw'n dewis <u>coffi</u>.

Dydd Sul...

Dylwn i smwddio.	*I should do the ironing.*
Dylwn i hwfro.	*I should hoover.*
Dylwn i olchi'r car.	*I should wash the car.*
Dylwn i dorri'r lawnt.	*I should cut the lawn.*

Beth ddylet ti wneud heno?	*What should you do tonight?*
Beth ddylet ti wneud yfory?	*What should you do tomorrow?*
Beth ddylet ti wneud dros y penwythnos?	*What should you do over the weekend?*
Beth ddylet ti wneud yr wythnos nesa?	*What should you do next week?*

Enw	yfory	dydd Sul	nos Sul	yr wythnos nesa

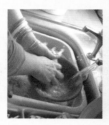    

Dylai Sam gloi'r drws.	*Sam should lock the door.*
Dylai fe olchi'r llestri.	*He should wash the dishes.*
Dylai hi olchi'r car.	*She should wash the car.*
Dylai'r plant gerdded i'r ysgol.	*The children should walk to school.*
Dylen ni helpu.	*We should help.*
Dylen ni adael.	*We should leave.*
Dylen nhw adael.	*They should leave.*
Dylen nhw aros.	*They should stay.*

Os dych chi eisiau gwella eich Cymraeg chi:

Dylech chi wylio mwy o S4C.	*You should watch more S4C.*
Dylech chi wrando mwy ar Radio Cymru.	*You should listen more to Radio Cymru.*
Dylech chi wylio llai o ffilmiau.	*You should watch fewer films.*
Dylech chi wrando llai ar Radio Un.	*You should listen less to Radio One.*

Cynghori

'Dyn ni'n newydd i'r ardal -

Ble dylen ni fynd i brynu petrol? — Dylech chi fynd i Garej Gareth.

Ble dylen ni fynd i ymarfer Cymraeg? ......

Ble dylen ni fynd am dro yn yr ardal? ......

Ble dylen ni fynd i weld ffilm? ......

Ble dylen ni fynd i gael pryd o fwyd da? ......

Ble dylen ni fynd i gael coffi da? ......

Ble dylen ni fynd i brynu llysiau? ......

Ble dylen ni fynd i dorri ein gwallt ni? ......

Ble dylen ni fynd i drwsio'r car? ......

Ble dylwn i fynd?

Enw	ymarfer Cymraeg	mynd am dro	cael pryd blasus o fwyd	prynu llysiau	torri gwallt

Prynu anrheg

Beth ddylech chi brynu yn anrheg

a) i'r tiwtor?
b) i mam-gu? (85oed)
c) i Tomos? (6 oed)
ch) i'r gath
d) i berson enwog?

Y Negyddol

Ddylwn i ddim mynd ma's heno.	*I shouldn't go out tonight.*
Ddylwn i ddim gwario gormod dros y Sul.	*I shouldn't spend too much over the weekend.*
Ddylwn i ddim mynd i'r dafarn yr wythnos nesa.	*I shouldn't go to the pub next week.*
Ddylwn i ddim gweithio ar wyliau.	*I shouldn't work on holidays.*

Edrychwch ar y rhestr isod ac ysgrifennwch bob un yn y golofn **Dylwn i** neu **Ddylwn i ddim:**

anfon llawer o gardiau Nadolig

diffodd y golau pan dw i'n gadael ystafell

taflu bwyd i'r bin

gwneud mwy o ymarfer corff

smwddio yn fwy aml

codi'n gynnar ar ddydd Sadwrn

bwydo'r adar yn y gaea

ebostio ffrindiau yn lle ffonio

torheulo

ffrio bwyd

siarad Cymraeg tu allan i'r dosbarth

bwyta llai o gig

Dylwn i ...	Ddylwn i ddim ...

Atebion

Ddylwn i fynd adre nawr?	Dylet!	Na ddylet!
Ddylet ti fynd adre nawr?	Dylwn!	Na ddylwn!
Ddylai Sam fynd adre nawr?	Dylai!	Na ddylai!
Ddylen ni fynd adre nawr?	Dylen!/Dylech!	Na ddylen!/Na ddylech!
Ddylech chi fynd adre nawr?	Dylwn!/Dylen!	Na ddylwn!/Na ddylen!
Ddylen nhw fynd adre nawr?	Dylen!	Na ddylen!

bwyta cacen hufen arall	cael gwydraid arall o win	cyrraedd y dosbarth yn hwyr
gofyn cwestiwn i'r tiwtor	prynu cyrri bob nos Sadwrn	ateb y ffôn symudol yn y cyfarfod
edrych ar y we bob pum munud	cofio gwneud y gwaith cartre	dal y bws adre
gyrru i siop y gornel	cwyno am y gwaith	edrych ar S4C
nofio yn y môr ym mis Chwefror	rhoi chwe siwgr yn y coffi	gyrru'n gyflym drwy'r pentre

Gwrando

Neges 1

Oddi wrth: .... i: ....

Bydd y Cwrs Coginio'n dechrau ....

Dylai hi ddod â ....

Rhaid talu'r ffi ....

Neges 2

Oddi wrth: .... i: ....

Mae'r trên yn ....

Dylai fe roi ....

....

Rhaid iddo fe gofio ....

....

Neges 3

Oddi wrth: .... i: ....

Bydd y tacsi'n dod ....

Dylai hi roi'r allwedd ....

....

Rhaid iddi hi bacio ....

....

Sgwrs

Fe: Ddylwn i brynu'r rhain?

Hi: Na ddylet, wir! Mae digon o esgidiau du gyda ti yn barod.

Fe: Beth am y crys 'ma?

Hi: Faint o grysau gwyn plaen sy gyda ti yn barod? Ddylet ti ddim prynu un arall.

Fe: Basai hi'n neis cael un newydd....

Hi: Ddylen ni ddim gwario gormod o arian, cofia am y gwyliau yn y Seychelles!

Fe: Rwyt ti'n iawn, mae'n siŵr. Ond rhaid i fi gael tei newydd. Beth am hwn?

Hi: Ych a fi! Dw i ddim yn hoffi'r lliw arian o gwbl.

Fe: Pa liw ddylwn i gael, 'te?

Hi: Oren!

Fe: Oren? Ond dw i ddim yn hoffi oren.

Hi: Bydd oren yn edrych yn dda.

Fe: Dylwn i gael siwt newydd, beth bynnag.

Hi: Dylet, wrth gwrs, cariad. Dylet ti a dy frawd logi siwt o siop Trefor Davies.

Fe: Ond...

Hi: Meddylia am y gwyliau yn y Seychelles!

Fe: O'r gorau. Ond gaf i ofyn un cwestiwn?

Hi: Cei, wrth gwrs.

Fe: Faint fydd cost dy ffrog briodas di?

Hi: Hm...

Siaradwch

'Dyn ni wedi siarad am lawer o bethau yn y cwrs Sylfaen.
Gyda'ch partner, meddyliwch am frawddeg am y pynciau yma.
Defnyddiwch **Dylwn i** neu **Ddylwn i ddim**.

Bwyd ....

Cymdogion ....

Darllen ....

Siopa ....

Gwaith ....

Teithio ....

Technoleg ....

Y tŷ ....

Teulu/Ffrindiau ....

Y flwyddyn nesa ....

Y penwythnos nesa ....

Siaradwch – Dillad

Gyda'ch partner, ysgrifennwch o leia chwe gair ar y pwnc **dillad**.

Dych chi'n dilyn y ffasiwn?

- Beth sy bob amser yn eich cwpwrdd dillad/drôr chi?

- Oes hoff ddillad gyda chi?

- Oes unrhyw ddillad dych chi ddim yn hoffi eu gwisgo?

- Dych chi'n hoffi gwisgo crys a thei/ffrog smart?

- Dych chi'n gwisgo gemwaith, er enghraifft cadwyn neu glustdlysau?

- Beth yw eich hoff liw chi? Dych chi'n gwisgo'r lliw yna'n aml? Dych chi'n gwisgo'r lliw yna heddiw?

- Beth oedd lliw eich gwisg ysgol chi? Dych chi'n hoffi gwisgo'r lliw(iau) yna erbyn hyn?

Beth ddylech chi wisgo i fynd i:

- gyfarfod gyda'r rheolwr banc?
- cyfweliad i fod mewn cwmni dawns?
- parti pen-blwydd plentyn bach mewn canolfan hamdden gyda chastell neidio?
- priodas?
- angladd?
- noson mewn clwb nos?

Robin Radio

a) Atebwch:

Pam doedd Carys ddim angen car yn y brifddinas?

....

Pam mae Carys eisiau dysgu gyrru nawr?

....

Beth yw cyfeiriad ebost Gari?

....

b) Gwrandewch am:

fel mae'n digwydd   *as it happens*

i fod i   *supposed to*

yr unig un   *the only one*

c) Cyfieithwch:

The buses and trains were excellent. ....

You must learn to drive at once. ....

the first time ....

Help llaw

1. Dyma'r patrwm yn llawn:

	Negyddol	**Cwestiwn**	**Ateb**
Dylwn i	Ddylwn i ddim	Ddylwn i?	Dylwn/Na ddylwn
Dylet ti	Ddylet ti ddim	Ddylet ti?	Dylet/Na ddylet
Dylai fe/hi	Ddylai fe/hi ddim	Ddylai fe/hi?	Dylai/Na ddylai
Dylen ni	Ddylen ni ddim	Ddylen ni?	Dylen/Na ddylen
Dylech chi	Ddylech chi ddim	Ddylech chi?	Dylech/Na ddylech
Dylen nhw	Ddylen nhw ddim	Ddylen nhw?	Dylen/Na ddylen

2. Mae treiglad meddal ar ôl y person: Dylwn i **f**ynd.
Ddylwn i **dd**im mynd.

3. Mae treiglad meddal gyda chwestiwn: **Dd**ylech chi fynd?

4. Mae treiglad meddal yn y negyddol: **Dd**ylet ti ddim mynd.

Give Advice

Conditional

Uned 23 – Hoffwn i, Gallwn i

Nod yr uned hon yw...

Mynegi dymuniad a'r gallu i wneud rhywbeth *Expressing a wish and the ability to do something* (hoffwn i, gallwn)

Geirfa

awyr	*air; sky*
baner(i)	*flag(s)*
coedwig(oedd)	*forest(s)*
craig (creigiau)	*rock(s)*
cusan(au)	*kiss(es)*
draig (dreigiau)	*dragon(s)*
galwad(au)	*call(s)*
mynedfa (mynedfeydd)	*entrance(s)*
soser(i)	*saucer(s)*

casáu	*to hate*
diswyddo	*to make redundant*
ffitio	*to fit*
gweiddi	*to shout*
gwnïo	*to sew*
hysbysebu	*to advertise*
meddwi	*to get drunk*
sgwrsio	*to chat*
treulio	*to spend time*

achos(ion)	*cause(s); case(s)*
bywyd(au)	*life (lives)*
cartref(i) henoed	*old people's home(s)*
Gog(s)	*Northwalian(s)*
Hwntw(s)	*Southwalian(s)*
penelin(oedd)	*elbow(s)*
pen-glin (pengliniau)	*knee(s)*
pen ôl (penolau)	*bottom(s)*
rheswm (rhesymau)	*reason(s)*
tafarnwr (-wyr)	*innkeeper(s)*
tebot(au)	*teapot(s)*

anabl	*disabled*
balch	*proud; pleased*
brys	*pressing, urgent; emergency*
caredig	*kind*
cyhoeddus	*public*
Gwyddelig	*Irish (e.e. coffi)*
melys	*sweet*
poblogaidd	*popular*

braidd	*rather*
Cymru am byth!	*Wales for ever!*
meddai	*he/she said*
mynd ati (i wneud rhywbeth)	*to go about (doing something)*
wrth ochr	*by the side of*
yn union	*exactly*

Geiriau pwysig i fi...

....

Hoffwn i fynd i Affrica.	*I would like to go to Africa.*
Hoffai hi fynd i America.	*She would like to go to America.*
Hoffen ni fynd i Ffrainc.	*We would like to go to France.*
Hoffen nhw fynd i'r Almaen.	*They would like to go to Germany.*
Ble hoffet ti fynd ar wyliau?	*Where would you like to go on holiday?*
Ble hoffech chi fynd ar wyliau?	*Where would you like to go on holiday?*
Ble hoffai fe fynd ar wyliau?	*Where would he like to go on holiday?*
Ble hoffen nhw fynd ar wyliau?	*Where would they like to go on holiday?*
Gallwn i redeg marathon.	*I could run a marathon.*
Gallai fe redeg marathon.	*He could run a marathon.*
Gallen ni redeg marathon.	*We could run a marathon.*
Gallen nhw redeg marathon.	*They could run a marathon.*
Allwn i ddim newid olwyn.	*I couldn't change a wheel.*
Allai fe ddim newid olwyn.	*He couldn't change a wheel.*
Allen ni ddim newid olwyn.	*We couldn't change a wheel.*
Allen nhw ddim newid olwyn.	*They couldn't change a wheel.*

Allech chi gyrraedd yn gynnar?	*Could you arrive early?*	Gallen./Na allen.
Allet ti gyrraedd yn gynnar?	*Could you arrive early?*	Gallwn./Na allwn.
Allai hi gyrraedd yn gynnar?	*Could she arrive early?*	Gallai./Na allai.
Allen nhw gyrraedd yn gynnar?	*Could they arrive early?*	Gallen./Na allen.

Enw	chwarae 'chopsticks' ar y piano	nofio can metr	dweud yr wyddor yn Gymraeg	pobi cacen

Gwrando

Gwrandewch ar y darn a gorffennwch y brawddegau:

1. Gorffennodd Rhodri Hughes y ras mewn… ☐

a. 1 awr.   b. 1 awr 40 munud.
c. 2 awr.   ch. 2 awr 40 munud.

2. Mae Rhodri'n cadw'n heini fel arfer drwy… ☐

a. chwarae pêl-droed.   b. nofio.
c. redeg.   ch. fynd i'r gampfa.

3. Roedd Rhodri wedi gwisgo fel… ☐

a. Batman.   b. Superman.
c. Spiderman.   ch. Superted.

4. Rhan fwya anodd y ras i Rhodri oedd… ☐

a. y dechrau.   b. Bryn Uchel.
c. y diwedd.   ch. wrth y stadiwm.

5. Roedd Rhodri'n codi arian i… ☐

a. Ambiwlans Awyr Cymru.   b. Ysbyty Plant Cymru.
c. Oxfam.   ch. Tenovus.

6. Eleni, mae Rhodri wedi codi… ☐

a. llai na £200.   b. £200.
c. £500.   ch. dros £500.

Darllen

Dewiswch y pennawd mwya tebygol fel pwnc i bob neges ebost. Mae dau bennawd ychwanegol amherthnasol. Rhowch y 'rhif neges' (1, 2, ac ati) wrth y pedwar pennawd mwya addas yn y tabl yma:

Choose the most likely heading as a subject for each e-mail message. There are two extra irrelevant headings. Put the 'message number' (1, 2, etc.) next to the four most appropriate headings in this table:

	Pwnc	Rhif neges
a.	Pen-blwydd arbennig	
b.	Noson mewn tafarn	
c.	Recordio cwis	
ch.	Archebu te prynhawn	
d.	Cyfarfod i drafod swyddi	
dd.	Ffitio ffrog briodas	

1. Oddi wrth: Gwilym Griffiths

I: Caffi 'Y Tebot a'r Soser', Bryncastell

Prynhawn da. Gwilym Griffiths yma o gartref henoed Craig y Dyffryn. Hoffen ni ddod i'r te prynhawn dydd Mercher nesa yn eich caffi chi. Mae Maisie James yn cael ei phen-blwydd yn gant oed! Mae'r hen bobl yn hoff iawn o bethau melys! Oes mynedfa i'r anabl os gwelwch chi'n dda? Dyw Maisie ddim yn gallu cerdded yn bell, a bydd rhaid i fi barcio'n agos. Mae hi'n defnyddio cadair olwyn. Wnewch chi roi galwad i fi ar 07835 275179? Diolch.

2. Oddi wrth: Helen Roberts, Clerc y Dref

At: Sam Roberts, Aelod Cynulliad Abercastell

Bore da, Mr Roberts. Hoffwn i eich gwahodd chi i gyfarfod cyhoeddus brys prynhawn Gwener yma yn Neuadd y Dre. Os bydd y cwmni Gwyddelig yn prynu'r ffatri dillad isa, bydd rhaid i lawer o bobl symud i Iwerddon neu gael eu diswyddo. Does neb eisiau colli eu gwaith nhw cyn y Nadolig. Dych chi'n gallu ateb yr ebost yma erbyn y prynhawn 'ma os gwelwch chi'n dda? Diolch!

3. Oddi wrth: Ffion Clwyd, Teledu'r Goedwig

I: Papur Bro Abercastell

Os gwelwch chi'n dda, wnewch chi roi'r hysbyseb yma yn eich papur chi? Hoffech chi gael noson o chwerthin? Mae S4C yn recordio'r cwis poblogaidd *Pen ôl, Penelin, Pen-glin* ym muarth Tafarn y Plas Coch nos Wener, Mehefin yr ail. Dewch i weld tîm rygbi Porthmadog yn erbyn tîm pêl-droed Pontypridd yn cystadlu mewn gemau llawn hwyl. Gogs yn erbyn Hwntws! Bydd digon o jôcs, gyda'r tafarnwr enwog, Twm Tomos, yn arwain yn ei ffordd arbennig ei hun. Mynediad am ddim! Diolch!

4. Oddi wrth: Gwenno

At: Rhian

Helô Rhian, wyt ti'n barod am heno? Cwrdd yn y dafarn am hanner awr wedi saith? Trefna i dacsi'n ôl – ond dim meddwi, a dim cyrri ar ddiwedd y noson! Rwyt ti eisiau i dy ffrog briodas di ffitio!

Ymarfer Gofyn Cwestiwn

Gofynnwch gwestiynau i'ch partner chi i lenwi'r bylchau.

Partner A

Dewch i'r gêm rygbi fawr nesa yng ....

Bydd Cymru yn chwarae rygbi yn erbyn ....

ar ddydd Sadwrn .... y cynta.

Cofiwch ddod â baneri Draig Goch!

Cymru am byth!

Mae .... o leoedd ar y bws.

Bws yn gadael Bryncastell am .... y bore. Yn ôl cyn amser cau tafarn y Llew.

Pris y tocynnau bws yw .... Bydd y bws yn gadael o'r ....

Rhaid i chi brynu tocyn i'r gêm eich hun!

Dewch i'r gêm bêl-droed fawr nesa yn <u>Berlin</u>.

Bydd Cymru yn chwarae pêl-droed yn erbyn <u>Yr Almaen</u>

ar ddydd Sadwrn <u>Rhagfyr</u> y cynta.

Cofiwch ddod â digon o Ewros!

Mae <u>25</u> o leoedd ar y bws.

Bws yn gadael Bryncastell am <u>6</u> y bore ar y dydd Gwener. Byddwn ni'n hedfan <u>o Gaerdydd.</u> Yn ôl <u>nos Sul</u> tua 8 o'r gloch.

Pris y tocynnau yw <u>£100</u> o'r <u>Clwb Pêl-droed</u>. Yn cynnwys y teithio i gyd a'r gwesty. Rhaid i chi brynu bwyd, diod a thocyn i'r gêm eich hun!

Partner B

Dewch i'r gêm rygbi fawr nesa yng <u>Nghaerdydd</u>.
Bydd Cymru yn chwarae rygbi yn erbyn <u>Seland Newydd</u>
ar ddydd Sadwrn <u>Mawrth</u> y cynta.
Cofiwch ddod â baneri Draig Goch!
Cymru am byth!
Mae <u>20</u> o leoedd ar y bws.
Bws yn gadael Bryncastell am <u>7</u> y bore. Yn ôl cyn amser cau tafarn y Llew.
Pris y tocynnau bws yw <u>£12</u>. Bydd y bws yn gadael o'r <u>Clwb Rygbi</u>.
Rhaid i chi brynu tocyn i'r gêm eich hun!

Dewch i'r gêm bêl-droed fawr nesa yn ....
Bydd Cymru yn chwarae pêl-droed yn erbyn ....
ar ddydd Sadwrn .... y cynta.
Cofiwch ddod â digon o Ewros!
Mae .... o leoedd ar y bws.
Bws yn gadael Bryncastell am .... y bore ar y dydd
Gwener. Byddwn ni'n hedfan .... Yn ôl
.... tua 8 o'r gloch.
Pris y tocynnau yw .... o'r ....
Yn cynnwys y teithio i gyd a'r gwesty. Rhaid i chi brynu bwyd, diod a thocyn
i'r gêm eich hun!

Gwrando

Gwrandewch ar y gân yma – 'Ynys Llanddwyn', gyda grŵp o'r enw Mynediad am Ddim yn canu. Cân yw hi am rywle da i roi cusan neu gwtsh i rywun!

Faint o weithiau dych chi'n clywed y gair **Hoffwn**?

....

Eglwys pwy sy ar Ynys Llanddwyn?

....

Sut mae'r tywydd yn ystod y gân?

....

Dych chi wedi bod i Ynys Llanddwyn? Hoffech chi fynd?

....

Siaradwch

Mewn grŵp, trafodwch ble hoffech chi fynd ma's i ymarfer eich Cymraeg chi gyda'r dosbarth cyn diwedd y cwrs. Byddwch chi'n trafod fel dosbarth ac yn dewis y syniad gorau.

Ysgrifennu

Ysgrifennwch y nodyn yma gyda'ch partner.

Helô ....
'Dyn ni'n trefnu cyngerdd i godi arian i .... yn
.... nos ...., Mehefin
.... Bydd .... yn canu a
.... yn dawnsio. Bydd .... yn dweud jôcs.
Allet ti ddod â gwobr i'r raffl? Basai .... yn grêt! Gwela i di yna!
Hwyl, ...

Sgwrs

A: Esgusodwch fi, allech chi helpu os gwelwch chi'n dda?

B: Wrth gwrs.

A: Ble mae'r bocs ffôn agosa?

B: Bocs ffôn? Does dim un yn gweithio yn yr ardal yma ers oesoedd.

A: Dw i'n cofio defnyddio hen giosg coch yma pan o'n i yn ysgol y dre, ond dyw e ddim yma nawr...

B: Arhoswch funud, hoffech chi fenthyg fy ffôn i?

A: Diolch, dych chi'n garedig iawn. Fydda i ddim yn hir.

B: Pwy dych chi eisiau ffonio?

A: Fy mab . . . yn Seland Newydd.

B: O, dw i ddim yn meddwl...

A: Mae e'n chwarae rygbi yno.

B: Beth yw enw eich mab chi?

A: Barry Edwards.

B: Y Barry Edwards?

A: Ie, mae e'n chwarae rygbi yno gyda thîm rygbi Cymru ar eu taith haf. Hoffech chi siarad â fe?

B: Croeso i chi gael fy ffôn i, wrth gwrs! (Waw, Barry Edwards!)

A: Diolch.

Siaradwch – Byw'n iach

Gyda'ch partner, ysgrifennwch o leia chwe gair ar y pwnc **byw'n iach.**

- Beth dych chi'n ei wneud i fyw'n iach?
- Dych chi'n hoffi treulio amser yn yr awyr agored? Ble dych chi'n hoffi mynd?
- Dych chi'n gwneud unrhyw ymarfer corff?
- Beth am eich deiet chi? Dych chi'n bwyta'n iach?
- Sut dych chi'n ymlacio?

Gyda'ch partner, rhowch 5 cyngor i'r dosbarth ar sut i fyw'n iach. Defnyddiwch **Dylech chi, Gallech chi** a **Rhaid i chi**.

1. ....

2. ....

3. ....

4. ....

5. ....

'Dyn ni wedi siarad am lawer o bethau yn y cwrs Sylfaen.
Gyda'ch partner, ysgrifennwch frawddeg am y pynciau yma. Defnyddiwch
Hoffwn i neu **Hoffwn i ddim**.

Anifeiliaid

....

Dathlu

....

Diddordebau

....

Yr ardal

....

Chwaraeon

....

Gwyliau

....

Rhaglenni teledu

....

Hoff le

....

Dillad

....

Robin Radio

a) Atebwch:

Pa fath o de mae Robin yn yfed? ....

Beth fydd Robin yn ei gael gyda'i de? ....

Pam roedd Anti Mair yn hoffi helpu ei chymdogion hi? ....

b) Gwrandewch am:

Mae syched ofnadwy arna i.	*I am terribly thirsty.*
Mae hi braidd yn hwyr.	*It's rather late.*
Mae bywyd yn rhy fyr.	*Life's too short.*

c) Cyfieithwch:

I must try to live healthily. ....

I got it from my neighbours. ....

Every morning and every night. ....

Help llaw

1. Mae terfyniadau (*endings*) **Hoffi** a **Gallu** yn yr amodol (*conditional*) yr un peth â Dylwn i a Baswn i:

Hoff**wn** i	Gall**wn** i
Hoff**et** ti	Gall**et** ti
Hoff**ai** fe/hi	Gall**ai** fe/hi
Hoff**en** ni	Gall**en** ni
Hoff**ech** chi	Gall**ech** chi
Hoff**en** nhw	Gall**en** nhw

2. Mae ystyr (*meaning*) **Baswn i'n hoffi mynd** a **Hoffwn i fynd** yr un peth.

3. *This pattern is an excellent way of demonstrating the two ways of using verbs* yn Gymraeg:

i. Baswn i (*part of the verb* **bod**) + yn/wedi + **dim** treiglad ar y berfenw:

Baswn i'n hoffi darllen. (Dw i'n hoffi darllen. Ro'n i'n hoffi darllen.)

ii. Hoffwn i (*using the verb* **hoffi** *itself rather than* bod) + **dim** yn/wedi + **treiglad meddal:**

Hoffwn i ganu. (Clywais i ganu.)

Would Hoffi Conditional
Gallu   2

Uned 24 – y cynta(f), yr ail, y trydydd

Nod yr uned hon yw...

Dysgu trefnolion *Learning ordinal numbers* (cynta(f) – degfed)

Geirfa

bioleg	*biology*
cemeg	*chemistry*
egwyl	*a break, break time*
ffiseg	*physics*
hosan (sanau)	*sock(s)*
sinc(iau)	*sink(s)*
storm(ydd)	*storm(s)*
stumog(au)	*stomach(s)*

bocs(ys) bwyd	*food box(es)*
cae(au)	*field(s)*
cas(ys) pensiliau	*pencil case(s)*
cerdyn credyd	*credit card*
coridor(au)	*corridor(s)*
disgybl(ion)	*pupil(s)*
gwaelod	*bottom*
haearn	*iron*
plât (platiau)	*plate(s)*
sŵn (synau)	*sound(s)*
tap(iau)	*tap(s)*
tywel(ion)	*towel(s)*
yswiriant	*insurance*

chwysu	*to sweat*
hwylio	*to sail*
pysgota	*to fish*

Cymreig	*Welsh (bwyd, diod ac ati)*
siomedig	*disappointing; disappointed*
swil	*shy*

ar goll	*lost*
awr ginio	*lunch hour*
cas beth	*pet hate*
cofion cynnes	*warm regards*
Cylch Meithrin	*pre-school nursery*
dyna i gyd	*that's all*
oddi wrth	*from (person)*
wedi'r cyfan	*after all*

Geiriau pwysig i fi...

....

....

Y tŷ cynta   *The first house*
Yr ail dŷ   *The second house*
Y trydydd tŷ   *The third house*
Y pedwerydd tŷ   *The fourth house*
Y pumed tŷ   *The fifth house*
Prynais i'r tŷ cynta <u>yn 1998</u>.

Dyma'r car cynta.
Dyma'r ail gar.
Dyma'r trydydd car.
Dyma'r pedwerydd car.
Dyma'r pumed car.

Pryd pasiaist ti'r prawf gyrru?

Y tro cynta.   *The first time.*
Yr ail dro.   *The second time.*
Y trydydd tro.   *The third time.*
Y pedwerydd tro.   *The fourth time.*
Y pumed tro.   *The fifth time.*
Y chweched tro.   *The sixth time.*
Y seithfed tro.   *The seventh time.*
Yr wythfed tro.   *The eighth time.*
Y nawfed tro.   *The ninth time.*
Y degfed tro.   *The tenth time.*

1 - 1af   **2** - 2ail   **3** - 3ydd
4 - 4ydd   **5** - 5ed   **6** - 6ed

Sawl gwaith rwyt ti wedi gweld *The Sound of Music*?   Dyma'r tro cynta.
Sawl gwaith rwyt ti wedi bod yn Oakwood?
Sawl gwaith rwyt ti wedi bod yn y caffi yma?
Sawl gwaith rwyt ti wedi bod yng Nghanolfan y Mileniwm?
Sawl gwaith rwyt ti wedi bod mewn Sadwrn Siarad?
Sawl gwaith rwyt ti wedi ennill raffl?

Unig blentyn yw hi.   *She is an only child.*
Hi yw'r ail blentyn yn y teulu.   *She is the second child in the family.*
Fe yw'r trydydd plentyn yn y teulu.   *He is the third child in the family.*
Fe yw'r pedwerydd plentyn yn y teulu.   *He is the fourth child in the family.*

Gyda'ch partner, edrychwch ar y lluniau a siaradwch am y plant.

Penblwyddi

Pryd mae dy ben-blwydd di?

Ionawr y cynta.
Chwefror yr ail.
Mawrth y trydydd.
Ebrill y pedwerydd.
Mai'r pumed.
Mehefin y chweched.
Gorffennaf y seithfed.
Awst yr wythfed.
Medi'r nawfed.
Hydref y degfed.
Tachwedd yr unfed ar ddeg.
Rhagfyr y deuddegfed.

Calendr Canolfan Iaith Cae'r Cymro – Dewch draw!
Partner A

10 Ionawr	Peintio plât neu wydr – yn barod at Santes Dwynwen!
3 Chwefror	
1 Mawrth	Cinio Gŵyl Dewi
7 Ebrill	
6 Mai	Gemau i'r teulu – ar y maes chwarae
2 Mehefin	
9 Gorffennaf	Picnic canol haf (yng Nghanolfan Arddio Abercastell)
4 Awst	Taith i'r Eisteddfod Genedlaethol
8 Medi	
2 Hydref	
5 Tachwedd	Noson Guto Ffowc
10 Rhagfyr	

Calendr Canolfan Iaith Cae'r Cymro – Dewch draw!
Partner B

10 Ionawr	
3 Chwefror	Parti croeso i ymwelwyr o Batagonia
1 Mawrth	
7 Ebrill	Parti Pasg
6 Mai	
2 Mehefin	Taith i Eisteddfod yr Urdd
9 Gorffennaf	
4 Awst	
8 Medi	Taith Gerdded o gwmpas y llyn, cyfle i bysgota neu i hwylio
2 Hydref	Sgwrs dros awr ginio yn y Ganolfan
5 Tachwedd	
10 Rhagfyr	Gwneud hosan Nadolig

Ffurfiau benywaidd (*Feminine forms*)

Y **f**lwyddyn **g**ynta

Yr ail **f**lwyddyn

Y **d**ryd**edd** **f**lwyddyn

Y **b**edwar**edd** **f**lwyddyn

Y **b**umed **f**lwyddyn

Sgwrs 1

Mam: Dechreuais i yn yr ysgol gyfun yn y flwyddyn gynta.

Mab: Dechreuais i yn yr ysgol gyfun ym mlwyddyn saith.

Mam: Gwnes i Lefel O yn y bumed flwyddyn.

Mab: Gwnes i TGAU ym mlwyddyn un ar ddeg.

Mam: Gwnes i Lefel A yn y chweched dosbarth.

Mab: Gwnes i AS ym mlwyddyn deuddeg a Lefel A ym mlwyddyn un deg tri.

Mam a Mab: Ond dechreuon ni yn y brifysgol yn y flwyddyn gynta!

Nofelau

Dyma'r nofel Gymraeg gynta.

Dyma'r ail nofel Gymraeg.

Dyma'r drydedd nofel Gymraeg.

Dyma'r bedwaredd nofel Gymraeg.

Dyma'r bumed nofel Gymraeg.

Llenwch y bylchau:

tŷ

Prynais i fy nhŷ **cynta** yn Abertawe.

Prynais i fy .... dŷ yn ....

Prynais i fy .... tŷ yn ....

taith

Es i i .... ar fy nhaith dramor gynta.

Es i i .... ar fy .... daith dramor.

Es i i .... ar fy .... daith dramor.

Sgwrs 2

Derbynnydd:	Croeso i Westy'r Cymro. Croeso Cymreig i bawb.
Ceri:	Croeso Cymreig?
Derbynnydd:	Ie, mae pawb ar y staff yn siarad Cymraeg ac mae'r tywelion yn goch, gwyn a gwyrdd.
Ceri:	Hyfryd! Dyma ein tro cynta ni yma.
Derbynnydd:	Dim y tro ola, gobeithio!
Ceri:	O, rhaid i fi smwddio fy siaced i cyn ein cyfarfod ni yfory. Oes haearn smwddio yn yr ystafell?
Derbynnydd:	Oes wrth gwrs, a bwrdd smwddio hefyd – yn y cwpwrdd ger y sinc gyda'r tapiau aur.
Ceri:	Hyfryd iawn!
Derbynnydd:	Mae'r tŷ bwyta ar y pumed llawr ac mae'r bar ar y degfed llawr. Mae golygfa hyfryd o'r to.
Ceri:	Bendigedig!
Derbynnydd:	Dyma eich allwedd chi. Ystafell 601. Dych chi ar y chweched llawr. Ewch lawr y coridor ac mae'r grisiau ar y chwith.
Ceri:	Grisiau? Ble mae'r llifft?
Derbynnydd:	Mae'r lifft wedi torri, mae'n ddrwg gyda fi.
Ceri:	O na, bydda i'n chwysu, yn mynd lan a lawr y grisiau. Felly, ble mae'r pwll nofio?
Derbynnydd:	Ar y llawr gwaelod, wrth gwrs. Ond yn anffodus, mae'r pwll ar gau ar hyn o bryd. Mwynhewch eich noson chi.
Ceri:	Hmff.

Sgwrs 3

A: Dw i ddim eisiau mynd i'r ysgol.

B: Am y trydydd tro – coda!

A: Mae'n gas 'da fi ginio ysgol – pwdin reis, ych a fi!

B: Dw i wedi pacio dy focs bwyd di, cariad.

A: Dw i wedi colli fy nghas pensiliau i hefyd!

B: Mae e yma, ar y bwrdd!

A: Ac mae'n gas gyda fi'r bumed wers heddiw –
ffiseg, ych a fi. Dw i'n casáu'r ail wers hefyd.
Cemeg – gwaeth na ffiseg!

B: Mae hi bron yn hanner tymor, cariad. Dylet ti fynd.

A: A dweud y gwir, dw i'n casáu'r gwersi i gyd. Wel,
mae bioleg ychydig bach yn well – mae bioleg yn y drydedd wers.

B: Coda, neu byddi di'n hwyr iawn!

A: Dw i ddim yn mynd heddiw, mae bola tost gyda fi!

B: Ond rhaid i ti fynd, ti yw'r Pennaeth Gwyddoniaeth!

Dyddiau Ysgol

astudio
amserlen disgyblion
chwarae pêl-rwyd rygbi gwasanaeth
pêl-droed ffrindiau
campfa **dyddiau** cyfrifiadur hocidysgu
Almaeneg gwyliau gwersi lliwio paentio
daearyddiaeth cerddoriaeth **ysgol** athro athrawes
dosbarth gwnïo arholiad mathemateg
disgyblion nofio hanes cemeg llyfrau coginio
ysgrifennu pwnc celf
gwyddoniaeth
egwyl Ffrangeg
bioleg

Siaradwch

- Beth oedd enw eich ysgol gynta chi? Beth dych chi'n ei gofio am yr ysgol?
- Beth o'ch chi'n hoffi ei wneud yno?
- Ble aethoch chi i'r ysgol uwchradd? Beth oedd eich hoff bwnc chi?
- Beth oedd eich cas bwnc chi?
- O'ch chi'n hoffi cinio ysgol? O'ch chi'n mynd â bocs bwyd?
- Dych chi'n cofio rhyw drip ysgol yn arbennig?
- Dych chi'n gweld eich ffrindiau ysgol chi nawr?
- Dych chi'n nabod unrhyw blant sy wedi bod mewn Cylch Ti a Fi/Meithrin Cymraeg?

Gwrando

Neges 1

1. Beth yw prif bwynt y neges ffôn?

a) Mae ffurflen Siân wedi cyrraedd.   b) Mae ei bag hi ar goll.

c) Mae hi wedi anghofio rhif y pasport.   ch) Mae camera newydd gyda hi.

2. Beth yw gwaith John Davies? ....

Neges 2

3. Beth yw prif bwynt y neges ffôn?

a) Mae'r llyfrgell ar gau.   b) Mae'r plant angen stori.

c) Bydd Miss Jones yn hwyr.   ch) Mae Rhys Wlliams yn sâl.

4. Ble mae Miss Jones yn gweithio? ....

Neges 3

5. Beth yw prif bwynt y neges ffôn?

a) Mae bola tost gyda gŵr Jên.

b) Mae e angen ei esgidiau rygbi e.

c) Mae e wedi colli ei gerdyn credyd e.

ch) Mae e wedi tynnu lluniau o'r gwyliau.

6. Ble mae gŵr Jen yn gweithio? ....

Robin Radio

a) Atebwch:

Beth ddigwyddodd dydd Gwener diwetha? ....

Faint oedd oed y plant oedd yn canu? ....

Pwy fydd yn mynd i Eisteddfod yr Urdd? ....

b) Gwrandewch am:

Llongyfarchiadau i bawb am gymryd rhan.

Congratulations to everyone for taking part.

gan gynnwys

including

Roedd cystadlaethau da iawn.

There were very good competitions.

c) Cyfieithwch:

Some children are shy. ....

They like singing in a group. ....

two left feet ....

Help llaw

1. Ar lefel Sylfaen, rhaid i chi wybod y trefnolion o **1** i **10**.

Dyma bob rhif mewn mis calendr. Dych chi'n gallu dysgu dyddiad eich pen-blwydd eich hun os dych chi eisiau. Byddwn ni'n gwneud mwy o waith gyda'r rhifau ar ôl deg yn y cwrs Canolradd.

1af cynta(f)	**2**il ail	**3**ydd trydydd/ trydedd	**4**ydd pedwerydd/ pedwaredd	**5**ed pumed	**6**ed chweched	**7**fed seithfed
8fed wythfed	**9**fed nawfed	**10**fed degfed	**11**eg unfed ar ddeg	**12**fed deuddegfed	**13**eg trydydd ar ddeg	**14**eg pedwerydd ar ddeg
15fed pymthegfed	**16**eg unfed ar bymtheg	**17**eg ail ar bymtheg	**18**fed deunawfed	**19**eg pedwerydd ar bymtheg	**20**fed ugeinfed	**21**ain unfed ar hugain
22ain ail ar hugain	**23**ain trydydd ar hugain	**24**ain pedwerydd ar hugain	**25**ain pumed ar hugain	**26**ain chweched ar hugain	**27**ain seithfed ar hugain	**28**ain wythfed ar hugain
29ain nawfed ar hugain	**30**ain degfed ar hugain	**31**ain unfed ar ddeg ar hugain				

2. Mae ffurf fenywaidd (*feminine form*) gyda **3** a **4**. Mae **treiglad meddal** gyda'r benywaidd:

Y trydydd bachgen	Y **d**ryd**edd f**erch
Y pedwerydd bachgen	Y **b**edwar**edd f**erch
Y pumed bachgen	Y **b**umed **f**erch
Y chweched bachgen	Y chweched **f**erch
Y seithfed bachgen	Y seithfed **f**erch
Yr wythfed bachgen	Yr wythfed **f**erch
Y nawfed bachgen	Y nawfed **f**erch
Y degfed bachgen	Y **dd**egfed **f**erch

3. Mae popeth yn treiglo'n feddal gyda **2**:

dau **f**achgen	dwy **f**erch	yr ail **f**is
y **dd**au	y **dd**wy	

Dates 1

Uned 25 – Pan o'n i'n blentyn...

Nod yr uned hon yw...
Adolygu gwahanol ffurfiau ar yr amser gorffennol
Revising different forms of the past tense

Geirfa

amlen(ni)	envelope(s)
brest(iau)	chest(s), breast(s)
bresychen (bresych)	cabbage(s)
doli(au)	doll(s)
Ewrop	Europe
ffa pob	baked beans
Prydain	Britain
selsigen (selsig)	sausage(s)
ysgwydd(au)	shoulder(s)

blog(iau)	blog(s)
bwced(i)	bucket(s)
côr (corau)	choir(s)
cwmwl (cymylau)	cloud(s)
gwersyll(oedd)	camp(s)
ofn(au)	fear(s)
salwch	illness, sickness
technegydd (technegwyr)	technician(s)
ymbarél (ymbarelau)	umbrella(s)

arlunio	to draw
blogio	to blog
bwrw cesair	to hail
crafu	to scrape, to scratch
cysylltu (â)	to contact
gofalu am	to care for
gwersylla/campio	to camp
llungopïo	to photocopy
palu	to dig
reidio	to ride
rhewi	to freeze
teipio	to type
tisian	to sneeze

gweinyddol	administrative
mwyn	mild

bant â ni	off we go
gartre	at home
Penrhyn Gŵyr	the Gower Peninsula
rhywbryd	sometime

Geiriau pwysig i fi...

Adolygu – Gêm o Gardiau

	♠	♦	♣	♥
A	Ble prynoch chi ddillad ddiwetha?	Ble ro'ch chi am saith o'r gloch neithiwr?	Ble dych chi'n hoffi mynd i siopa yng Nghymru? Pryd aethoch chi yno ddiwetha?	Pa waith tŷ wnaethoch chi ddiwetha?
2	Pen-blwydd pwy ddathloch chi ddiwetha?	Sut daethoch chi yma heddiw?	Pryd gwylioch chi chwaraeon ar y teledu ddiwetha? Beth?	Â phwy siaradoch chi ar y ffôn ddiwetha?
3	Beth ddarllenoch chi ddiwetha? (llyfr/papur newydd/ rhywbeth ar y we)	Beth wnaethoch chi i ymlacio yr wythnos diwetha?	O'ch chi'n brysur yn y gwaith/gartre dydd Gwener diwetha?	Pa dechnoleg ddefnyddioch chi ddiwetha?
4	Beth gawsoch chi i swper neithiwr?	Beth wnaethoch chi i fyw'n iach dros y mis diwetha?	Pryd gwrandawoch chi ar y radio ddiwetha? Ar beth?	Ble dechreuoch chi ddysgu Cymraeg?
5	Pryd siaradoch chi â'r cymdogion ddiwetha?	Beth oedd eich swydd gynta chi?	Ble gwnaethoch chi eich prawf gyrru chi?	I ble aethoch chi ar awyren ddiwetha?
6	Beth do'ch chi ddim yn ei hoffi yn yr ysgol?	Ble ro'ch chi dydd Nadolig diwetha?	Ble aethoch chi i siopa am fwyd ddiwetha?	Beth oedd y peth mwya diddorol wnaethoch chi yn yr ardal llynedd?
7	Ble ro'ch chi'n byw pan o'ch chi'n 18 oed?	Pa raglen deledu o'ch chi'n hoffi sy ddim ar y teledu nawr?	O'ch chi'n hoffi mynd i'r ysgol?	Siaradoch chi Gymraeg yr wythnos diwetha?
8	Gawsoch chi frecwast heddiw?	I ble aethoch chi ar fws ddiwetha?	Beth oedd enw eich tiwtor Cymraeg cynta chi?	Dych chi wedi gwrando ar y radio heddiw?
9	Pryd codoch chi y bore 'ma?	Ble ro'ch chi'n aros ar eich gwyliau diwetha chi?	Pryd ro'ch chi ar lan y môr ddiwetha? Ble?	Beth wnaethoch chi y penwythnos diwetha?
10	Beth oedd ar y teledu neithiwr?	Ble cafodd eich mam chi ei geni?	Ble ro'ch chi nos Galan ddiwetha?	I ble aethoch chi ar eich gwyliau diwetha chi?
Jac	Beth oedd eich swydd ddiwetha chi?	Sut roedd y tywydd y penwythnos diwetha?	Ble cawsoch chi eich geni?	Beth oedd ar y teledu nos Sadwrn?
Brenhines	Ble gwnaethoch chi eich siopa Nadolig chi llynedd?	Pryd roedd eich dosbarth Cymraeg cynta chi?	Gyda phwy aethoch chi ar eich gwyliau diwetha chi?	Beth o'ch chi'n ei wneud pan o'ch chi'n ugain oed?
Brenin	Beth oedd eich car cynta chi?	Sut roedd y tywydd ar eich gwyliau diwetha chi?	I ble aethoch chi ar drên ddiwetha?	I ble aethoch chi ma's am bryd o fwyd ddiwetha?

Gyda'ch partner, ysgrifennwch frawddegau. Dilynwch y patrwm:

Marie Curie – menyw 1 – ennill gwobr Nobel. Marie Curie oedd y fenyw gynta i ennill gwobr Nobel.

1. Roger Bannister - person 1 - rhedeg milltir dan bedair munud

....

2. Matthew Webb – person 1 – nofio'r Sianel

....

3. Catherine Zeta-Jones – Cymraes 1 – ennill Oscar

....

4. Yuri Gagarin – person 1 – mynd i'r gofod

....

5. Geraint Thomas – Cymro 1 – ennill y Tour de France

....

6. Neil Armstrong – person 1 – cerdded ar y lleuad

....

7. Buzz Aldrin – person 2 – cerdded ar y lleuad

....

8. Ray Milland – Cymro 1 – ennill Oscar

....

9. Hugh Griffiths – Cymro 2 – ennill Oscar

....

Pan o'n i'n blentyn

Dysgais i <u>ddarllen</u> pan o'n i'n blentyn.

Dysgais i <u>yrru car</u> pan o'n i'n oedolyn ifanc.

Dysgais i <u>ddawnsio salsa</u> pan o'n i'n oedolyn.

Pan o'n i'n blentyn, ro'n i wrth fy modd yn <u>chwarae gyda doliau</u>.

Pan oedd hi'n blentyn, roedd mam wrth ei bodd yn <u>arlunio</u>.

Pan oedd e'n blentyn, roedd dad wrth ei fodd yn <u>chwarae pêl-droed</u>.

chwarae gyda doliau	reidio beic	gwersylla	chwarae gyda cheir bach
darllen	dawnsio bale	mynd i'r traeth	mynd i'r sinema
gwneud jig-so	lliwio	arlunio	chwarae pêl-droed
casglu sticeri	chwarae gyda Lego	gwylio cartwnau	chwarae yn y parc

Ynganu

Darllenwch y paragraff yn uchel gyda'ch partner.

"Pan o'n i'n blentyn, ro'n i wrth fy modd yn mynd gyda fy nheulu i'r maes carafanau ym Mhenrhyn Gŵyr ac yn gwersylla ger y traeth. Bob bore ro'n i'n mynd i'r traeth, yn palu'r tywod am oriau ac yn adeiladu castell tywod. Ro'n i'n cario dŵr y môr yn fy mwced bach coch i roi dŵr o gwmpas y castell. Wedyn ro'n i'n cael selsig a sglodion o'r siop Pysgod a Sglodion – ro'n i'n casáu pysgod! Ro'n i'n cysgu'n drwm bob nos ar ôl cael digon o awyr iach. Roedd hi'n heulog bob dydd – dw i'n siŵr o hynny!"

Gyda'ch partner, ysgrifennwch y paragraff eto:

Pan oedd Jac yn blentyn, roedd e..

....

....

....

....

....

....

Siaradwch

- Beth o'ch chi'n hoffi ei wneud ar lan y môr pan o'ch chi'n blentyn?
- Ble ro'ch chi'n mynd fel arfer?

Gwrando

Sgwrs rhwng mam-gu, (80 oed) tad (50 oed) a merch (20 oed).

	Mam-gu	Tad	Merch
bwyd			
darllen			
gwylio			
trip ysgol			

Siaradwch

Enw	hoff fwyd	cas fwyd	hoff losin	hoff raglen deledu

Gwledydd a'r bobl sy'n byw yno

Y wlad	Y dyn	Y fenyw	Y bobl	Yr iaith
Sbaen	Sbaenwr	Sbaenes	Sbaenwyr	Sbaeneg
Yr Eidal	Eidalwr	Eidales	Eidalwyr	Eidaleg
Yr Almaen	Almaenwr	Almaenes	Almaenwyr	Almaeneg
America	Americanwr	Americanes	Americanwyr	Saesneg
Yr Alban	Albanwr	Albanes	Albanwyr	Saesneg/ Gaeleg
Ffrainc	Ffrancwr	Ffrances	Ffrancwyr	Ffrangeg
Cymru	Cymro	Cymraes	Cymry	Cymraeg
Iwerddon	Gwyddel	Gwyddeles	Gwyddelod	Gwyddeleg
Lloegr	Sais	Saesnes	Saeson	Saesneg

Dysgwch y rhai sy'n ddefnyddiol i chi! Defnyddiol iawn os dych chi'n edrych ar rygbi neu bêl-droed ar S4C!

Llenwch y bylchau: Gofynnwch i'r tiwtor am help os dyw eich atebion chi ddim ar y rhestr.

Pan o'n i'n blentyn, ro'n i'n byw yn ....
Ro'n i'n siarad .... gartre.
Nawr, dw i'n byw yn ....
Dw i'n gallu siarad .... a ....
Dw i'n hoffi mynd ar wyliau i ....

Gwylio

Gwyliwch y fideo o bobl yn siarad am pan o'n nhw'n blant. Rhowch yr enw wrth y disgrifiad.

	helpu ar y fferm a chwarae pêl-droed
	chwarae ar y stryd, criced, pêl-droed, cuddio
	adrodd, canu, chwarae rownders
	gwneud llyfrau – gwneud llyfr allan o bapur, gwneud lluniau wedyn ysgrifennu stori
	crwydro'r coed, cerdded, mynd â'r ci am dro, garddio, gwneud dens
	mynd ar feic, cerdded, chwarae'r piano
	mynd ar feic a gwneud karate
	chwarae gyda'i brawd a'i chwaer, allan ac yn y tŷ

Pan oeddech chi'n blentyn, pa un o'r plant yma fasai eich ffrind chi? Pam?

Sgwrs

Eryl: Mae cystadleuaeth Corau Plant y Byd yn dod i Gymru ym mis Tachwedd.

Ceri: Cyffrous!

Eryl: Ydy, mae llawer o gorau yn cystadlu. Enillodd côr plant Abercastell yn Eisteddfod yr Urdd llynedd, felly fallai bydd rhai o'r plant eisiau aros gyda phlant Abercastell.

Ceri: Syniad hyfryd. Fallai bydd plant Abercastell yn gallu mynd i aros gyda nhw wedyn.

Eryl: Rhaid i ni gysylltu â'r ysgolion ein hunain. Mae rhestr o enwau'r athrawon yma: Claudine Macron o Bordeaux...

Ceri: Ffrances? Dw i ddim yn siŵr, 'dyn ni ddim yn siarad llawer o Ffrangeg.

Eryl: Beth am Franz Klinsmann o Berlin?

Ceri: Almaenwr? O na, 'dyn ni ddim yn siarad Almaeneg o gwbl! Ydy pob côr yn dod o Ewrop?

Eryl: Wel, mae rhai o Brydain, ond 'dyn nhw ddim angen aros dros nos. Beth am Crystal Kerry o Galiffornia?

Ceri: Americanes! W... Mae hi'n braf iawn yng Nghaliffornia! Ond rhaid i ni fod yn ofalus, basai trip yn ôl yn rhy ddrud.

Eryl: Beth am Ciaran O'Docherty?

Ceri: O ble mae e'n dod?

Eryl: O ardal Galway yn Iwerddon. Ac maen nhw'n siarad Gwyddeleg yn yr ysgol hefyd!

Ceri: Perffaith! A fasai Galway ddim yn rhy bell!

Eryl: Gallen ni hedfan o Gaerdydd neu gael cwch o Abergwaun.

Ceri: Bant â ni i Iwerddon, 'te!

Siaradwch

• Dych chi'n cofio trip ysgol neu daith i ffwrdd pan o'ch chi'n blentyn?

• Dych chi'n cofio plant o rywle arall yn aros gyda chi?

Siaradwch

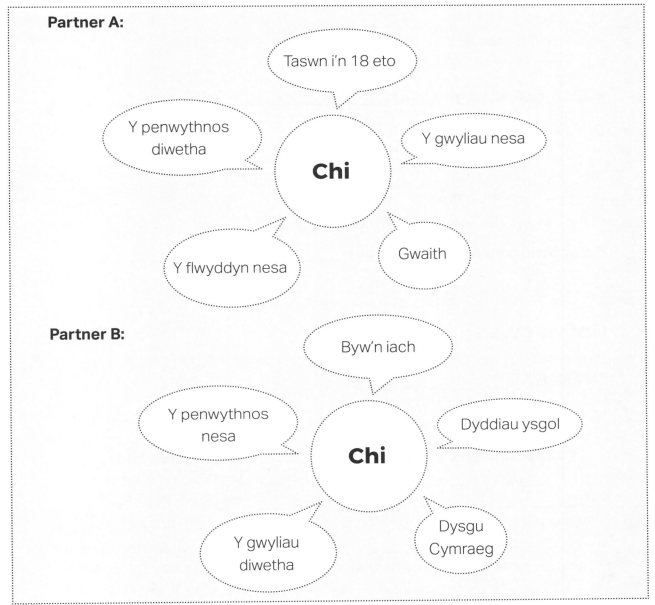

Partner A:

Taswn i'n 18 eto

Y penwythnos diwetha

Y gwyliau nesa

Chi

Y flwyddyn nesa

Gwaith

Partner B:

Byw'n iach

Y penwythnos nesa

Dyddiau ysgol

Chi

Y gwyliau diwetha

Dysgu Cymraeg

Gwrando

Gwrandewch ar y deialogau ac atebwch y cwestiynau.

1. Rhaid i Sam... (Ticiwch un)

a) fynd i'r ysbyty. ☐

b) deipio'r agenda. ☐

c) ffonio'r technegydd. ☐

ch) fynd i'r llyfrgell. ☐

2. Beth mae Sam eisiau? ....

3. Mae Aled eisiau...

a) bwyta ma's ☐
b) gweithio'n hwyr ☐
c) mynd i gyfarfod ☐
ch) mynd i nofio ☐

4. Ble mae Siân yn gweithio? _____

5. Mae John...

a) wedi anghofio am ei gyfarfod ☐
b) wedi colli'r trên ☐
c) wedi cysgu'n hwyr ☐
ch) wedi prynu cloc larwm newydd ☐

6. Sut bydd gwraig John yn helpu? _____

Gofyn cwestiynau

Partner A

Gofynnwch gwestiynau i'ch partner i gael yr wybodaeth i lenwi'r bylchau am y Clwb Darllen Cymraeg. Atebwch gwestiynau eich partner am Gwrs Yoga'r Haf.

Clwb Darllen Cymraeg	Cwrs Yoga'r Haf
i bobl sy'n _____	i bobl sy dros 50 oed.
Yn _____ Abercastell.	Ym Mharc Llanaber
Bob nos Fawrth am _____ o'r gloch.	(yn y neuadd os bydd glaw!)
Cyfarfod 1af:_____	Bob nos Iau o 6pm tan 7pm.
Byddwn yn darllen Llyfrau Amdani.	Dechrau nos Iau gyntaf Mehefin.
Dim ond £_____ y sesiwn.	Ffi: Dim ond £5 am 6 sesiwn.
Paned a bisged am ddim!	Tiwtor: Tom Huws
Cofrestrwch ar www.darllen.cymru	Cofrestrwch ar www.yoga.cymru

Partner B

Gofynnwch gwestiynau i'ch partner i gael yr wybodaeth i lenwi'r bylchau am Gwrs Yoga'r Haf. Atebwch gwestiynau eich partner am y Clwb Darllen Cymraeg.

Cwrs Yoga'r Haf
i bobl dros _____ oed.
Ym _____ Llanaber
(yn y neuadd os bydd glaw!)
Bob nos Iau o 6pm tan _____
Dechrau nos Iau gyntaf Mehefin.
Ffi: Dim ond £_____ am 6 sesiwn.
Tiwtor: _____
Cofrestrwch ar www.yoga.cymru

Clwb Darllen Cymraeg
i bobl sy'n dysgu Cymraeg.
Yn Llyfrgell Abercastell.
Bob nos Fawrth am 7 o'r gloch.
Cyfarfod 1af: Mehefin 10fed
Byddwn yn darllen llyfrau Amdani.
Dim ond £2 y sesiwn.
Paned a bisged am ddim!
Cofrestrwch ar www.darllen.cymru

Siaradwch

Dwedwch ddau beth am bob un o'r pynciau yma gan ddechrau eich brawddeg gynta chi gyda "Pan o'n i'n blentyn..." Gofynnwch un cwestiwn i'ch partner am bob pwnc.

dillad	anifeiliaid	hoff le	y tŷ	pen-blwydd	gwyliau
chwaraeon	ffrindiau	darllen	diddordebau	gwaith	defnyddio technoleg
bwyd	teledu neu radio	yr ardal	do'n i ddim yn hoffi....	cymdogion	siopa

Darllen

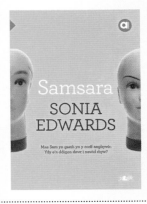

Dych chi nawr yn gallu darllen *Samsara* gan Sonia Edwards. Dych chi'n gallu prynu'r llyfr yn eich siop lyfrau leol neu ar www.gwales.com. Dyma'r clawr a'r paragraff cynta:

Mae'r peiriant coffi yn chwyrnu fel peth byw. Peth peryglus, sydd wedi bod yn cysgu'n rhy hir dan y ddaear. Rhywbeth sydd yn deffro tu ôl i'r cownter.

Robin Radio

a) Atebwch:

Sut mae'r tywydd yn Abercastell heddiw?

....

Ble roedd Anti Mair yn mynd ar wyliau pan oedd hi'n blentyn?

....

Pam?

....

b) Gwrandewch am:

does dim dwywaith	*there's no two ways about it*
o'r diwedd	*finally*
o hyn ymlaen	*from now on*

c) Cyfieithwch:

every morning   ....

Spring is coming.   ....

I had no idea.   ....

Help llaw

Dysgwch yr idiom. Yr ystyr yw hoffi rhywbeth yn fawr iawn.

wrth fy modd	wrth ein bodd(au)
wrth dy fodd	wrth eich bodd(au)
wrth ei fodd	wrth eu bodd(au)
wrth ei bodd	

Uned 26 – Adolygu – Y Dyfodol

Nod yr uned hon yw...
Adolygu'r dyfodol *Revising the future tense*

Geirfa

boch(au)	*cheek(s)*
fest(iau)	*vest(s)*
hances(i)	*handkerchief(s)*
modrwy(au)	*ring(s)*
poced(i)	*pocket(s)*
sianel(i)	*channel(s)*

arian parod	*change, cash*
blaen	*front*
botwm (botymau)	*button(s)*
cewyn(nau)	*nappy(-ies)*
gwaed	*blood*
gwregys(au)	*belt(s)*
tafod(au)	*tongue(s)*
trôns	*underpants*
twmpath dawns	*barn dance*

canol dydd	*midday*
heb sôn am	*not to mention*
hunan	*self*
rhyw fath	*some sort*
yn lle	*instead of, in the place of*

ceisio	*to try*
llwgu	*to starve*

clir	*clear*
glân	*clean*

Geiriau pwysig i fi...

Y Dyfodol

Bydda i <u>yn y tŷ</u> heno.
Af i <u>i'r dre</u> yfory.
Caf i <u>frechdan</u> i ginio yfory.
Gwnaf i <u>edrych ar y teledu</u> nos yfory.

A: Ble ewch chi dydd Sadwrn?   **B:** Af i i'r dre.
A: Beth wnewch chi yno?   **B:** Af i i Gaffi'r Cwm.
A: Beth gewch chi i yfed?   **B:** Caf i cappucino.
A: Beth gewch chi i fwyta?   **B:** Caf i fara brith.
A: Ble gwnewch chi eistedd?   **B:** Gwnaf i eistedd wrth y ffenest.

Newidiwch y ddeialog i sôn am Nerys, ac yna Nerys a Megan.

Gwylio

Gwrandewch ar y siaradwyr yn dweud beth fydd yn digwydd yn y dyfodol.
Ysgrifennwch enwau 3 o'r bobl a beth maen nhw'n ei ddweud.

Enw	Beth maen nhw'n ei ddweud?

Siaradwch â'ch partner – Dych chi'n cytuno?

Yna, ewch o gwmpas y dosbarth yn gofyn i bobl eraill. Rhowch X yn y blwch
'Cytuno' neu 'Anghytuno'.

Enw	Cytuno	Anghytuno
1.		
2.		
3.		

Siaradwch

cymdogion	anifeiliaid	hoff le	taswn i'n 18 oed eto....
chwaraeon	pan o'n i'n blentyn	darllen	diddordebau
bwyd	y gwyliau nesa	y dyfodol	dw i ddim yn hoffi....
byw'n iach	siopa	technoleg	dyddiau ysgol
y flwyddyn nesa	gwaith	dathlu	dillad
y penwythnos diwetha	teulu neu ffrindiau	yr ardal	teledu neu radio
y gwyliau diwetha	y tŷ	y penwythnos nesa	dysgu Cymraeg

Cyn y cwrs Canolradd

Gorffennwch y brawddegau yma gyda'ch partner. Sut byddwch chi'n gwella eich Cymraeg chi?

Gwnawn ni siarad ....

Gwnawn ni edrych ....

Gwnawn ni ddarllen ....

Gwnawn ni brynu ....

Dylen ni ....

Hoffen ni ....

Gallen ni ....

Sgwrs

Sipsi Rosa: Dewch i mewn.

Gwyn: Dw i ddim yn credu hyn, ond mae 'ffrind' wedi gofyn i fi ddod i weld beth dych chi'n ei ddweud ... fel ... 'bet'.

Sipsi Rosa: Dim problem, Gwyn, eisteddwch.

Gwyn: Waw! Sut roedd hi'n gwybod fy enw i?

Sipsi Rosa: Nawr 'te, Gwyn, beth yw'r broblem? Pam dych chi eisiau gwybod am y dyfodol?

Gwyn: Wel, dw i ddim yn rhy hapus yn y gwaith.

Sipsi Rosa: Does neb yn garedig wrth warden traffig, Gwyn.

Gwyn: Waw! Sut roedd hi'n gwybod beth yw fy ngwaith i?

Sipsi Rosa: Rhowch eich llaw chi i fi. Wel, Gwyn, byddwch chi'n cael swydd newydd cyn hir. Byddwch chi'n cwrdd â llawer o bobl hyfryd iawn.

Gwyn: Beth fydda i'n ei wneud, Sipsi Rosa?

Sipsi Rosa: Byddwch chi'n diwtor Cymraeg. Byddwch chi'n gweithio yn Nant Gwrtheyrn! Wedyn, ar ôl blwyddyn, byddwch chi'n ennill y loteri.

Gwyn: Ond dw i ddim yn gwneud y loteri.

Sipsi Rosa: Cewch chi docyn yn anrheg gan un o'r dysgwyr. Wedyn, byddwch chi'n priodi'r dysgwr yna ac yn prynu tŷ yn y Mwmbwls.

Gwyn: Waw! Mae angen ennill y loteri i brynu tŷ yn y Mwmbwls.

Sipsi Rosa: Byddwch chi'n ymddeol yn gynnar, a byddwch chi'n byw'n hapus am byth ar lan y môr.

Gwyn: Wel, diolch i chi Sipsi Rosa, dw i'n mynd i ffonio'r Ganolfan Iaith yn syth!

Sipsi Rosa: Weithiau mae hyn yn rhy hawdd. Clywais i ffrind Gwyn yn dweud ei enw e tu allan, doedd dim modrwy briodas gyda fe, ac roedd e'n gwisgo ei wisg Warden Traffig! Ond dych chi byth yn gwybod beth fydd yn digwydd yn y dyfodol!

Gwrando

Neges 1

Oddi wrth: .... i : ....

Bydd hi'n cael prawf gwaed ....

Ddylai hi ddim .... cyn y prawf.

Rhaid iddi hi fod yn y Ganolfan Iechyd erbyn ....

Neges 2

Oddi wrth: .... i : ....

Mae e wedi bod ....

Mae e eisiau ....

Rhaid iddi hi fynd i'r ....

Neges 3

Oddi wrth: .... i : ....

Mae .... wedi torri.

Mae hi angen .... i'r ymwelwyr.

Does dim .... gyda John.

Neges 4

Oddi wrth: .... i : ....

Mae'r plant yn .... ar hyn o bryd.

Rhaid iddyn nhw .... yn y car.

Bydd angen prynu ....

Ysgrifennu

Ysgrifennwch y nodiadau yma gyda'ch partner chi.

1. Annwyl ....,

Dw i'n mynd i golli dy barti .... di, mae'n ddrwg gyda fi. Dw i'n

mynd ar wyliau i ....gyda ....

Gwnaf i brynu .... yn anrheg i ti! A 'dyn ni'n gallu mynd ma's

am .... pan fydda i gartre!

Hwyl a mwynha'r dathlu,

....

2. Annwyl .... ,

Sut wyt ti? Wyt ti'n gallu dod i aros gyda ni y penwythnos nesa?

Byddwn ni'n mynd i'r.. nos Wener ac yna'n cael bwyd yn

.... os byddwn ni'n llwgu! Hoffen ni fynd i'r sinema dydd

Sadwrn. 'Dyn ni eisiau gweld ....

Bydd ein .... ni'n dod ma's gyda ni nos Sadwrn. Ac wedyn,

beth am .... cyn i ti fynd adre dydd Sul?

Cofion,

....

Adolygu – Gêm o Gardiau

	♠	♦	♣	♥
A	Ble ewch chi ar wyliau nesa?	Sut byddwch chi'n dathlu eich pen-blwydd nesa chi?	Fyddwch chi'n prynu car yn y pum mlynedd nesa?	Fyddwch chi'n prynu rhywbeth newydd 'technolegol' cyn bo hir
2	Ble ewch chi ar drên nesa?	Fyddwch chi'n smwddio dros y penwythnos?	Sut bydd y tywydd yfory?	Fyddwch chi'n siarad â'r cymdogion yn ystod y mis nesa?
3	Pryd ewch chi i Lundain nesa?	Fyddwch chi'n ceisio bwyta'n iach y penwythnos yma?	Oes hoff le gyda chi yng Nghymru? Fyddwch chi'n mynd yno cyn bo hir?	Dych chi'n meddwl byddwch chi'n rhedeg marathon yn y dyfodol?
4	Fyddwch chi'n ffonio rhywun heddiw?	Fyddwch chi'n mynd am dro y penwythnos yma?	Fyddwch chi'n symud o'r ardal yma yn y dyfodol?	Pryd ewch chi ma's nesa?
5	Pen-blwydd pwy fyddwch chi'n dathlu nesa?	Fyddwch chi'n siopa ar-lein yr wythnos yma?	Fyddwch chi'n coginio yfory?	Sut byddwch chi'n cadw'n heini dros y mis nesa?
6	Fyddwch chi'n dringo'r Wyddfa yn y dyfodol?	Llun pwy fydd yn y papurau newydd yfory?	Fyddwch chi'n prynu car trydan yn y dyfodol?	Fyddwch chi'n garddio y penwythnos yma?
7	Fyddwch chi'n edrych ar y teledu heno?	Beth wnewch chi y penwythnos nesa?	Fyddwch chi'n gweithio dydd Llun nesa?	Fyddwch chi'n gwylio gêm rygbi nesa Cymru?
8	Beth gewch chi i swper nos yfory?	Pryd ewch chi ar wyliau nesa?	Fyddwch chi'n edrych ar eich ffôn/ tabled chi cyn mynd i gysgu heno?	Sut byddwch chi'n dathlu'r Nadolig?
9	Fyddwch chi'n prynu paneli solar yn y dyfodol?	Fydd rhywun yn y teulu'n gwneud rhywbeth diddorol cyn hir?	Beth wnewch chi yfed ar ôl y dosbarth?	Beth wnewch chi weld ar y teledu dros y penwythnos?
10	Gyda phwy ewch chi ar wyliau nesa?	Sut byddwch chi'n byw'n fwy iach yn y dyfodol?	Ble byddwch chi'n prynu dillad newydd nesa?	Beth gewch chi i ginio dydd Nadolig?
Jac	Fyddwch chi'n gwneud gwaith ar y tŷ cyn hir?	Ble ewch chi ar ôl y dosbarth?	Fyddwch chi'n symud tŷ yn y deg mlynedd nesa?	Pryd byddwch chi'n mynd i'r archfarchnad nesa? Pa un?
Brenhines	Pwy fydd yn y newyddion y flwyddyn nesa?	Fydd rhywbeth newydd yn dod i'r ardal cyn hir?	Fyddwch chi'n edrych ar chwaraeon yn ystod y mis nesa?	Beth fydd rhaid i chi ei wneud dros y penwythnos?
Brenin	Pryd byddwch chi'n gwrando ar y radio nesa? Ar bâ orsaf radio?	Fyddwch chi'n gwneud gwaith tŷ dros y penwythnos?	Fyddwch chi'n gwneud y cwrs Canolradd nesa?	Beth gewch chi i frecwast bore fory?

Sgwrs

Diwedd y cwrs

Tiwtor: Reit, dyma ni unwaith eto! Dosbarth ola'r cwrs Sylfaen. Llongyfarchiadau i bawb! 'Dyn ni wedi gorffen y cwrs!

Dosbarth: Hwrê!

Tiwtor: Cyn i ni fynd i'r Twmpath Dawns i ddathlu, rhaid i chi lenwi ffurflen eto eleni am y cwrs.

Dosbarth: Oes rhaid i ni?

Tiwtor: ....! Gaf i wneud ymarfer bach yn gynta?

Dosbarth: .... , os oes rhaid.

Tiwtor: Dych chi wedi mwynhau'r cwrs Sylfaen?

Dosbarth: .... , wrth gwrs.

Tiwtor: Fwynheuoch chi siarad am bob math o bynciau gwahanol?

Dosbarth: .... , wrth gwrs.

Tiwtor: Fasech chi'n dweud wrth ddysgwr arall am wneud y Cwrs Sylfaen?

Dosbarth: .... , wrth gwrs.

Tiwtor: Oedd y cwrs yma'n ddiddorol?

Dosbarth:................................ , wrth gwrs.

Tiwtor: Fyddwch chi'n gwneud y cwrs Canolradd nesa?

Dosbarth: .... , wrth gwrs.

Tiwtor: Wnewch chi ymarfer Cymraeg cyn y cwrs nesa?

Dosbarth: .... , wrth gwrs.

Tiwtor: Ddylech chi edrych ar S4C bob wythnos?

Dosbarth: .... , wrth gwrs.

Tiwtor: Fydd Radio Cymru yn eich ceir chi bob dydd?

Dosbarth: .... , wrth gwrs.

Tiwtor: Oes cwestiwn gyda chi?

Dosbarth: .... , dim byd.(x)

Tiwtor: Dych chi eisiau ffurflen gofrestru i'r cwrs nesa?

Dosbarth: .... , wrth gwrs.

Tiwtor: Da iawn chi – bant â ni i'r Twmpath nawr!

Robin Radio

a) Atebwch:

Pam mae Robin yn drist?

....

Pwy sy'n dweud dylai Anti Mair ymddeol?

....

Beth yw newyddion Llinos?

....

b) Gwrandewch am:

Gaf i air?   *Can I have a word?*

ar glo   *locked up*

Coda dy galon!   *Cheer up! (lit: lift up your heart!)*

c) Cyfieithwch:

What's the matter?

....

There's not enough money.

....

It will be very sad.

....

Revision3   Adverbs2

Uned Arholiad

Mae 4 rhan i'r arholiad Sylfaen.

1. Darllen a deall a bylchau (15%)
2. Ysgrifennu (15%)
3. Gwrando (20%)
4. Siarad. (50%)

Mae'r marciau allan o 400.
Mae'r arholiad fel arfer yn dechrau am 9.30 yn y bore. Mae tasgau 1-3 yn y bore, a 4 yn y prynhawn.

1. Darllen a deall a bylchau (40 munud)

Byddwch chi'n gwneud 3 tasg.

i. Darllen erthygl ac ateb cwestiynau.
Mae'r cwestiwn yma yn y **Gwaith cartref** yn unedau 16, 18, 21, 23 a 25.

ii. Adnabod ergyd (*gist*) neges
Mae'r cwestiwn yma yn y **Gwaith cartref** yn unedau 20, 22 a 24. Gweithiwch gyda'ch partner i ddarllen y negeseuon yma a gwneud y dasg.

Dewiswch y pennawd mwya tebygol i bob neges ebost.
Mae dau bennawd ychwanegol amherthnasol.

Choose the most likely heading for a subject for each email message.
There are two irrelevant headings.

	Pwnc	Rhif neges
a.	Newid dyddiad	
b.	Dathlu	
c.	Swyddfa'n cau	
ch.	Angen help	
d.	Cwrs newydd	
dd.	Casglu at achos da	

Neges 1

Oddi wrth: Catrin

At: Meic

Pwnc: _____

Bore da. Rhaid i fi fynd ar gwrs cyfrifiaduron yr wythnos nesa o ddydd Llun i ddydd Mercher, yn anffodus. Wnei di ofalu am y staff newydd am dri diwrnod? Sori bod hyn wedi codi, ond does neb arall ar gael. Anfona neges os yw hynny'n iawn. Diolch yn fawr. Bydda i'n dathlu pan fydd y cwrs 'ma wedi gorffen.

Cathryn

Neges 2

Oddi wrth: Elin

At: Y Staff

Pwnc: _____

Helô bawb. Byddwch chi'n cofio bod cyfarfod i siarad am ddyfodol y project i fod dydd Gwener nesa, ond mae parti dathlu pen-blwydd Gwyn ar y diwrnod hwnnw. Felly, mae'r pennaeth wedi penderfynu symud y cyfarfod i'r trydydd o Fai. Wnewch chi nodyn yn eich dyddiaduron, os gwelwch chi'n dda? Gan fod y swyddfa ar gau dydd Llun, mae hynny'n well i bawb, dw i'n meddwl.

Elin

Neges 3

Oddi wrth: Dafydd

At: Y Staff

Pwnc: _____

Prynhawn da. Dw i'n ysgrifennu ar ran cymdeithas y staff. Yn ein cyfarfod prynhawn ddoe, penderfynon ni godi arian i helpu'r bobl ddigartref yn y dre. Bydd Sam Jones yn dod o gwmpas ag amlen heddiw ac yfory, ac mae croeso i chi roi unrhyw beth. Fel dych chi'n gwybod, mae hyn yn broblem fawr yn Aberheli ar hyn o bryd. Diolch i Sam am ei help.

Dafydd

Neges 4

Oddi wrth: Alun

At: Y Staff

Pwnc: _____

Bore da. Dych chi eisiau dysgu mwy am eich pensiwn, a sut i reoli eich arian? Mae Enid Jones o *ThinkFinance* yn dod i wneud pedair sesiwn yma yn ein swyddfa ni i'n helpu ni i ddysgu mwy. Dyma'r tro cynta i ni wneud rhywbeth fel hyn, felly os dych chi eisiau dod i'r hyfforddiant, anfonwch ebost ata i. Bydd y sesiwn gynta ar fore dydd Gwener 3 Gorffennaf, rhwng 8 a 9 o'r gloch, yn yr ystafell gyfarfod.

Diolch! Alun

iii. Llenwi bylchau
Gyda'ch partner, llenwch y bylchau.

1.   Mae heddiw yn .... (oer) na ddoe.
2.   Mae hi'n gweithio yno ers pum .... (blwyddyn).
3.   .... (gwneud) nhw ddim byd neithiwr.
4.   Twm yw enw fy .... (brawd) i.
5.   .... nhw yn yr ysgol yfory?
6.   Edrychwch .... (ar) nhw!
7.   Yng Nghaerdydd mae'r Senedd? .... (√)
8.   .... hi ddim yn braf ddoe.
9.   .... (troi) i'r dde ar ôl yr ysbyty, os gwelwch chi'n dda.
10. John yw'r person .... (hen) yn y dosbarth.
11. Aethoch chi i weld y cyngerdd ddoe? .... (√)
12. Dw i'n hoffi pêl-droed...dw i wrth fy .... yn mynd i weld y tîm yn chwarae.

Nawr, llenwch y bylchau yma.

1.   Mae heddiw yn .... (sych) na ddoe.
2.   Mae hi'n gweithio yno ers tair .... (blwyddyn)
3.   .... (gwneud) ti ddim byd neithiwr.
4.   Dafydd yw enw fy .... (tad) i.
5.   .... di yn yr ysgol yfory?
6.   Gwrandewch .... (ar) hi!
7.   Ydy'r plant yn yr ysgol heddiw? .... (√)
8.   .... hi ddim yn braf heddiw.
9.   .... (rhedeg) ar ôl y bêl os dych chi eisiau sgorio.
10. Y Llew Du yw'r bwyty .... (da) yn yr ardal.
11. Fasech chi'n hoffi paned? .... (X)
12. Mae hi wrth ei .... yn mynd i'r theatr.

2. Ysgrifennu (40 munud)

Byddwch chi'n gwneud 2 dasg:

i. Ysgrifennu neges rhwng 40 a 50 o eiriau. Ysgrifennwch y neges bydd eich tiwtor yn ei dweud yma:

....
....
....
....

Mae'r dasg yma yn y **Gwaith cartref** yn unedau 10, 14, 22 a 23.

ii. Tasg 2 yw ysgrifennu ebost rhwng 70 ac 80 o eiriau.

Gyda'ch partner, edrychwch ar y dasg yma ac ysgrifennwch neges ebost gyda'ch gilydd. Mae'r dasg yma yn y **Gwaith cartref** yn unedau 18, 19, 21 a 24.

Dych chi wedi derbyn y neges ebost yma. Atebwch yr ebost, gan ymateb i'r cwestiynau i gyd. Ysgrifennwch rhwng 70 ac 80 o eiriau.

You have received this email message. Answer the message, responding to all of the questions. Write between 70 and 80 words.

At:

Oddi wrth: Helen

Pwnc: Taith y dosbarth

Dwedodd rhywun wrtho i dy fod ti wedi mynd ar daith gyda'r dosbarth Cymraeg yr wythnos diwetha. Dw i eisiau trefnu taith i'r grŵp arall cyn bo hir, felly wyt ti'n gallu helpu?

-      I ble aeth eich grŵp chi?

-      Arhosoch chi am fwyd?

-      Fasai'r daith yn dda i'r grŵp arall?

Diolch am unrhyw syniadau!

Helen

....

....

....

....

....

....

....

....

....

....

....

....

....

....

3. Gwrando (tua 40 munud)

Byddwch chi'n gwneud 3 tasg. Byddwch chi'n clywed pob eitem 3 gwaith.

i. Negeseuon ffôn

Neges 1

Oddi wrth: .... i: ....

Bydd y teledu'n cyrraedd am 10 o'r gloch dydd ....
Os fydd neb gartre, rhaid ffonio'r rhif yma ....
Mae angen iddo fe symud ei .... cyn y bore.

Neges 2

Oddi wrth: .... i: ....

Bydd y cwrs Sbaeneg yn dechrau...
Dyddiad   ....
Amser   ....
Ystafell   ....

Neges 3

Oddi wrth: .... i: ....

Heno, bydd hi'n gweld ....
Bydd hi'n mynd i'r clwb mewn ....
Rhaid iddo fe gofio cadw'r drws cefn ....

ii. Eitem o'r radio

1.   Y rhaglen nesaf fydd...
a.   y tywydd.
b.   bwletin traffig.
c.   newyddion.
ch.   chwaraeon.

2.   Mae Alan Davies yn...
a.   athro.
b.   chwaraewr rygbi.
c.   blismon.
ch.   chwaraewr pêl-droed.

3.   Ddoe, roedd hi'n ...
a.   bwrw glaw.
b.   oer.
c.   wyntog.
ch.   braf.

4.   Y llynedd, roedd mab Alan Davies ...
a.   yn gweithio gyda'i dad.
b.   yn well.
c.   yn chwarae pêl-droed.
ch.   yn dost.

5.   Ar Ynys Môn, ...
a.   cafodd/gaeth Alan ei eni.
b.   bydd e'n canu.
c.   bydd e'n dechrau'r daith.
ch.   bydd e'n chwarae pêl-droed.

6.   Mae e'n cerdded ...
a.   gyda ffrind.
b.   gyda llawer o bobl eraill.
c.   ar ei ben ei hunan.
ch.   gyda'r ci.

iii. Prif neges mewn sgwrs

Sgwrs 1

1.1 Mae'r dyn eisiau mynd...

a.	i dŷ ffrind.	
b.	i siop Oxfam.	
c.	i'r banc.	
ch.	i'r dafarn.	

1.2 Bydd e'n cyrraedd yno erbyn ....

Sgwrs 2

2.1 Does dim llawer o arian gyda nhw achos ...

a.	'dyn nhw ddim yn siŵr beth i'w brynu.	
b.	mae pawb yn casáu Monica.	
c.	ro'n nhw'n hwyr yn dechrau casglu.	
ch.	doedd dim llawer o bobl yn nabod Monica.	

2.2 Maen nhw wedi penderfynu prynu ....

Sgwrs 3

3.1 Roedd hi'n meddwl bod y cyngerdd ...

a.	yn rhy ddrud..	
b.	yn ardderchog.	
c.	yn ofnadwy.	
ch.	yn rhy hir.	

3.2 Fasai hi ddim yn mynd eto achos ....

Sgwrs 4

4.1 Fydd Elisabeth ddim yn yr ysgol achos ...

a.	mae hi'n mynd i weld ei mam-gu.	
b.	mae hi'n dost.	
c.	mae hi'n mynd i'r traeth.	
ch.	mae hi'n mynd i Blackpool.	

4.2 Faint o blant sy gyda'r dyn? ....

4. Siarad (tua 10 munud)

Byddwch chi'n cael amser i gael cyfweliad 1-1 gyda'r cyfwelydd yn y prynhawn. Mae tair tasg:

i. Cael gwybodaeth
ii. Siarad amdanoch chi eich hun
iii. Gofyn cwestiynau i'r cyfwelydd

i. Yn gyntaf, byddwch chi'n edrych ar hysbyseb fel hon ac yn gofyn cwestiynau i'r cyfwelydd i gael gwybod beth sy yn y pum bwlch (gap). Dyma rai cwestiynau i'ch helpu chi.

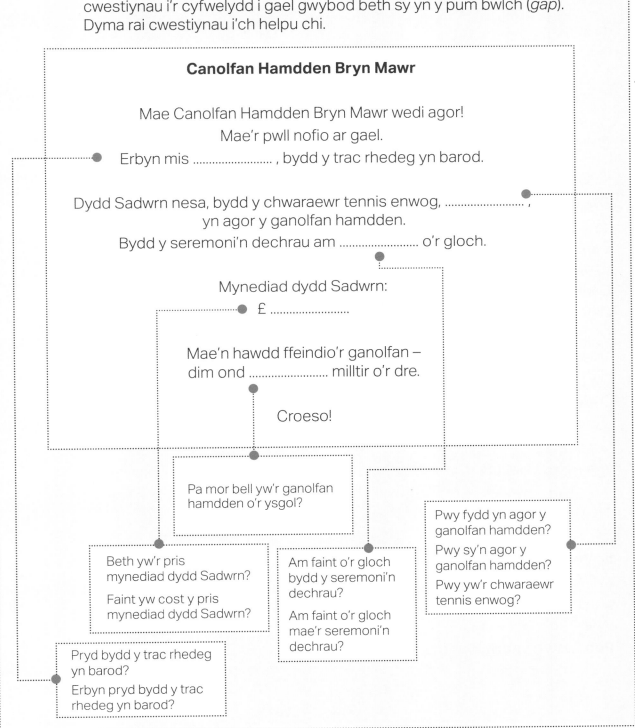

ii. Wedyn, bydd y cyfwelydd yn gofyn i chi ddewis cerdyn. Bydd y cerdyn yn edrych fel hyn:

Cerdyn A

Teledu neu radio

Y flwyddyn nesa

Chi

Byw'n iach

Cymdogion

Gwyliau diwetha

Rhaid i chi ddweud tipyn bach am bob un o'r pum pwnc. Bydd y pynciau'n dod o'r rhestr yma:

Anifeiliaid	Y gwyliau nesa
Bwyd	Hoff le
Byw'n iach	Pan o'n i'n blentyn...
Cymdogion	Siopa
Chwaraeon	Taswn i'n 18 oed eto...
Darllen	Technoleg
Dathlu	Teithio
Diddordebau	Teledu neu radio
Dillad	Teulu neu ffrindiau
Dw i ddim yn hoffi...	Y flwyddyn nesa
Dyddiau ysgol	Y penwythnos diwetha
Dysgu Cymraeg	Y penwythnos nesa
Gwaith	Y tŷ
Y gwyliau diwetha	Yr ardal

'Dyn ni wedi bod yn trafod y pynciau yma i gyd yn y dosbarth.

iii. Wedyn rhaid i chi ddewis **un** o'r pynciau ar y cerdyn a gofyn cwestiynau i'r cyfwelydd. Mae'n bwysig gwrando yn ofalus ar beth mae hi/e'n ei ddweud a gofyn cwestiynau call (*sensible*) sy'n codi yn naturiol o'r ateb.

Pob lwc yn yr arholiad!

Gwaith cartref – Uned 1

1.   Atebwch mewn brawddeg (*Answer in a sentence*):

i. Beth yw dy enw di?..
....

ii. Ble rwyt ti'n byw?..
....

iii. O ble rwyt ti'n dod?..
....

iv. Beth yw dy waith di?...
....

v. Beth wyt ti'n hoffi?..
....

vi. Beth dwyt ti ddim yn lico?..
....

vii. Ble est ti yr wythnos diwetha?..
....

viii. Beth wnest ti yno?...
....

2.   Siopa – Gorffennwch y brawddegau (*Finish the sentences*):

Yr wythnos diwetha prynais i .... yn..
Dw i'n siopa am fwyd fel arfer yn ....
Rhaid i fi brynu... newydd.
Yr wythnos nesa bydda i'n prynu...

3.   Atebwch:

Wyt ti'n siopa mewn archfarchnad? (✓)   ....
Ydy'r babi mewn meithrinfa? (✗)   ....
Oes sedd gyda ti? (✓)   ....
Gyrhaeddaist ti'r diwedd? (✓)   ....
Oedd hi'n gyfleus? (✗)   ....
Fyddwch chi'n dod i'r parti? (✗)   ....

4. Geirfa

Beth yw Tesco a Lidl?...

Beth mae babi'n ei wneud cyn cerdded?...

Beth yw lluosog lle?..

Mae siop y gornel yn .... i brynu llaeth.

5. Ysgrifennwch baragraff am 'Siopa'.

....

....

....

....

....

....

....

....

Gair gan y tiwtor:

....

....

....

....

....

....

....

Gwaith cartref – Uned 2

1.   Parwch y cwestiwn a'r ateb.

i. Beth sy'n digwydd dros y penwythnos?

ii. Wyt ti'n nabod rhywun sy wedi bod yn Las Vegas?

iii. Faint o bobl sy'n byw drws nesa?

iv. Pwy sy'n dysgu'r dosbarth yr wythnos nesa?

v. Beth sy'n bod ar Jac?

vi. Wyt ti'n nabod rhywun sy'n gallu helpu nos yfory?

vii. Faint o bobl sy'n mynd i'r Sadwrn Siarad?

viii. Pwy sy'n canu yn y cyngerdd?

a. Mae teulu o bump.

b. Mae tua phum deg yno fel arfer.

c. Dw i ddim yn nabod neb sy wedi bod yno.

ch. Mae pawb yn brysur.

d. Mae ffair yn neuadd y pentre.

dd. Mae annwyd arno fe.

e. Mae rhywun newydd yn perfformio.

f. Mae tiwtor newydd yn dod.

2.   Cyfieithwch (*Translate*)

i.   *Who comes from Aberystwyth?*

....

ii.   *I know someone who comes from Aberystwyth.*

....

iii.   *Who wants to work here?*

....

iv.   *I know someone who wants to work here.*

....

v.   *Who lived in London?*

....

vi.   *I have a cousin who lived in London.*

....

vii.   *Who will be working on Christmas Day?*

....

viii.   *I know someone who will be working on Christmas Day.*

....

3. **Pwy dych chi'n nabod? Dilynwch y patrwm (Follow the pattern):**

Dw i'n nabod rhywun sy'n gyrru Mercedes. > Dw i'n nabod rhywun sy'n gyrru Porsche.

i. Dw i'n nabod rhywun sy'n gyrru Mercedes.

....

ii. Dw i'n nabod rhywun sy'n prynu bwyd yn Waitrose.

....

iii. Mae ffrind gyda fi sy'n gallu dawnsio salsa.

....

iv. Mae ffrind gyda fi oedd yn nabod John Lennon.

....

4. **Ysgrifennwch baragraff personol 'Chwaraeon'.**

....

....

....

....

....

....

Gair gan y tiwtor:

....

....

....

Gwaith cartref – Uned 3

1.   Beth yw'r cwestiwn?

e.e. Ble basech chi'n hoffi mynd ar wyliau?   Majorca

i. ....   Las Vegas.

ii. ....   cinio rhost gyda chig oen.

iii. ....   Prosecco, os gwelwch yn dda.

iv. ....   yng Nghaerdydd.

2.   Atebwch mewn brawddeg lawn yn defnyddio BASWN ac ati:

i. Ble basech chi'n hoffi mynd ar wyliau?

....

ii. Pryd basech chi'n hoffi codi bore fory?

....

iii. Gyda phwy basech chi'n hoffi cael paned bore fory?

....

iv. Ble basech chi'n hoffi mynd ma's i fwyta?

....

v. Beth fasech chi'n hoffi wneud dydd Sul nesa?

....

3.   Ysgrifennwch frawddegau sy'n dechrau gyda 'Mae'n well gyda fi...'

Dw i'n hoffi ...., ond mae'n well gyda fi ....

....

....

4.   Ysgrifennwch baragraff personol 'Dysgu Cymraeg'.

....

....

....

....

....

....

Gair gan y tiwtor:

....

....

....

....

....

....

....

Gwaith cartref – Uned 4

1.   Gorffennwch y brawddegau:

i.   Baswn i'n lico ....

ii.   Tasai amser gyda fi, ...

iii.   Taswn i'n ennill y loteri, ...

2.   Cyfieithwch:

i.   *I would go to the class if I could.*

....

ii.   *I'd come out if I had money.*

....

iii.   *What would they do if it rained?*

....

iv.   *We'd move if we retired.*

....

v.   *If I had time, I would learn to dance salsa.*

....

**3.   Ysgrifennwch dair brawddeg yn dechrau gyda
        'Taswn i'n un deg wyth eto..."**

i.   ....

ii.   ....

iii.   ....

4. **Edrychwch ar y pedair hysbyseb yn yr uned eto. Atebwch:**

i. Pa ddosbarth sy ddim yn neuadd y ganolfan hamdden?

....

ii. Pwy sy ddim yn gallu mynd i'r cwrs ioga?

....

iii. Pam dych chi ddim yn gallu gwneud y dosbarth dawnsio bol a'r dosbarth nofio?

....

iv. Pa un yw'r cwrs hira *(longest)*? (wythnosau)

....

v. Pa gwrs sy'n dechrau gynta? (y dyddiad/*the date*)

....

5. **Ysgrifennwch baragraff am eich diddordebau.**

....

....

....

....

....

....

Gair gan y tiwtor:

....

....

Gwaith cartref – Uned 5

1.   Atebwch

i.   Ble cest ti/gest ti dy eni? ....

ii.   Pryd cest ti/gest ti dy eni? ....

iii.   Ble cest ti/gest ti dy fagu? ....

iv.   Ble cafodd/gaeth dy fam ei geni? ....

v.   Ble cafodd/gaeth dy dad ei eni? ....

vi.   Ble cawson nhw/gaethon nhw eu magu? ....

2.   Pwy yw e?

Cafodd e ei eni yn Stratford upon Avon yn 1564.
Cafodd e ei fagu yno hefyd.
Priododd e Anne Hathaway.
Roedd tri o blant gyda nhw.
Ysgrifennodd e dri deg naw drama.
Buodd e farw yn 1616.
Pwy yw e? ....

3.   Ysgrifennwch dair neu bedair brawddeg am rywun enwog yn dweud ble cafodd e ei eni, ei fagu/cafodd hi ei geni, ei magu, ac un neu ddau beth arall.

....

....

....

....

....

....

4. **Llenwch y grid**

mam	m........u	t.....d	tadau
chwaer	ch................dd	brawd	b....................r
merch	m....................d	mab	m........................n
c....................r	cyfnitherod	cefnder	c........................d

5. Ysgrifennwch **y** neu **yr** o flaen y geiriau yma:

.... acen

.... ffeil

.... twpsyn

.... ysgol

.... pwysau

.... ysgariad

.... oes

.... crys

Gair gan y tiwtor:

....

....

....

....

....

....

....

....

Gwaith cartref – Uned 6

1.   Edrychwch eto ar fideo Aberdaron. Atebwch:

Beth dych chi'n gallu ei wneud yn .... (eich ardal chi)?

i.   pan mae'r tywydd yn braf

....

ii.   pan mae'r tywydd yn wlyb

....

iii.   os oes plant oedran ysgol gyda chi

....

Beth fasech chi'n hoffi ei weld yn eich ardal chi?

....

2.   Erbyn yr wythnos nesa, meddyliwch am daith bws yn dechrau o le mae'r dosbarth, yn mynd i bedwar lle diddorol yn yr ardal ac yn ôl i'r dosbarth. Yr wythnos nesa byddwch chi'n gweld lle mae pawb wedi dewis.

Y dosbarth

i.   ....

ii.   ....

iii. ....

iv. ....

Yn ôl i'r dosbarth

3.   Atebwch *yes* bob tro:

i. Fasech chi'n hoffi symud tŷ? ....

ii. Fasen nhw'n hoffi aros gartre? ....

iii. Dych chi'n hoffi aros gartre? ....

iv. Ydy e'n hoffi mynd ma's? ....

v. Aeth e ma's neithiwr? ....

vi. O't ti yn y tŷ neithiwr? ....

vii. Oedd hi'n oer? ....

viii. Fydd hi'n oer yfory? ....

ix. Fydd y plant yn yr ysgol? ....

x. O'ch chi'n hoffi'r ysgol? ....

xi. Fasech chi'n hoffi paned nawr? ....

4.   **Ysgrifennwch baragraff am yr ardal.**

....

....

....

....

....

....

....

Gair gan y tiwtor:

....

....

....

....

....

....

....

Gwaith cartref – Uned 7

1. **Newidiwch** yr enw yn rhagenw (**fe/hi/nhw**). Dilynwch y patrwm:

i. Dw i'n meddwl bod John yn gerddorol. > Dw i'n meddwl ei fod e'n gerddorol.

ii. Dw i'n meddwl bod Jac yn ddoniol. ....

iii. Dw i'n meddwl bod Rhian yn brysur heno. ....

iv. Dw i'n meddwl bod y plant yn swnllyd. ....

v. Dw i'n meddwl bod y tiwtor yn amyneddgar. ....

vi. Dw i'n meddwl bod Cara'n siarad Eidaleg. ....

vii. Dw i'n meddwl bod Gareth a Dafydd yn mwynhau gwyddoniaeth. ....

2. **Cyfieithwch:**

i. *I think the film is exciting.* ....

ii. *I think bara brith is tasty.* ....

iii. *I thought semolina was awful.* ....

iv. *I thought jelly was great.* ....

v. *I thought maths was easy.* ....

vi. *I thought art was difficult.* ....

3. **Atebwch y cwestiynau** (tua thair brawddeg/*about three sentences*):

i. Beth dych chi'n ei hoffi ar y teledu?

ii. Pryd aethoch chi i'r sinema ddiwetha?

iii. Dych chi'n gwrando ar y radio?

4. **Erbyn yr wythnos nesa, edrychwch ar un rhaglen ar S4C ac ysgrifennwch bum brawddeg am y rhaglen.** Beth oedd y rhaglen? Beth o'ch chi'n feddwl o'r rhaglen?

Gair gan y tiwtor:

Gwaith cartref – Uned 8

1.   Llenwch y bylchau:

i. Wyt ti'n gweithio .... Cyngor? Ydw, dwi'n gweithio .... nhw ers 1990!

ii. Anfonais i neges .... nhw neithiwr.

iii. Dwyt ti ddim yn gwrando .... i.

iv. Gofynnaist ti .... hi am help, gobeithio.

v. Pan wyt ti'n anfon y cerdyn .... Ann, cofia fi .... hi.

vi. 'Dyn ni'n gallu dibynnu .... nhw.

vii. Gofynnwch .... hi, mae hi'n gwybod yr ateb!

viii. Wyt ti wedi gofyn .... fe eto?

ix. Mae e'n dwlu .... fwyd Eidalaidd!

x. Gofynnais i .... nhw anfon y bil .... chi ddoe.

2.   Cyfieithwch:

i. *I can ask him.* ....

ii. *Did he ask you?* ....

iii. *I wrote to him but he didn't answer.* ....

....

iv. *I will be sending you the bill tomorrow.* ....

....

v. *I would listen to them every day.* ....

....

3. Dych chi eisiau prynu anrheg i'r tiwtor. Dwedwch pa lyfr dych chi'n meddwl basai fe/hi yn ei hoffi, a pham.

....

....

....

4. Ysgrifennwch baragraff personol: 'Darllen'

....

....

....

....

....

....

....

Gair gan y tiwtor:

....

....

....

....

....

....

....

Gwaith cartref – Uned 9

1.   Gorffennwch:

i.   Gwenwch .... y camera os gwelwch yn dda!

ii.   Darllenais i .... nhw yn y papur.

iii.   Beth .... ti?

iv.   Gwrandewch .... fe'n cwyno!

v.   Dw i'n .... ar fwyd Eidalaidd.

vi.   Dwyt ti ddim yn edrych .... ni.

vii. Dwedais i .... ti ddoe.

viii. Roedd e'n gwrando'n ofalus .... chi.

ix.   Wyt ti'n chwilio .... i?

x.   Dych chi'n poeni .... waith cartref y plant?

xi.   Ble mae'r allweddi? Mae e'n chwilio .... nhw.

xii. Dw i ddim yn anghytuno .... chi.

2.   Dilynwch y patrwm:

Dw i'n poeni am y gwaith.   >   Dw i'n poeni amdano fe hefyd.

i.   Dw i'n dibynnu ar Delyth.   ....

ii.   Dw i'n gwrando ar y rhaglen.   ....

iii.   'Dyn ni'n aros am y trên.   ....

iv.   Dw i'n poeni am yr anifeiliaid.   ....

v.   Anghofiais i am y bil.   ....

vi.   Dw i eisiau siarad am fy mhroblemau.   ....

vii. Edrychais i ar y rhaglenni.   ....

3.   Cyfieithwch:

i.   *I love motorbikes.*   ....

ii.   *Are you* (ti) *listening to me?*   ....

iii.   *Look* (chi) *at us!*   ....

iv.   *The school is searching for new staff.*   ....

v.   *Listen to the programme tonight.*   ....

vi.   *I love books about Wales.*   ....

vii. *He is looking for her.*   ....

viii. *He is worried about you.*   ....

ix.   *I paid for them last time.*   ....

x.   *Are you talking about me again?*   ....

4. Beth yw'r lluosog (*plural*)?

i.   mwnci ....

ii.   cwningen ....

iii. buwch ....

iv.   dafad ....

v.   mochyn ....

vi.   oen ....

5. Beth yw babi iâr? ....

Beth yw babi buwch? ....

Beth yw babi dafad? ....

6. Ysgrifennwch baragraff am anifeiliaid.

....

....

....

....

....

....

....

....

....

....

....

....

....

....

Gair gan y tiwtor:

....

....

....

....

....

Gwaith cartref – Uned 10

1.   Llenwch y bylchau:

i.   Beth .... di nesa?
ii.   Beth .... hi nesa?
iii.   Beth .... nhw nesa?
iv.   Beth .... chi nesa?
v.   Beth .... ni nesa?
vi.   Beth .... i nesa?

2.   Gorffennwch y brawddegau:

i.   .... i'r cinio.
ii.   .... hi'r coffi.
iii.   Wnei di.. y ffenest?
iv.   .... ni ddim byd.
v.   Beth.. nhw nawr?
vi.   Wnewch.. fy helpu i?

3.   Cyfieithwch:

i.   *She won't phone.* ....
ii.   *I'll make the tea.* ....
iii.   *Will you open the door?* (ti) ....
    ....
iv.   *Will you drive?* (chi) ....
    ....

4.   Gorffennwch y frawddeg gan ofyn ffafr *(asking a favour)*:

    e.e. Mae hi'n dwym iawn yma, <u>wnei di agor y ffenest?</u>
i.   Mae hi'n oer iawn yma, ... ?
ii.   Does dim arian gyda fi, ... ?
iii.   Os wyt ti eisiau dod ar y bws, ... ?
iv.   Mae pen-blwydd Mam-gu yfory, ... ?
v.   Mae'r bòs yn grac heddiw, ... ?

5. **Atebwch:**

i. Beth wnewch chi bore fory? ....

....

ii. Beth wnewch chi prynhawn yfory? ....

....

iii. Beth wnewch chi nos yfory? ....

....

iv. Beth wnewch chi dros y penwythnos? ....

....

6. **Ysgrifennwch nodyn yn gofyn i'r cymdogion ofalu am eich tŷ.**
Ysgrifennwch rhwng 40 a 50 o eiriau.

....

....

....

....

....

....

....

Gair gan y tiwtor:

....

....

....

....

....

....

Gwaith cartref – Uned 11

1.   Gorffennwch y brawddegau:

i.   Af .... yfory.
ii.   Aiff .... ar ôl y gwaith.
iii.   Ân nhw .... eto.
iv.   Pryd .... di i'r parti?
v.   Sut .... chi i'r cyfarfod?
vi.   Ble awn .... ar wyliau?

2.   Cyfieithwch:

i.   *I won't go now.*   ....

ii.   *He'll go to the meeting.*   ....

iii.   *We'll go swimming.*   ....

iv.   *Where will they go?*   ....

v.   *What time will she go?*   ....

vi.   *What time will you go for a walk?* ....

3.   Atebwch:

i.   Ble ewch chi ar ôl y dosbarth?   ....

ii.   Ble ewch chi bore fory?   ....

iii.   Ble ewch chi nos yfory?   ....

iv.   Ble ewch chi dydd Sul?   ....

v.   Pryd ewch chi ar wyliau nesa?   ....

vi.   Pryd ewch chi i siopa nesa?   ....

4.   Ysgrifennwch ble ewch chi bob dydd yr wythnos nesa:
        (Cofiwch: Os fyddwch chi ddim yn mynd ma's, dych chi'n gallu dweud
        Gwnaf i aros gartre.)

i.   Dydd Sul   ....

ii.   Dydd Llun   ....

iii.   Dydd Mawrth ....

iv. Dydd Mercher ....

v. Dydd Iau ....

vi. Dydd Gwener ....

vii. Dydd Sadwrn ....

5. Ysgrifennwch baragraff personol am deithio (dim ar wyliau!).

....

....

....

....

....

....

....

....

Gair gan y tiwtor:

....

....

....

....

....

....

....

....

Gwaith cartref – Uned 12

1.   Llenwch y bylchau:

i.   .... i rawnfwyd i frecwast yfory.

ii.   .... nhw amser da yn y parti yfory.

iii.   Beth .... di i swper yfory?

iv.   .... i fynd nawr?

v.   Gobeithio .... chi amser da ar eich gwyliau yr wythnos nesa.

vi.   Cân .... swper gyda ni heno.

2.   Gorffennwch y brawddegau. Dilynwch y patrwm:

Os af i'r llyfrgell, caf i lyfr.

i.   .... hi i'r banc, ...

ii.   .... ni i'r garej, ...

iii.   .... di i lan y môr, ...

iv.   .... i at y doctor, ...

v.   .... chi i swyddfa'r post, ...

vi.   .... nhw i siop y cigydd, ...

3.   Cyfieithwch:

i.   *May I have the salt?*..

ii.   *May we leave?* ....

iii.   *We'll have a good time.* ....

iv.   *You'll have a letter in the post.* (chi)..

v.   *She'll have a black coffee.* ....

vi.   *They'll have chips.* ....

4.   Atebwch:

i.   Beth gewch chi i frecwast yfory? ....

ii.   Beth gewch chi i ginio yfory?   ....

iii. Beth gewch chi i de yfory?   ....

iv.   Beth gewch chi i swper yfory?   ....

5.   Ysgrifennwch baragraff personol am dechnoleg.

....

....

....

....

....

....

....

....

Gair gan y tiwtor:

....

....

....

....

....

....

....

Gwaith cartref – Uned 13

1. **Rhowch y ffurf gywir (blwyddyn/blynedd) yn y bylchau:**

i. 'Dyn ni'n aros ers ....(1) am y bil treth.

ii. Dw i'n dysgu Cymraeg ers tair ....

iii. 'Dyn ni'n byw yma ers pum...

iv. Dw i'n gyrru car ers ....

v. Roedd y teulu'n byw drws nesa am chwe ....

vi. Mae'r tiwtor yna'n dysgu Cymraeg ers un deg saith ....

2. **Cyfieithwch:**

i. *Since when have you retired?* ....

ii. *I retired five years ago.* ....

iii. *How long did you work in the school for?* ....

....

iv. *We've been waiting for years.* ....

v. *We moved here ten years ago.* ....

3. **Atebwch:**

i. Ble ro't ti'n byw llynedd?

Llynedd, ...

ii. Beth o't ti'n ei wneud dair blynedd yn ôl?

Dair blynedd yn ôl, ...

iii. Beth o't ti'n ei wneud ddeg mlynedd yn ôl?

Ddeg mlynedd yn ôl, ...

iv. Ble ro't ti byw ddeg mlynedd yn ôl?

.... ddeg mlynedd yn ôl.

v. Ble ro't ti'n byw ugain mlynedd yn ôl?

Ugain mlynedd yn ôl, ...

vi. Beth o't ti'n ei wneud fel gwaith ugain mlynedd yn ôl?

.... ugain mlynedd yn ôl.

vii. Beth o't ti'n hoffi ei wneud ugain mlynedd yn ôl?

.... ugain mlynedd yn ôl.

viii. Pryd symudaist ti dŷ ddiwetha?

....

4.   Edrychwch eto ar y tri pharagraff darllen yn yr uned. Dych chi eisiau bod yn diwtor Cymraeg hefyd. Rhaid i chi ysgrifennu paragraff i drio am y swydd. Does dim rhaid i chi ddweud y gwir!

....

....

....

....

....

5.   Ysgrifennwch bum brawddeg am eich gwaith chi (nawr a/neu yn y gorffennol).

....

....

....

....

....

Gair gan y tiwtor:

....

....

....

....

....

....

Gwaith cartref – Uned 14

1.   Atebwch:

i.   Sut doi di i'r dosbarth yr wythnos nesa? _____

ii. Gyda phwy doi di i'r dosbarth yr wythnos nesa? _____

iii. Pryd doi di i'r dosbarth yr wythnos nesa? _____

iv. Am faint o'r gloch doi di i'r dosbarth yr wythnos nesa? _____

2.   Llenwch y bylchau

i.   Pryd .... chi'n ôl?

ii. .... 'r trên ddim nawr.

iii. Ddôn .... ddim adre cyn hanner nos.

iv. .... i i'r dosbarth mewn tacsi yr wythnos nesa.

v.   .... ni ar ôl y dosbarth.

3.   Cyfieithwch:

i.   *They won't come late next week.*

   _____

ii. *The letter won't come in the post today.*

   _____

iii. *We won't come to the office before the meeting.*

   _____

iv. *Will she come back to Wales after the holiday?*

   _____

4.   Rhowch y brawddegau yn eu trefn:

i.   ôl   swyddfa   i'n   ar   cinio   i'r   dof   ôl.

   _____

ii. fod   brysur   mae   i   hi'n   flwyddyn   mynd   yn.

   _____

iii. lifft   gweli   cyfarfod   i'r   dda   gaf   os   di'n   i?

   _____

iv. i'r adre papur gwnaf gwaith mynd cyn.

v. chi Awstralia wyliau i pryd ar ewch ?

vi. anodd yr bod yn Ffrangeg ysgol yn ro'n meddwl i'n.

5. Rhaid i chi fynd ma's. Ysgrifennwch nodyn at rywun yn eich tŷ chi yn dweud ble dych chi'n mynd, pam, a phryd dewch chi'n ôl adre. Ysgrifennwch rhwng 40 a 50 o eiriau.

6. Ysgrifennwch baragraff am beth fyddwch chi'n wneud dros y 12 mis nesaf. Does dim rhaid i chi sôn am bob mis!

y gwanwyn yr haf yr hydref y gaeaf

Gair gan y tiwtor

Gwaith cartref – Uned 15

1. Atebwch y cwestiynau:

i. Pa mor dda dych chi'n cysgu fel arfer?

....

ii. Pa mor dda dych chi'n cofio rhifau ffôn?

....

iii. Pa mor bell dych chi/o'ch chi'n teithio i'r gwaith?

....

iv. Pa mor iach dych chi'n bwyta?

....

v. Pa mor brysur dych chi yr wythnos nesa?

....

2. Gofynnwch gwestiwn yn dechrau gyda Pa mor...

i. .... ?   Deg milltir.

ii. .... ?   Bob deg munud.

iii. .... ?   Dw i'n anobeithiol.

iv. .... ?   Fel Bryn Terfel.

v. .... ?   Pedwar cilogram.

vi. .... ?   Chwe throedfedd.

vii. .... ?   Fel pysgodyn.

viii. .... ?   Byth!

ix. .... ?   Unwaith y flwyddyn.

x. .... ?   Bob pedair blynedd.

3. Ysgrifennwch frawddegau. Dilynwch y patrwm:

mis Chwefror – heulog – mis Mai	Dyw mis Chwefror ddim mor heulog â mis Mai.
te – drud – coffi	
mis Awst – gwlyb – mis Tachwedd	
bara – blasus – cacen/teisen	
cawl – sbeislyd – cyrri	

4. Digrifiwch un ffrind/aelod o'r teulu/cydweithiwr neu berson enwog.

Dw i'n mynd i ddisgrifio _____.

....

....

....

....

....

Gair gan y tiwtor

....

....

....

....

Gwaith cartref – Uned 16

1. Dilynwch y patrwm:

i. Mae hipo yn fawr.   Mae eliffant yn fwy.

ii. Mae BBC1 yn dda.

iii. Mae traffig yr M4 yn ofnadwy.

iv. Mae pwdin reis yn ddiflas.

v. Mae tatws yn rhad.

vi. Mae Sir Benfro yn hardd.

vii. Mae dysgu Cymraeg yn hawdd.

viii. Mae seidr yn ddrud.

ix. Mae Huw yn teipio'n gyflym.

x. Mae Carys yn teimlo'n hapus.

2. Rhatach neu **drutach? Dilynwch y patrwm:**
cwrw/gwin   Mae cwrw'n rhatach na gwin.

i. dŵr/petrol

ii. gwin/cwrw

iii. te/coffi

iv. coffi/te

3. Cymharwch: (e.e. dwy wlad - Mae Cymru yn llai na Lloegr)

i. dwy dref

....

ii. dau ganwr/dwy gantores

....

iii. dau fath o fwyd

....

iv. dwy ffilm

....

v. dau actor/dwy actores

....

4. Cymharwch eich hun â phobl eraill: (5 brawddeg)
Compare yourself with other people: *(5 sentences)*

e.e.   Dw i'n henach na fy mhlant.
              Dw i'n canu'n well na fy mrawd.

....

....

....

....

....

5. Darllenwch yr erthygl ac atebwch y cwestiynau.

Hanes Juri

Pan ddaeth Juri Tayama i Brifysgol Bangor i astudio Busnes, doedd e ddim yn gwybod dim byd am Gymru, a doedd dim syniad gyda fe o gwbl fod pobl yn siarad Cymraeg.

Roedd e wedi bod yng Nghaerdydd am un bore pan aeth e ar wyliau gyda'i rieni o gwmpas Ewrop, ond dim ond tair oed oedd e ar y pryd, felly doedd e ddim yn cofio hynny o gwbl. Roedd cyrraedd Bangor yn 2010 yn dipyn o sioc iddo fe, felly. Cafodd e ei fagu yng nghanol dinas brysur Tokyo. Ar ôl y daith fawr o gwmpas Ewrop, aeth ei rieni e ddim ar wyliau gyda'r teulu o gwbl wedyn. Pan ddaeth Juri i Fangor, felly, dyna'r tro cynta iddo fe weld mynyddoedd a môr. Roedd e wrth ei fodd. Dechreuodd e nofio yn y môr bob dydd a beicio neu redeg yn y mynyddoedd bob penwythnos a dechrau cymryd rhan mewn cystadlaethau triathlon. Enillodd e Triathlon Cymru am y tro cynta yn 2011 ac eto'r llynedd. Mae e'n gobeithio ennill y fedal gynta erioed i Siapan yn y triathlon yn y Gemau Olympaidd nesa.

Y sioc fawr arall i Juri oedd yr iaith Gymraeg. Roedd e wedi dysgu siarad Saesneg yn rhugl mewn dosbarth nos yn Tokyo, ond pan gaeth e le i fyw mewn fflat ym Mangor gyda thair merch o dde Cymru oedd yn siarad Cymraeg, doedd e ddim yn clywed Saesneg o gwbl! Roedd e eisiau mynd i ddosbarth Cymraeg neu wneud cwrs ar y we, ond doedd dim amser gyda fe achos ei waith coleg. Ond achos ei fod e'n clywed Cymraeg drwy'r amser yn y tŷ, roedd e'n deall mwy a mwy bob dydd. Erbyn hyn, mae e'n siarad Cymraeg yn rhugl heb fod ar gwrs o gwbl, ac mae tipyn o acen Llanelli gyda fe hefyd!

Mae Juri wedi gorffen ei gwrs yn y Brifysgol nawr, ond dyw e ddim eisiau mynd yn ôl i Siapan eto. Ar hyn o bryd, mae e'n dysgu dosbarthiadau karate a jiwdo bob nos ym Mangor ac Ynys Môn, ac mae e'n dysgu bron pob dosbarth yn Gymraeg! Bydd ei fisa e'n dod i ben ddiwedd mis Awst, felly dyw e ddim yn gwybod eto beth fydd yn digwydd wedyn. Mae e'n gobeithio'n fawr y bydd e'n cael aros yng Nghymru am flwyddyn arall, ac ennill Triathlon Cymru eto'r flwyddyn nesa, wrth gwrs!

1. Pam daeth Juri i Gymru gynta?

a. ar wyliau   **b.** i fynd i'r Brifysgol

c. i gymryd rhan mewn triathlon   **ch.** i ddysgu Cymraeg

2. Gaeth Juri ei fagu... /Cafodd Juri ei fagu...

a. ar lan y môr   **b.** yn y mynyddoedd

c. mewn dinas   **ch.** mewn cartref plant

3. Sawl gwaith mae Juri wedi ennill Triathlon Cymru?

a. unwaith   **b.** dwywaith

c. tair gwaith   **ch.** pedair gwaith

4. Dysgodd Juri Gymraeg...

a. ar y we.

b. mewn dosbarth nos.

c. yn y coleg.

ch. trwy wrando ar bobl yn siarad.

5. Ble mae Juri'n defnyddio ei Gymraeg ar hyn o bryd?

a. ar y cwrs Busnes

b. yn ei waith fel tiwtor

c. yn Llanelli

ch. yn Siapan

6. Ysgrifennwch baragraff personol yn dechrau gyda 'Dw i ddim yn hoffi...'

....

....

....

....

....

Gair gan y tiwtor

....

....

....

....

Gwaith cartref – Uned 17

1. Dilynwch y patrwm:

Mae criced yn gyffrous, mae pêl-droed yn fwy cyffrous, ond rygbi yw'r mwya cyffrous.

i. mis Tachwedd – mis Rhagfyr – mis Ionawr (oer)

....

ii. beic – beic modur – car (cyflym)

....

iii. reis – bara – tatws (diflas)

....

iv. afal – oren – mefus (melys)

....

v. Ffrainc – Rwsia – Awstralia (pell)

....

vi. adar – cŵn – plant (swnllyd)

....

vii. darllen Cymraeg – gwrando – siarad (pwysig)

....

2. Llenwch y bylchau:

i. Fi yw'r .... yn y teulu.

ii. .... yw'r lle .... i siopa am fwyd.

iii. .... yw'r rhaglen orau ar y teledu.

iv. Caerdydd yw'r lle .... yng Nghymru.

v. Yr Wyddfa yw'r mynydd .... yng Nghymru.

vi. .... yw'r ffilm fwya ....

vii. .... yw'r lle perta yn y byd.

viii. .... yw'r peth .... am y cwrs.

3. Ysgrifennwch adolygiad (*review*) o dafarn neu gaffi bendigedig neu ofnadwy – gwir neu ddychmygol (*imaginary*).

4. Ysgrifennwch baragraff personol: Fy hoff le.

....

....

....

Gair gan y tiwtor

....

....

....

Gwaith cartref – Uned 18

1. Atebwch y cwestiynau:

i. Faint o'r gloch yw hi?

....

ii. Faint o'r gloch mae'r dosbarth yn gorffen?

....

iii. Ble mae'r dosbarth?

....

iv. Beth sy yn eich poced chi?

....

v. Beth yw'ch enw chi?

....

2. Dyma'r ateb – beth yw'r cwestiwn? (defnyddiwch yw/sy/mae)

i. ....?   Yn Neuadd y Sir.

ii. ....?   Am hanner nos.

iii. ....?   Mam, Dad a'r plant.

iv. ....?   Ugain punt.

v. ....?   Mae tiwtor yn gweithio mewn dosbarth.

vi. ....?   17 Stryd y Bont, Pontypridd.

3. Darllenwch y darn yma ac atebwch y cwestiynau sy'n dilyn.

Anti Margaret yn 106

Mae Anti Margaret yn gant a chwech oed! Roedd dathlu mawr ym mhentre Mynachlog Fawr nos Iau diwetha, achos roedd person hena'r ardal, Margaret Jones, yn cael ei phen-blwydd y diwrnod hwnnw. Dros y penwythnos wedyn, daeth llawer o'r teulu i'r pentre i ddymuno 'pen-blwydd hapus' iddi. Mae pawb yn ei nabod hi fel Anti Margaret.

Erbyn hyn mae hi'n byw gyda'i merch Hanna, sy'n gofalu amdani, er bod Hanna ei hun yn wyth deg oed. Wrth gwrs, mae pobl yn dod i'r tŷ i helpu bob dydd. Mae Margaret yn cerdded i'r pentre o hyd, ond roedd pethau'n anodd yn ystod yr eira ym mis Ionawr. Doedd hi ddim yn gallu mynd am dro i dafarn y pentre fel arfer i gael sgwrs a choffi yn y bore.

Cafodd Margaret ei geni ym Mynachlog Fawr, a dyna lle mae hi wedi byw y rhan fwya o'i bywyd. Aeth hi a'i gŵr i fyw yn Lloegr am flwyddyn neu ddwy yn y tridegau i weithio, ond caeodd y ffatri, felly roedd rhaid iddyn nhw ddod adre unwaith eto. Mae hi'n byw yma'n hapus ers hynny.

'Dw i'n lwcus iawn,' meddai Margaret, 'dw i'n iach, a dyna beth sy'n bwysig.' Beth mae hi'n mynd i'w wneud dros y flwyddyn sy'n dod? 'Wel... hoffwn i fynd i Awstralia i weld fy mab i a'i deulu e, ond mae'n rhy ddrud. Dw i'n hoffi edrych ar y lluniau mae e'n eu hanfon dros y we, ond dyw hynny ddim yr un peth,' meddai hi.

Pob lwc i Margaret, ac mae pawb yn edrych ymlaen at ddathlu ei phen-blwydd yn gant a saith y flwyddyn nesa.

i. Pryd roedd pen-blwydd Margaret?

a. Dydd Iau diwetha.

b. Dydd Gwener diwetha.

c. Dydd Sadwrn diwetha.

ch. Dydd Sul diwetha.

ii. Gyda phwy mae Margaret yn byw?

a. Ar ei phen ei hun.

b. Gyda hen bobl mewn cartre.

c. Gyda ffrind.

ch. Gydag un o'r teulu.

iii. Doedd hi ddim yn gallu mynd i'r dafarn ar ddechrau'r flwyddyn achos...

a. y tywydd.

b. roedd hi'n dost.

c. roedd hi'n rhy bell.

ch. doedd dim lifft gyda hi.

iv. Pam symudodd Margaret a'i gŵr yn ôl i fyw yn y pentre? ☐

a. Roedd hiraeth arnyn nhw.　　**b.** Ro'n nhw eisiau magu teulu.

c. Do'n nhw ddim yn hoffi Lloegr.　**ch.** Doedd dim gwaith gyda nhw yn Lloegr.

v. Pam fydd hi ddim yn mynd i Awstralia? ☐

a. Dyw hi ddim yn cael hedfan.　　**b.** Mae hi'n rhy hen.

c. Does dim digon o arian gyda hi.　**ch.** Mae'n well gyda hi weld y lluniau ar y we.

4. Erbyn yr wythnos nesa, gwrandewch ar Robin Radio, a dewiswch berson enwog. Beth yw hoff liw, hoff fwyd, hoff ddiod, a hoff ffordd o deithio y person? Yr wythnos nesa bydd y dosbarth yn gofyn cwestiynau i chi a byddwch chi'n ateb.

5. Ysgrifennwch baragraff personol am ddathlu.

6. Dych chi wedi derbyn yr ebost yma. Atebwch yr ebost gan ymateb i'r cwestiynau i gyd. Ysgrifennwch rhwng 70 ac 80 o eiriau.

At:

Oddi wrth: Heulwen Haf, Gwyliau Cymru.

'Dyn ni'n casglu gwybodaeth am wyliau yng Nghymru. 'Dyn ni eisiau gwybod am eich gwyliau diwetha:

- Ble aethoch chi?
- Beth oedd y peth gorau am y gwyliau?
- Beth fasech chi'n hoffi newid?

Diolch yn fawr am eich help.

....

....

....

....

....

....

....

Gair gan y tiwtor

....

....

....

Gwaith cartref – Uned 19

1. Cyfieithwch:

i. *Drive slowly!* (ti) ....

ii. *Go now, please!* (chi) ....

iii. *Pay the bill!* (chi) ....

iv. *Don't worry!* (ti) ....

v. *Go past the school.* (chi) ....

vi. *Turn left!* (ti) ....

vii. *Put the ice cream on the table.* (chi) ....

viii. *Buy a paper on the way home!* (ti) ....

ix. *Remember to buy milk.* (chi) ....

2. Trowch o 'ti' i 'chi':

i. Bydd yn ofalus! ....

ii. Stopia! ....

iii. Helpa fi! ....

iv. Bwyta dy frecwast! ....

v. Dere gyda fi! ....

vi. Cer adre! ....

3. Trowch o 'chi' i 'ti':

i. Gwnewch eich gwaith cartref chi! ....

ii. Penderfynwch nawr! ....

iii. Peidiwch â chwyno! ....

iv. Gorffennwch eich swper chi! ....

v. Dewch yma! ....

4. Ysgrifennwch bum gorchymyn (*command*) i'w dweud wrth blentyn yn y tŷ.

i. ....

ii. ....

iii. ....

iv. ....

v. ....

5. Ysgrifennwch rysáit syml.

....

....

....

....

....

....

6. Ysgrifennwch baragraff personol: Bwyd.

7. Dych chi wedi derbyn yr ebost yma. Atebwch yr ebost gan ymateb i'r cwestiynau i gyd. Ysgrifennwch rhwng 70 ac 80 o eiriau.

At:

Oddi wrth: Buddug Roberts, Papur Bro y Castell.
'Dyn ni'n chwilio am bobl i ysgrifennu am eu hoff dŷ bwyta.
DYCH CHI WEDI BWYTA MA'S YN DDIWEDDAR?
Dwedwch:
- ble aethoch chi?
- sut roedd y bwyd?
- fasech chi'n mynd yno eto?

Anfonwch y darn at papurbro@ycastell.com
Bydd gwobr o £50 am y darn gorau!

Gair gan y tiwtor

....

....

....

Gwaith cartref – Uned 20

1. Atebwch 'Yes':

i.   Oes atig gyda chi yn y tŷ?

ii.   Ydy'r boeler wedi torri eto?

iii.   Dych chi'n byw mewn tŷ ar wahân?

iv.   Sychaist ti'r dillad ar y lein?

v.   Fasech chi'n hoffi byw ar bwys y môr?

vi.   Fyddwch chi'n prynu celfi newydd?

vii.   Newyddiadurwr wyt ti?

viii.   Oedd yr ystafell wydr yn dwym?

2. Atebwch 'No':

i.   Ydy'r plant wedi tacluso?

ii.   Oes gwres canolog olew yn y tŷ?

iii.   Oedd e ar-lein yn hwyr eto neithiwr?

iv.   Fyddwch chi'n peintio lan llofft?

v.   Trydanwr yw hi?

vi.   Ydy hi'n byw yn y fflat uwchben?

vii.   Fasech chi'n hoffi blasu cig cangarŵ?

viii.   Daflaist ti'r bêl?

3. Y tro 'ma, atebwch yn onest ac ysgrifennwch frawddeg, e.e.

Oes cymdogion da gyda chi?   Oes, mae cymdogion da iawn gyda ni.

i.   Dych chi'n nabod eich cymdogion yn dda?

ii.   Fasech chi'n hoffi byw dramor?

iii.   Ydy eich hoff le chi yng Nghymru?

iv.   Ddathloch chi rywbeth y mis diwetha?

v.   Fyddwch chi'n bwyta ma's dros y penwythnos?

vi.   Oes diddordeb gyda chi mewn chwaraeon?

vii.   O'ch chi'n byw mewn pentre pan o'ch chi'n blentyn?

viii.   Dych chi wedi darllen llyfr Cymraeg?

4. Ysgrifennwch un peth wnaethoch chi bob dydd yr wythnos diwetha:

Dydd Llun ....

....

Dydd Mawrth ....

....

Dydd Mercher ....

....

Dydd Iau ....

....

Dydd Gwener ....

....

Dydd Sadwrn ....

....

Dydd Sul ....

5. Dewiswch y pennawd mwya tebygol fel pwnc i bob neges ebost. Mae dau bennawd amherthnasol.

Choose the most likely heading for a subject for each email message. Two of the headings are irrelevant.

	Pwnc	Rhif y neges
a.	Cwrs newydd	
b.	Cwrs yn llawn	
c.	Dim digon o ystafelloedd	
ch.	Eisiau ystafell fwy	
d.	Newid dyddiad cyfarfod	
dd.	Swyddfa ddim yn agor	

Neges 1

Oddi wrth: John

At: Y Staff

Pwnc:

Mae'n flin iawn gyda fi ond rhaid i ni newid dyddiad y cyfarfod staff nesa. Does dim un ystafell ar gael ar Fehefin 3ydd, felly 'dyn ni'n mynd i symud y cyfarfod ymlaen un wythnos tan y 10fed. Gobeithio bod y dyddiad newydd yn iawn i chi. Mae'n flin gyda fi eto.

Neges 2

Oddi wrth: Mari

At: Dafydd

Pwnc:

Ydy hi'n bosib cael ystafell wahanol ar gyfer y dosbarth Cymraeg, os gwelwch chi'n dda? Ro'n ni'n meddwl basai deuddeg yn y dosbarth ond mae un deg saith o enwau gyda ni. Bydd y dosbarth yn cwrdd bob bore Mawrth a bore Iau rhwng 10am a 12pm. Gobeithio bydd hyn yn bosib – 'dyn ni ddim eisiau troi pobl i ffwrdd.

Neges 3

Oddi wrth: Ben

At: Y Staff

Pwnc:

Dych chi eisiau help i ddefnyddio rhaglen PowerPoint yn well? Bydd cwrs am ddau ddiwrnod yma yn y swyddfa dydd Iau a dydd Gwener nesa. Dw i'n gwybod bod dim llawer o amser i drefnu cyn yr wythnos nesa ond 'dyn ni wedi cael pris da gan y cwmni sy'n dod i wneud y cwrs. Enwau i fi erbyn diwedd y dydd heddiw, os gwelwch chi'n dda.

Neges 4

Oddi wrth: John

At: Dafydd

Pwnc:

Ar ôl edrych a gwrando'n ofalus ar y bwletinau tywydd, 'dyn ni wedi penderfynu cau'r swyddfa yfory. Mae gofalu am ein staff yn bwysig i ni. Ond, ydy hi'n bosib i chi ateb eich ebyst o'r tŷ, os gwelwch chi'n dda? Gobeithio bydd yr eira wedi mynd erbyn dydd Llun.

Gair gan y tiwtor

Gwaith cartref – Uned 21

1. Llenwch y bylchau yn y brawddegau yma:

i. Beth .... (gwneud) nhw neithiwr?

ii. .... hi ddim yn bwrw glaw yfory.

iii. Ydy'r tiwtoriaid yn deall Sbaeneg? .... (√)

iv. Dw i'n gwrando .... y radio bob nos.

v. Wnes i .... byd o gwbl neithiwr, dim ond cysgu!

vi. Ydy John yn .... (tal) na Jim?

vii. Faint o blant .... gyda ti erbyn hyn?

viii. .... (troi) i'r chwith, yna cerddwch yn syth ymlaen.

ix. Fy hoff fwyd i .... pasta.

x. Dw i'n byw yn Llanilar ar hyn o ....

2. Atebwch yr hysbyseb drwy ysgrifennu **75 gair** am wyliau yng **Nghymru**. Does dim rhaid i chi ddweud y gwir.

Cyngor Gwyliau / *Holiday Advice*
Ble aethoch chi?
Beth oedd y peth gorau am eich gwyliau chi?

....

....

....

....

....

....

3. Darllenwch y darn yma ac atebwch y cwestiynau sy'n dilyn.

Gwyneth yn Codi Arian

Mae merch ddeuddeg oed o Blas Mynydd, Gwyneth Jones, wedi codi wyth cant o bunnoedd i achosion da dros y ddwy flynedd diwetha. Cododd Gwyneth yr arian drwy wneud llawer o bethau gwahanol, yna rhoi hanner yr arian i Oxfam, a'r hanner arall i ysgol yn Kenya. Mae'r ysgol yn Kenya wedi cysylltu â Gwyneth i ddweud diolch. Ydy, mae Gwyneth wedi bod yn brysur iawn!

Pam felly aeth merch ysgol ddeuddeg oed ati i godi'r arian yma? Wel, does dim teledu gyda'i theulu hi gartre, ond darllenodd hi am beth roedd Oxfam yn ei wneud ac am yr ysgol yn Kenya yn un o'r papurau dydd Sul. Roedd rhaid iddi wneud rhywbeth. Aeth hi i'r farchnad bob bore Sadwrn â stondin fach yn gwerthu cacennau a phethau ail-law. Roedd pobl yn hapus iawn i roi arian, meddai hi.

Yr wythnos diwetha, daeth llythyr o ysgol fach ger Makindu yn Kenya i ddweud diolch arbennig i Gwyneth am yr arian. 'Doedd dim llawer o bethau gyda nhw yn yr ysgol, ond nawr mae cyfrifiadur gyda nhw ym mhob dosbarth. Mae'n help iddyn nhw ddysgu Saesneg.' meddai Gwyneth. 'Gofynnodd pennaeth yr ysgol i fi fynd ma's i Kenya i'w gweld nhw. Hoffwn i fynd un dydd, ond dw i ddim yn ddigon hen eto. Dw i eisiau mynd dros barc y Maasai Mara mewn awyren!'

Llongyfarchiadau i Gwyneth ar godi'r arian yma. Mae hi'n mynd i godi rhagor o arian i'r ysgol yn Kenya y flwyddyn nesa, i'w helpu nhw i brynu bws mini newydd. Pob lwc iddi!

i. Mae Oxfam wedi cael...
- **a)** £400.
- **b)** £800.
- **c)** £1,200.
- **ch)** £2,000.

ii. Roedd Gwyneth yn gwybod am waith Oxfam trwy'r
- **a)** teledu.
- **b)** ysgol.
- **c)** we.
- **ch)** papur newydd.

iii. Aeth Gwyneth i'r farchnad i werthu pethau...

        a) bob dydd.

        b) bob penwythnos.

        c) unwaith.

        ch) o Kenya.

iv. Gyda'r arian, talodd yr ysgol yn Kenya am...

        a) gyfrifiaduron.

        b) athro Saesneg.

        c) lyfrau.

        ch) fws mini.

v. Fydd hi ddim yn mynd i Kenya nawr, achos...

        a) mae ofn hedfan arni.

        b) does dim arian gyda hi.

        c) mae hi'n rhy ifanc.

        ch) mae hi'n rhy brysur.

4. Ysgrifennwch baragraff personol am wyliau, e.e. ble ro'ch chi'n mynd pan o'ch chi'n blentyn, eich gwyliau diwetha chi, eich gwyliau nesa chi, a ble basech chi'n hoffi mynd yn y dyfodol.

....

....

....

....

....

....

....

....

Gair gan y tiwtor

Gwaith cartref – Uned 22

1. Atebwch:

i. Beth ddylech chi wneud heno?

....

ii. Beth ddylech chi wneud yfory?

....

iii. Beth ddylech chi wneud dros y Sul?

....

iv. Beth ddylech chi wneud yr wythnos nesa?

....

2. Cyfieithwch:

i. *She should learn to drive a car.*   ....

ii. *We should send the message.*   ....

iii. *We should leave tomorrow.*   ....

iv. *What should I do now?*   ....

v. *I should write a letter.*   ....

vi. *I shouldn't stay.*   ....

vii. *They should pay the bill.*   ....

3. Gorffennwch:

i. Ddylai tadcu wneud naid bynji? .... (x)

ii. Mae Dewi'n .... (tal) na Gareth.

iii. .... hi'n braf y penwythnos nesa?

iv. Rhaid .... hi fynd i'r gwaith yfory.

v. .... (golchi) eich dwylo chi cyn bwyta!

vi. Ble mae fy .... (papur) i?

vii. Oedd hi'n wyntog ddoe? .... (√)

viii. Llanaber yw'r tîm .... (drwg) yn y sir.

ix. Dim ond .... (2) ferch sy yn y dosbarth.

x. .... (gwneud) nhw'r gwaith cartref neithiwr?

xi. Dw i'n hoffi .... â'r ci am dro.

xii. Est ti i'r cyngerdd neithiwr? .... (x)

4. Darllen

Dewiswch y pennawd mwya tebygol fel pwnc i bob neges ebost. Mae dau bennawd ychwanegol amherthnasol. Rhowch y 'rhif neges' (1, 2, ac ati) wrth y pedwar pennawd mwya addas yn y tabl yma:

Choose the most likely heading as a subject for each email message. There are two extra irrelevant headings. Put the 'message number' (1, 2, etc) next to the four most appropriate headings in this table:

	Pwnc	Rhif neges
a.	Aros yn y gwaith yn hwyr	
b.	Trefnu cyfweliad	
c.	Gwybodaeth am swydd	
ch.	Gwyliau da	
d.	Apwyntiad ysbyty	
dd.	Awyren ddim yn hedfan	

Oddi wrth: Gwyn Griffiths   **Neges 1**
At: Glesni Haf Jones
Pwnc: ....

Dw i wedi gweld eich hysbyseb chi am swydd gyda eich cwmni chi. Mae diddordeb mawr gyda fi ond dylwn i ddweud cyn gwneud cais ei bod hi'n amhosib i fi weithio dydd Sadwrn a gweithio ar ôl pedwar o'r gloch bob dydd. Dw i'n dad sengl ac mae tri o blant bach gyda fi. Fasai gwyliau'r Pasg a'r haf ddim yn ormod o broblem, ond faswn i ddim ar gael i weithio yn ystod gwyliau'r Nadolig. Fasech chi'n gallu ateb fy ebost i ddweud oes pwynt i mi wneud cais am y swydd? Hefyd pryd bydd y cyfweliad? Dw i ddim ar gael yr wythnos nesa o gwbl, 'dyn ni'n mynd ar wyliau i Eurodisney.

Diolch, Gwyn Griffiths

Oddi wrth: Alex   **Neges 2**
At: Pat
Pwnc: ....

Pat, 'dyn ni'n dal yn Barcelona! Mae problem gyda'r awyren. Felly rhaid i ni aros mewn gwesty dros nos. Paid â dod i'n nôl ni o'r maes awyr! Gobeithio byddi di'n gweld yr ebost yma! Dw i ddim eisiau i ti fod yn aros dros nos yn y maes parcio! 'Dyn ni wedi cael gwyliau da beth bynnag ac mae potel o Cava gyda fi i ti.

Alex

Oddi wrth: Anwen Roberts   **Neges 3**
At: Mr Huw Hughes
Pwnc: ....

Helô, Mr Hughes. Nodyn i ddweud bod popeth yn iawn i chi ddod i mewn am naw bore Llun. Gaf i eich atgoffa chi, ddylech chi ddim bwyta dim byd ar ôl amser cinio dydd Sul a dylech chi yfed litr o ddŵr yn y bore ar ôl codi, cyn dod i mewn. Mae'n debyg byddwch chi gartre ddiwedd y prynhawn. Ond dylech chi ddod â bag o ddillad nos a phethau ymolchi gyda chi rhag ofn bydd rhaid i chi aros dros nos. Ebostiwch fi yn ôl os oes cwestiwn gyda chi, neu ffoniwch 07841 62375 a gofynnwch am Anwen Roberts ar ward saith.

Diolch, Anwen Roberts

Oddi wrth: Llinos   **Neges 4**
At: Carys
Pwnc: ....

Dw i'n dal yn y gwaith. Mae hi'n ofnadwy o brysur yma. Rhaid i ti gael bws adre o'r swyddfa, dylet ti gael un o neuadd y dre. Wyt ti'n gallu nôl llaeth o'r siop ar y ffordd adre hefyd? Gwela i ti wedyn. Diolch, cariad! Gwyliau yr wythnos nesa, diolch byth!

Llinos

5. **Ysgrifennwch neges (rhwng 40 a 50 o eiriau)**. *Write a message (between 40 and 50 words).*

Dych chi eisiau mynd ar daith. Ysgrifennwch nodyn at ffrind i'w berswadio i ddod gyda chi.

....

....

....

....

....

....

6. **Ysgrifennwch baragraff personol: Dillad**

....

....

....

Gair gan y tiwtor

....

....

....

Gwaith cartref – Uned 23

1. Gorffennwch: (Rhaid i chi ddefnyddio **hoffi**.)

i. .... i helpu.

ii. .... ti aros?

iii. .... nhw adael yn gynnar.

iv. .... chi dalu'r bil?

v. .... ni ddim aros dros nos

vi. .... i ddim dysgu gwnïo.

vii. .... hi ofyn cwestiwn i chi.

2. Cyfieithwch:

i. *I would like to travel more.* ....

ii. *He could help.* ....

iii. *She could send a card.* ....

iv. *She couldn't ask.* ....

v. *We couldn't pay.* ....

vi. *Would you like to collect the money?* ....

vii. *They wouldn't like to go.* ....

3. Darllenwch yr erthygl ac atebwch y cwestiynau.

Byw'n iach wedi newid bywyd

Mae Kevin Benjamin wedi colli llawer o bwysau. Nid pwys neu ddau, nid hanner stôn, ond saith stôn. Mae e wedi ennill cystadleuaeth 'Slimming World' hefyd ac mae e'n teimlo'n fwy iach o lawer.

Roedd ei feddyg a'i deulu wedi dweud wrtho fe dylai fe golli pwysau, ond nid dyna'r rheswm, yn ôl Kevin. 'Ro'n i eisiau codi arian i helpu Ysbyty Plant Cymru,' meddai, 'ac roedd sawl person wedi dweud basen nhw'n rhoi arian i fi, taswn i'n colli pwysau. Dw i byth yn gwrando ar fy meddyg!'

Ond sut aeth e ati? 'Dw i'n casáu rhedeg, a dw i'n casáu ymarfer corff. Dw i'n hoff iawn o fwyta pitsas a byrgers hefyd, felly roedd hi'n anodd. Yr ateb i fi oedd: cerdded. Dw i'n mynd â Smotyn y ci am dro ar y traeth bob nos. Dw i'n lwcus iawn, dw i'n byw mor agos i'r môr ac mae digon o lwybrau hardd.'

Mae pethau eraill wedi digwydd i Kevin ers iddo fe golli pwysau. Wrth gerdded ar y traeth, cwrddodd e â Siân. Roedd hi hefyd yn mynd â'i labrador, Meg, am dro. Cyn hir, dechreuodd Kevin a Siân sgwrsio, ac ar ôl saith wythnos, symudodd Siân i mewn, ac mae hi a Kevin yn mynd i briodi yn yr haf!

Felly mae byd Kevin wedi newid. Mae e, Smotyn, Siân a Meg yn byw ar lan y môr ac wedi codi dwy fil o bunnoedd i'r Ysbyty Plant. Roedd y bobl oedd yn gweithio gyda Kevin yn swyddfa'r heddlu yn arfer chwerthin am ei ben. Ond ddim nawr; mae pawb yn falch iawn ohono fe.

Cwestiynau

Dewiswch yr ateb cywir, gan nodi llythyren y dewis cywir yn y blwch. *Choose the correct answer, noting the letter of the correct option in the box.*

i. Mae Kevin wedi colli...
a. hanner stôn. **b.** pwys neu ddau. **c.** 7 stôn. **ch.** ei waled.

ii. Collodd e bwysau...
a. i gadw'n iach. **b.** i wneud ffrindiau. **c.** i ffitio yn ei ddillad. **ch.** i godi arian.

iii. Collodd e bwysau drwy...
a. fynd â'r ci am dro. **b.** fynd ar ddeiet. **c.** redeg. **ch.** fwyta'n iachach.

iv. Meg yw...
a. ci Siân. **b.** cariad Kevin. **c.** gwraig Kevin. **ch.** ci Kevin.

v. Mae Kevin yn gweithio...
a. mewn ysbyty. **b.** fel plismon. **c.** fel milfeddyg. **ch.** mewn campfa.

4. Dych chi'n mynd i redeg marathon i godi arian at achos da. Ysgrifennwch nodyn (40–50 gair) at eich ffrind chi yn gofyn iddo fe/iddi hi eich noddi chi.
You're going to run a marathon to raise money for a good cause. Write a note to your friend asking him/her to sponsor you.

5. Ysgrifennwch baragraff personol: Byw'n iach

....

....

....

....

....

....

Gair gan y tiwtor

....

....

....

....

Gwaith cartref – Uned 24

1. Cyfieithwch:

i. *The first car* ....

ii. *The second plane* ....

iii. *The third train* ....

iv. *The third daughter* ....

v. *The fourth party* ....

vi. *The fourth cat* ....

vii. *The fifth person* ....

viii. *The sixth player* ....

ix. *The seventh storm* ....

x. *The eighth Easter egg* ....

xi. *The ninth swimmer* ....

xii. *The tenth dentist* ....

2. Atebwch:

i. Pryd mae eich pen-blwydd chi? ....

ii. Pryd mae Dydd Gŵyl Dewi? ....

iii. Pryd mae Dydd Calan? ....

iv. Pryd mae Dydd Guto Ffowc? ....

3. Llenwch y bylchau:

i. Mae Alun yn .... (da) na'i frawd.

ii. .... (gwneud) ti ddim byd o gwbl ddoe.

iii. .... hi'n wyntog y penwythnos nesa?

iv. Dw i'n meddwl .... y ffilm yn dda.

v. .... i'n ennill y raffl, baswn i'n dewis y siocledi.

vi. Roedd pawb yn siarad .... (am) hi.

vii. Oedd y tywydd yn oer ddoe? .... (√)

viii. Mae fy mhen-blwydd i ar y .... (1af) o fis Mawrth.

ix. Dw i'n gweithio .... ysgol fach.

x. Faset ti'n hoffi paned? .... (x)

xi. Fi yw'r .... (3) ferch yn y teulu.

4. Dewiswch y pennawd mwya tebygol fel pwnc i bob neges ebost.
Mae dau bennawd amherthnasol.

Choose the most likely heading for a subject for each email message. Two of the headings are irrelevant.

	Pwnc	Rhif neges
a.	Cyfle i ddysgu nofio	
b.	Dim staff ar gael achos storm	
c.	Dyw'r gampfa ddim ar gael	
ch.	Mae gormod o bobl eisiau dysgu ioga	
d.	Rhaid dewis amser newydd	
dd.	Rhaid talu i fod yn aelod o'r gampfa	

Oddi wrth: John Williams   **Neges 1**

At: Aelodau'r gampfa

Pwnc: ....

Mae'n flin iawn gyda fi ond yn ystod y storm neithiwr daeth llawer o law i mewn i'r gampfa a 'dyn ni ddim yn gallu agor. Mae llawer o waith clirio gyda ni ac felly dw i ddim yn siŵr pryd byddwn ni'n gallu agor nesa. Peidiwch â dod yma cyn i ni anfon ebost i ddweud pryd bydd y gampfa ar agor.

Diolch!

Oddi wrth: Mari Roberts   **Neges 2**

At: Dafydd Evans

Pwnc: ....

Diolch yn fawr iawn am gofrestru ar y cwrs ioga am 6.30pm bob nos Iau. Mae llawer iawn o bobl eisiau gwneud ioga eleni, felly 'dyn ni'n mynd i gael dau gwrs – un am 6pm ac un am 7pm. Dych chi'n gallu anfon ebost i ddweud beth yw'r amser gorau i chi os gwelwch chi'n dda?

Diolch!

Oddi wrth: John Williams   **Neges 3**

At: Amy Price

Pwnc: ....

Mae'n flin gyda fi ond fyddwch chi ddim yn aelod o'r gampfa y flwyddyn nesa os dych chi ddim yn talu eich ffi cyn diwedd y dydd heddiw. Mae'n costio can punt am y flwyddyn. Mae croeso i chi ffonio a thalu dros y ffôn.

Oddi wrth: Mari Roberts   **Neges 4**

At: Siân Dafis

Pwnc: ....

Newyddion da. Ar ôl bod ar y rhestr aros am dros chwe mis, 'dyn ni nawr yn gallu cynnig lle i Rhys. Bydd dau ddosbarth nofio yn dechrau dydd Sadwrn nesa. Bydd y gwersi yn Gymraeg am 9am ac yn Saesneg am 9.45am. Mae enw Rhys ar y rhestr i fynd i'r dosbarth Cymraeg. Felly, dewch i'r pwll erbyn 8.45am dydd Sadwrn nesa. 'Dyn ni'n edrych ymlaen at weld Rhys yn y dosbarth.

5. Dych chi wedi derbyn yr ebost yma. Atebwch yr ebost gan ymateb i'r cwestiynau i gyd. Ysgrifennwch rhwng 70 ac 80 o eiriau.

At:
Oddi wrth: Llinos Rhys, Cymdeithas Rhieni Ysgol Gynradd Bryncastell

'Dyn ni'n ysgrifennu llyfr i ddathlu pen-blwydd Ysgol Bryncastell yn 50 oed. Dych chi'n gallu helpu drwy ysgrifennu tua 50–60 gair am eich amser chi yn yr ysgol?

- Pryd ro'ch chi yno?
- Beth dych chi'n ei gofio?
- Beth oedd y pethau gorau a'r pethau gwaetha?

Diolch yn fawr i chi am eich help chi!

6. Ysgrifennwch ddau baragraff personol: Dyddiau'r ysgol gynradd a dyddiau'r ysgol uwchradd

Gair gan y tiwtor

Gwaith cartref – Uned 25

1. Atebwch:

i. Ble ro'ch chi'n byw pan o'ch chi'n blentyn?

....

ii. Beth o'ch chi'n hoffi ei wneud pan o'ch chi'n blentyn?

....

iii. Pa fath o gemau o'ch chi'n hoffi pan o'ch chi'n blentyn?

....

2. Llenwch y bylchau:

i. Oedd hi'n bwrw cesair ddoe? .... (x)

ii. Mae Catrin yn .... (hapus) na Lowri.

iii. Maen nhw'n gweithio yma ers pum ....(blwyddyn)

iv. .... (gwneud) nhw ddim byd dros y penwythnos.

v. Ceri yw enw fy .... (partner).

vi. .... nhw yn yr ysgol yfory?

vii. Edrycha ....(ar) nhw!

viii. Est ti i'r dosbarth wythnos diwetha? .... (√)

ix. .... (troi) i'r dde wrth y Ganolfan Chwaraeon os gwelwch chi'n dda!

x. .... hi ddim yn brysur yn y gwaith ddoe.

xi. Yng Nghaerdydd mae'r Senedd? .... (√)

xii. ....(gweld) ti'r ffilm neithiwr?

3. Ysgrifennwch ateb i'r ebost yma:

Oddi wrth: Jac
Pwnc: Gwyliau yn y gorffennol!

Helô! Wyt ti'n gallu helpu Catrin gyda'i gwaith cartre? Rhaid iddi hi flogio am wyliau plant heddiw a phlant yn y gorffennol. Faset ti'n gallu ysgrifennu 50–60 gair yn disgrifio un gwyliau pan o't ti'n blentyn?

Wyt ti'n gallu dweud:

Ble est ti?
Beth wnest ti yno?
Pam rwyt ti'n cofio'r gwyliau yma?

Diolch!
Hwyl, Jac

4. Darllenwch yr erthygl a dewiswch yr ateb cywir.

Ffrindiau'n cwrdd o'r diwedd
Yn 1953, pan oedd hi'n ddeg oed, ysgrifennodd Nansi Jones lythyr i gylchgrawn i ferched o'r enw *Ffrindiau* yn gofyn am 'ffrind drwy'r post' neu 'pen-pal'. Ar ôl mis neu ddau, cafodd hi amlen drwy'r post o'r Alban gyda llythyr yn ôl gan ferch o'r enw Moira. Roedd y ddwy yr un oedran. Roedd y ddwy'n hoffi cerddoriaeth, ac ro'n nhw'n ysgrifennu at ei gilydd yn aml gyda newyddion am yr ysgol, y teulu a'u diddordebau nhw.

Ar ôl gadael yr ysgol, roedd y ddwy'n dal i ysgrifennu llythyrau, ond yn llai aml efallai. Aeth y ddwy i weithio: Nansi fel nyrs, a Moira mewn canolfan waith. Priododd Nansi a chael teulu yng Nghymru, a phriododd Moira yr un flwyddyn ag Albanwr, yn Glasgow. Mae un mab gyda Nansi erbyn hyn, ac un ferch gyda Moira. Yn rhyfedd iawn, cwrddodd mab Nansi â merch Moira mewn hostel yn Bangkok bum mlynedd yn ôl.

Un tro, aeth Nansi ar ei gwyliau gyda'r teulu i'r Alban i aros yn nhŷ Moira, ond roedd Moira yn Sbaen ar y pryd gyda'i theulu hi! Felly, chwrddon nhw ddim yr adeg yna. Flwyddyn arall, roedd Moira wedi dod i Gaerdydd i weld gêm rygbi, ond doedd Nansi ddim yn gallu dod yno i gwrdd â hi achos ei bod hi wedi torri ei choes.

Mae'r ddwy wedi ymddeol erbyn hyn, ac ar ôl chwe deg mlynedd o ysgrifennu at ei gilydd, penderfynon nhw fod rhaid iddyn nhw gwrdd, cyn mynd yn rhy hen. Felly, ym mis Awst eleni, daeth Moira a'i gŵr i aros yn Llangrannog gyda Nansi a'i gŵr, a chael amser bendigedig. 'O'r diwedd,' meddai Nansi, "dyn ni wedi cwrdd. Dych chi ddim yn dod i nabod pobl yn iawn drwy ysgrifennu llythyrau... mae'n well cwrdd wyneb yn wyneb.'

Mae Nansi wedi cadw'r cannoedd o lythyrau gafodd hi oddi wrth Moira, ac maen nhw'n mynd i ddal ati i ysgrifennu. Ond, o hyn ymlaen, byddan nhw'n ysgrifennu llythyrau ebost at ei gilydd!

Cwestiynau

Dewiswch yr ateb cywir, gan nodi llythyren y dewis cywir yn y blwch. *Choose the correct answer, noting the letter of the correct option in the box.*

i. Ym 1953, roedd Moira'n...

a. ddwy oed.   **b.** ddeg oed.
c. un ar ddeg oed.   **ch.** ddeuddeg oed.

ii. Roedd Nansi'n gweithio...

a. mewn swyddfa bost.   **b.** mewn llyfrgell.
c. mewn siop.   **ch.** mewn ysbyty.

iii. Mae plant Nansi a Moira wedi cwrdd...

a. wrth deithio.   **b.** yn Llangrannog.
c. mewn gêm rygbi.   **ch.** wrth sgïo.

iv. Cwrddodd Moira â Nansi am y tro cynta...

a. yn Llangrannog.   **b.** yn yr Alban.
c. yng Nghaerdydd.   **ch.** yn Bangkok.

v. Yn y dyfodol...

a. byddan nhw'n gweld ei gilydd yn aml.
b. byddan nhw'n mynd ar wyliau gyda'i gilydd.
c. byddan nhw'n cysylltu drwy'r cyfrifiadur.
ch. fyddan nhw ddim yn ysgrifennu at ei gilydd.

5. Ysgrifennwch baragraff personol yn dechrau gyda'r geiriau 'Pan o'n i'n blentyn...'

....

....

....

....

....

....

....

....

....

....

Gair gan y tiwtor

....

....

....

Gwaith cartref – Uned 26

Cyn y wers nesa, ysgrifennwch ddarn 50–60 gair ar gyfer 'Blog y dosbarth' yn dweud beth fyddwch chi'n ei wneud i wella eich Cymraeg chi yn y dyfodol.

Gair gan y tiwtor

Geirfa

ans. – *adj.*, ben. – *fem.*, gwr. – *masc.*, gw. – *see*, bôn – *stem*

A

acen (ben.) – *an accent*; acenion – *accents*

actio – *to act* (bôn: acti-)

achos (gwr.) – *a cause, a case (legal)*; achosion – *causes, cases (legal)*

achub – *to save, to rescue* (bôn: achub-)

adar – *birds* (gw. aderyn)

adeilad (gwr.) – *a building*; adeiladau – *buildings*

aderyn (gwr.) – *a bird*; adar – *birds*

adloniant (gwr.) – *entertainment*; adloniannau – *entertainments*

adroddiad (gwr.) – *a report*; adroddiadau – *reports*

addas – *suitable*

addurno – *to decorate* (bôn: addurn-)

aelod (gwr.) – *a member*; aelodau – *members*

afal (gwr.) – *an apple*; afalau – *apples*

agos – *near*

anghytuno (â) – *to disagree (with)* (bôn: anghytun-)

angladd (gwr./ben.) – *a funeral*; angladdau – *funerals*

Albanes (ben.) – *Scottish woman*; Albanesau – *Scottish women*

Albanwr (gwr.) – *Scot*; Albanwyr – *Scots*

Almaen, yr (ben.) – *Germany*

Almaeneg (ben.) – *German (language)*

Almaenes (ben.) – *German woman*; Almaenesau – *German women*

Almaenwr (gwr.) – *German (man)*; Almaenwyr – *Germans*

allwedd (ben.) – *a key*; allweddi – *keys* (De Cymru)

Americanes (ben.) – *American woman*; Americanesau – *American women*

Americanwr (gwr.) – *American (man)*;

Americanwyr – *Americans*

amlen (ben.) – *an envelope*; amlenni – *envelopes*

amserlen – (ben.) – *a timetable*; amserlenni – *timetables*

amyneddgar – *patient* (ans.)

anabl – *disabled*

anfon – *to send* (bôn: anfon-)

anhygoel – *incredible*

anobeithiol – *hopeless*

antur (ben.) – *an adventure*; anturiau – *adventures*

anturus – *adventurous*

ar ben fy hun (Gogledd Cymru) – *on my own*

ar bwys – *near* (De Cymru)

archebu – *to book, to reserve, to order* (bôn: archeb-)

archfarchnad (ben.) – *a supermarket*; archfarchnadoedd – *supermarkets*

ardal (ben.) – *an area*; ardaloedd – *areas*

ar fai – *to blame, at fault*

arfordir (gwr.) – *a coast*; arfordiroedd – *coasts*

ar fy mhen fy hun (De Cymru) – *on my own*

arian (gwr.) – *money; silver*

arian parod (gwr.) – *cash*

ar-lein – *on-line*

arlunio – *to draw, to paint (a picture)* (bôn: arluni-)

ar ran – *on behalf of*

arswyd (gwr.) – *horror*

ar wahân – *separate* (ans.)

ar yr un pryd – *at the same time*

astudio – *to study* (bôn: astudi-)

atig (ben.) – *an attic*; atigau – *attics*

awr ginio (ben.) – *lunch hour*

awyr (ben.) – *air; sky*

B

balch – *proud, pleased*

bale (gwr.) – *ballet*

balŵn (gwr.) – *a balloon*; balwnau – *balloons*

baner (ben.) – *a flag, a banner*; baneri – *flags, banners*

bant â ni – *off we go* (De Cymru)

bardd (gwr.) – *a poet*; beirdd – *poets*

barf (ben.) – *a beard*; barfau – *beards*

bas – *bass; shallow*

bedd (gwr.) – *a grave*; beddau – *graves*

beicio – *to cycle, to ride a bicycle* (bôn: beici-)

beirdd – *poets* (gw. bardd)

benthyg – *to borrow, to lend* (bôn: benthyc-)

bin (gwr.) – *a bin*; biniau – *bins*

bioleg (ben.) – *biology*

blaen (gwr.) – *front*

blasu – *to taste* (bôn: blas-)

blasus – *tasty*

blawd (gwr.) – *flour*

blewog – *hairy*

blog (gwr.) – *a blog*; blogiau – *blogs*

blogio – *to blog* (bôn: blogi-)

blows (ben.) – *a blouse*; blowsus – *blouses*

bob yn ail – *every other, alternate*

bocs bwyd (gwr.) – *a food box*; bocsys bwyd – *food boxes*

boch (ben.) – *a cheek*; bochau – *cheeks*

bochdew (gwr.) – *a hamster*; bochdewion – *hamsters*

bodlon – *willing, contented, satisfied*

boeler (gwr.) – *a boiler*; boeleri – *boilers*

bôn (gwr.) – *a base, a stem*; bonion – *stems* (gw. yn y bôn)

botwm (gwr.) – *a button*; botymau – *buttons*

braidd – *rather, scarcely*

brest (ben.) – *a chest*; brestiau – *chests*

bresychen (ben.) – *a cabbage*; bresych – *cabbages, cabbage*

buwch (ben.) – *a cow*; buchod – *cows*

bwced (gwr.) – *a bucket*; bwcedi – *buckets*

bwcio – *to book* (bôn: bwci-)

bwrw cesair – *to hail (weather)*

bwthyn (gwr.) – *a cottage*; bythynnod – *cottages*

bwydo – *to feed* (bôn: bwyd-)

bwystfil (gwr.) – *a monster*; bwystfilod – *monsters*

bythynnod – *cottages* (gw. bwthyn)

byw (ans.) – *alive; live*

bywyd (gwr.) – *a life*; bywydau – *lives*

C

cadair olwyn (ben.) – *a wheelchair*; cadeiriau olwyn – *wheelchairs*

cadno (gwr.) – *a fox*; cadnoid – *foxes* (De Cymru)

cadw mewn cysylltiad – *to keep in touch* (bôn: cadw- mewn cysylltiad)

cae (gwr.) – *a field*; caeau – *fields*

cangarŵ (gwr.) – *a kangaroo*; cangarŵod – *kangaroos*

cais (gwr.) – *an application*; ceisiadau – *applications*

cais (gwr.) – *a rugby try*; ceisiau – *rugby tries*

caled – *hard*

calon (ben.) – *a heart*; calonnau – *hearts*

call – *sensible*

camp (ben.) – *a feat*; campau – *feats*

campio – *to camp* (bôn: campi-)

canol dydd – *midday*

canolog – *central*

canrif (ben.) – *a century*; canrifoedd – *centuries*

canslo – *to cancel* (bôn: cansl-)

cantores (ben.) – *a female singer*; cantoresau – *female singers*

canwr (gwr.) – *a singer*; cantorion – *singers*

carafán (ben.) – *a caravan;* carfanau – *caravans*

cardiau credyd – *credit cards* (gw. cerdyn credyd)

cardigan (ben.) – *a cardigan;* cardigannau – *cardigans*

caredig – *kind*

carped (gwr.) – *a carpet;* carpedi – *carpets*

cartŵn (gwr.) – *a cartoon;* cartwnau – *cartoons*

cas beth (gwr.) – *a pet hate;* cas bethau – *pet hates*

cas pensiliau (gwr.) – *a pencil case;* casys pensiliau – *pencil cases*

castell (gwr.) – *a castle;* cestyll – *castles*

castell neidio (gwr.) – *a bouncy castle*

cefn gwlad (gwr.) – *the countryside*

ceiliog (gwr.) – *a cockrel;* ceiliogod – *cockrels*

ceisiadau – *applications* (gw. cais)

ceisiau – *rugby tries* (gw. cais)

ceisio – *to try, to attempt* (bôn: ceisi-)

celf (ben.) – *art;* celfyddydau – *arts*

celfi – *furniture* (gw. celficyn) (De Cymru)

cemeg (ben.) – *chemistry*

cerddorol – *musical* (ans.)

cerdyn credyd (gwr.) – *a credit card;* cardiau credyd – *credit cards*

cestyll – *castles* (gw. castell)

cewyn (gwr.) – *a nappy;* cewynnau – *nappies*

cigydd (gwr.) – *a butcher;* cigyddion – *butchers*

cimwch (gwr.) – *a lobster;* cimychiaid – *lobsters*

cinio (gwr.) – *a dinner;* ciniawau – *dinners*

cinio rhost (gwr.) – *a roast dinner;* ciniawau rhost – *roast dinners*

ciwb (gwr.) - *cube;* ciwbiau - *cubes*

clasurol – *classical*

clecs – *gossip*

clir (ans.) – *clear*

clirio – *to clear* (bôn: cliri-)

cloi – *to lock* (bôn: cloi-)

coeden (ben.) – *a tree;* coed – *trees*

coeden deuluol (ben.) – *a family tree*

coedwig (ben.) – *a forest;* coedwigoedd – *forests*

cofiant (gwr.) – *a biography;* cofiannau – *biographies*

cofion – *regards*

cofion cynnes – *warm regards*

cofrestru – *to register* (bôn: cofrestr-)

coleg (gwr.) – *a college;* colegau – *colleges*

coll – *lost* (ans.)

colli – *to lose* (bôn: coll-)

comedi (ben.) – *a comedy;* comedïau – *comedies*

copïo – *to copy* (bôn: copï-)

côr (gwr.) – *a choir;* corau – *choirs*

coridor (gwr.) – *a corridor;* coridorau – *corridors*

cornel (ben.) – *a corner;* corneli – *corners*

coron (ben.) – *a crown;* coronau – *crowns*

corryn (gwr.) – *a spider;* corynnod – *spiders* (De Cymru)

cost (ben.) – *a cost;* costau – *costs*

costio – *to cost* (bôn: costi-)

crafu – *to scrape, to scratch* (bôn: craf)

craig (ben.) – *a rock;* creigiau – *rocks*

cranc (gwr.) – *a crab;* crancod – *crabs*

creisionen (ben.) – *a crisp;* creision – *crisps*

creulon – *cruel*

crïo – *to cry* (bôn: crï -)

croen (gwr.) – *skin;* crwyn – *skins*

croesair (gwr.) – *crossword;* croeseiriau – *crosswords*

cropian – *to crawl* (bôn: cropi-)

crwyn – *skins* (gw. croen)

cryf – *strong*

crys (gwr.) – *a shirt;* crysau – *shirts*

crys T (gwr.) – *a T shirt*

cusan (ben.) – *a kiss;* cusanau – *kisses*

cusanu – *to kiss* (bôn: cusan-)

cwch (gwr.) – *a boat;* cychod – *boats*

cwmwl (gwr.) – *a cloud;* cymylau – *clouds*

cwningen (ben.) – *a rabbit;* cwningod – *rabbits*

cwpwrdd (gwr.) – *a cupboard;* cypyrddau – *cupboards*

cwrdd (â) – *to meet (with)* (bôn: cwrdd-) (De Cymru)

cwrt (gwr.) – *court (sports);* cyrtiau – *courts (sports)*

cwsmer (gwr.) – *a customer;* cwsmeriaid – *customers*

cwt (gwr.) – *a hut;* cytiau – *huts*

cwympo – *to fall* (bôn: cwymp-) (De Cymru)

cwyno – *to complain* (bôn: cwyn-)

cychod – *boats* (gw. cwch)

cydweithiwr (gwr.) – *a colleague;* cydweithwyr – *colleagues*

cydweithwraig (ben.) – fem. *colleague;* cydweithwragedd – fem. *colleagues*

cyfarfod – *to meet* (bôn: cyfarfu-)

cyfarwyddo – *to direct, to instruct* (bôn: cyfarwydd-)

cyfeillgar – *friendly*

cyfeirio – *to direct* (cyfeiri-)

cyfle (gwr.) – *an opportunity, a chance;* cyfleoedd – *chances, opportunities*

cyfleus – *convenient*

cyflog (gwr.) – *a salary;* cyflogau – *salaries*

cyfoethog – *rich*

cyfreithiwr (gwr.) – *a solicitor;* cyfreithwyr – *solicitors*

cyfrwng (gwr.) – *a medium;* cyfryngau – *media*

cyfryngau cymdeithasol – *social media*

cyffrous – *exciting*

cyhoeddi – *to announce, to publish* (bôn: cyhoedd-)

cyhoeddiad (gwr.) – *an announcement;* cyhoeddiadau – *announcements*

cylch (gwr.) – *a circle;* cylchoedd – *circles*

cylchfan (ben.) – *a roundabout;* cylchfannau – *roundabouts*

cylch meithrin – *a pre-school nursery*

cylchgrawn (gwr.) – *a magazine;* cylchgronau – *magazines*

cyllell (ben.) – *a knife;* cyllyll – *knives*

cymdeithas (ben.) – *a society;* cymdeithasau – *societies*

cymdeithas rieni (ben.) – *parents' acssociation*

cymdeithasu – *to socialise*

cymeriad (gwr.) – *a character;* cymeriadau – *characters*

Cymreig (ans.) – *Welsh*

cymuned (ben.) – *a community;* cymunedau – *communities*

cymylau – *clouds* (gw. cwmwl)

cynffon (ben.) – *a tail;* cynffonnau – *tails*

cynnig (gwr.) – *an offer;* cynigion – *offers*

cypyrddau – *cupboards* (gw. cwpwrdd)

cyrliog – *curly*

cysylltiad (gwr.) – *a contact, a connection;* cysylltiadau – *contacts, connections*

cysylltu (â) – *to contact, to connect (with)* (bôn: cysyllt-)

cytiau – *huts* (gw. cwt)

cytundeb (gwr.) – *a contract;* cytundebau – *contracts*

cyw (gwr.) – *a chick;* cywion – *chicks*

Ch

chwarae teg – *fair play*

chwaraewr (gwr.) – *a player;* chwaraewyr – *players*

chwilio (am) – *to search (for)* (bôn: chwili-)

chwyrnu – *to snore* (bôn: chwyrn-)

chwys (gwr.) – *sweat*

chwysu – *to sweat* (bôn: chwys-)

chwythu – *to blow* (bôn: chwyth-)

D

daear (ben.) – *earth*

daearyddiaeth (ben.) – *geography*

dafad (ben.) – *a sheep;* defaid – *sheep*

dart (gwr.) – *a dart;* dartiau – *darts*

datblygu – *to develop*

dathliad (gwr.) – *a celebration;* dathliadau – *celebrations*

dawns (ben.) – *a dance;* dawnsfeydd – *dances*

dawnus – *talented*

dechreuwr (gwr.) – *a beginner;* dechreuwyr – *beginners*

defaid – *sheep* (gw. dafad)

derbynfa (ben.) – *a reception;* derbynfeydd – *receptions*

dibynnu (ar) – *to depend (upon), to rely on* (bôn: dibynn-)

difetha – *to spoil, to destoy* (bôn: difeth-)

diffodd – *to switch off, to extinguish* (bôn: diffodd-)

digartref – *homeless*

digidol – *digital*

dilyn – *to follow* (bôn: dilyn-)

dinas (ben.) – *a city;* dinasoedd – *cities*

diolch byth – *thank goodness*

diolchgar – *thankful, grateful*

disgrifio – *to describe* (bôn: disgrifi-)

disgwyl – *to expect* (disgwyli-)

disgybl (gwr.) – *a pupil;* disgyblion – *pupils*

distaw – *quiet* (Gogledd Cymru)

diswyddo – *to make redundant* (bôn: diswydd-)

diwedd (gwr.) – *end;* diweddion – *ends*

dogfen (ben.) – *a document;* dogfennau – *documents*

doli (ben.) – *a doll;* doliau – *dolls*

doniol – *funny, comical, amusing*

draig (ben.) – *a dragon;* dreigiau – *dragons*

dreigiau – *dragons* (gw. draig)

drôr (gwr.) – *a drawer;* droriau – *drawers*

dros – *over*

drwm (gwr.) – *a drum;* drymiau – *drums*

dwlu (ar) – *to love, to dote upon* (bôn: dwl-) (De Cymru)

dwylo – *hands* (gw. llaw)

dwywaith – *twice*

dydd (gwr.) – *a day;* dyddiau – *days* (gw. y dyddiau hyn)

dyddiad (gwr.) – *a date (as on a calendar);* dyddiadau – *dates*

dyddiadur (gwr.) – *a diary;* dyddiaduron – *diaries*

dyfodol (gwr.) – *future*

dyffryn (gwr.) – *a valley;* dyffrynnoedd – *valleys*

dyna i gyd – *that's all*

E

ebostio – *to email* (bôn: ebosti-)

egwyl (ben.) – *a break, break time*

Eidal, yr (ben.) - *Italy*

Eidalaidd – *Italian* (ans.)

Eidaleg – (ben.) *Italian (language)*

Eidales (ben.) – *Italian woman;* Eidalesau – *Italian women*

Eidalwr (gwr.) – *Italian man;* Eidalwyr – *Italians*

eiliad (ben./gwr.) – *a second (of time);* eiliadau – *seconds*

eitem (ben.) – *an item;* eitemau – *items*

eleni – *this year*

eli haul (gwr.) – *suncream*

eliffant (gwr.) – *an elephant;* eliffantod – *elephants*

elusen (ben.) – *a charity;* elusennau – *charities*

emyn (gwr.) – *a hymn;* emynau – *hymns*

er enghraifft – *for example*

erbyn – *by (time)*

erbyn hyn – *by now*

Eryri (gwr.) – *Snowdonia*

esbonio – *to explain* (bôn: esboni-)

Ewrop (ben.) – *Europe*

F

fest (ben.) – *a vest*; festiau – *vests*

fyny grisiau – *upstairs* (Gogledd Cymru)

Ff

ffa – *beans* (gw. ffeuen)

ffa pob – *baked beans*

ffafr (ben.) – *a favour*; ffafrau – *favours*

ffansïo – *to fancy* (bôn: ffansï-)

ffantasi (gwr.) – *a fantasy*; ffantasïau – *fantasies*

ffasiwn (gwr.) – *a fashion*; ffasiynau – *fashions*

ffasiynol – *fashionable*

ffeil (ben.) – *a file*; ffeiliau – *files*

ffeithiol – *factual*

fferi (ben.) – *a ferry*; fferis – *ferries*

fferm (ben.) – *a farm*; ffermydd – *farms*

ffermdy (gwr.) – *a farmhouse*; ffermdai – *farmhouses*

ffeuen (ben.) – *a bean*; ffa – *beans*

ffi (ben.) – *a fee*; ffioedd – *fees*

ffiseg (ben.) – *physics*

ffitio – *to fit* (bôn: ffiti-)

fforc (ben.) – *a fork*; ffyrc – *forks*

ffordd (ben.) – *a road, a way*; ffyrdd – *roads, ways*

ffordd osgoi (ben.) – *a bypass (road)*; ffyrdd osgoi – *bypasses*

Ffrangeg (ben.) – *French (language)*

Ffrainc (ben.) – *France*

Ffrances (ben.) – *French woman*; Ffrancesau – *French women*

Ffrancwr (gwr.) – *Frenchman*; Ffrancwyr – *French(men)*

ffres – *fresh*

ffrio – *to fry* (bôn: ffri-)

ffrog (ben.) – *a dress, a frock*; ffrogiau – *dresses, frocks*

ffŵl (gwr.) – *a fool*; ffyliaid – *fools*

ffwrn (ben.) – *an oven*; ffyrnau – *ovens* (De Cymru)

ffyrc – *forks* (gw. fforc)

ffyrdd – *roads, ways* (gw. ffordd)

ffyrnau – *ovens* (gw. ffwrn)

G

gafr (ben.) – *a goat*; geifr – *goats*

gair o gyngor – *a word of advice*

galwad (ben.) – *a call*; galwadau – *calls*

gartre – *at home* (De Cymru)

geifr – *goats* (gw. gafr)

gem (ben.) – *a gem*; gemau – *gems*

gemwaith (gwr.) – *jewellery*

geni – *to be born*

glân – *clean*

glanhäwr (gwr.) – *a cleaner*; glanhawyr – *cleaners*

glo (gwr.) – *coal*

glöwr (gwr.) – *collier*; glowyr – *colliers*

gofalu (am) – *to look after, to care (for)* (bôn: gofal-)

Gog (gwr.) – *a Northwalian*; Gogs – *Northwalians*

gôl (ben.) – *a goal*; goliau – *goals*

golygfa (ben.) – *a view, scenery*; golygfeydd – *views*

gorchymyn (gwr.) – *a command*; gorchmynion – *commands*

gorffennol (gwr.) – *past*

gradd (ben.) – *a degree*; graddau – *degrees*

gratio – *to grate* (bôn: grati-)

grawnfwyd (gwr.) – *cereal*; grawnfwydydd – *cereals*

grawnffrwyth (gwr.) – *a grapefruit*; grawnffrwythau – *grapefruits*

gris (gwr.) – *a step, a stair*; grisiau – *steps, stairs*

grŵp (gwr.) – *a group*; grwpiau – *groups*

gwaed (gwr.) – *blood*

gwael – *poor (quality)*

gwaelod (gwr.) – *bottom, base*; gwaelodion – *bases*

gwag – *empty*

gwahanol – *different*

gwahoddiad (gwr.) – *an invitation;* gwahoddiadau – *invitations*

gwarchod – *to protect, to babysit* (bôn: gwarchod-)

gwario – *to spend (money)* (bôn: gwari-)

gwartheg (ben.) – *cattle*

gwawr (ben.) – *a dawn;* gwawriau – *dawns*

gweddïo – *to pray* (bôn: gweddï-)

gwefan (ben.) – *a website;* gwefannau – *websites*

gweiddi – *to shout* (bôn: gweidd-)

gweinidog (gwr.) – *a minister;* gweindogion – *ministers*

gweinyddol – *administrative*

gweld eisiau – *to miss, to yearn for* (bôn: gwel- eisiau)

gwella – *to improve, to get better* (bôn: gwell-)

gwersyll (gwr.) – *a camp;* gwersylloedd – *camps*

gwersylla – *to camp* (bôn: gwersyll-)

gwirfoddol – *voluntary*

gwisg (ben.) – *a costume, an uniform;* gwisgoedd – *costumes, uniforms,*

gwisg ffansi (ben.) – *fancy dress;* gwisgoedd ffansi – *fancy dresses*

gwiwer (ben.) – *a squirrel;* gwiwerod – *squirrels*

Gwlad Groeg (ben.) – *Greece*

gwnïo – *to sew* (bôn: gwnï-)

gwregys (gwr.) – *a belt;* gwregysau – *belts*

gwres (gwr.) – *temperature, heat, heating*

gwres canolog (gwr.) – *central heating*

gwrthod – *to refuse* (bôn: gwrthod-)

gwybodaeth (ben.) – *information*

gwych – *excellent*

gŵydd (ben.) – *a goose;* gwyddau – *geese*

Gwyddel (gwr.) – *Irishman;* Gwyddelod – *Irish (people)*

Gwyddeleg (ben.) – *Irish (language)*

Gwyddeles (ben.) – *Irish woman;*

Gwyddelesau – *Irish women*

Gwyddelig – *Irish* (ans.)

gwyddoniaeth (ben.) – *science*

gwydr (gwr.) – *glass; a glass;* gwydrau – *glasses (drinking)*

gwydraid (gwr.) – *a glassful*

Gŵyl San Steffan (ben.) – *Boxing Day (The Feast of St Stephen)*

gwylltio – *to lose one's temper* (bôn: gwyllti-)

H

haearn (gwr.) – *iron*

hamdden (gwr.) – *leisure*

hardd – *beautiful*

heb sôn am – *not to mention*

heibio – *past*

heini – *fit*

hen ffasiwn – *old-fashioned*

heulwen (ben.) – *sunshine*

hiraeth (gwr.) – *longing (nostalgia)*

hofrennydd (gwr.) – *a helicopter;* hofrenyddion – *helicopters*

holl – *all, whole*

hosan (ben.) – *a sock;* hosanau – *socks*

hunan – *self*

hunangofiant (gwr.) – *autobiography;* hunangofiannau – *autobiographies*

hwfro – *to hoover* (bôn: hwfr-)

Hwntw (gwr.) – *a Southwalian;* Hwntws – *Southwalians*

hwyaden (ben.) – *a duck;* hwyaid – *ducks*

hwylio – *to sail* (bôn: hwyli-)

hyd yn oed – *even*

hyderus – *confident*

hyfforddi – *to train* (bôn: hyffordd-)

hyfforddiant (gwr.) – *training, coaching*

hyfforddwr (gwr.) – *a coach, a trainer;* hyfforddwyr – *coaches, trainers*

hyn – *this*

hysbysebu – *to advertise* (bôn: hysbyseb-)

I

iach – *healthy*

iaith (ben.) – *a language;* ieithoedd – *languages*

iâr (ben.) – *a hen;* ieir – *hens*

ieithoedd – *languages* (gw. iaith)

isel – *low*

J

jar (ben.) – *a jar;* jariau – *jars*

jeli (gwr.) – *jelly*

jiráff (gwr.) – *a giraffe;* jiraffod – *giraffes*

L

lan llofft – *upstairs* (De Cymru)

lawnt (ben.) – *a lawn;* lawntydd/ lawntiau – *lawns;*

lawr grisiau – *downstairs* (Gogledd Cymru)

lawr llawr – *downstairs* (De Cymru)

lein (ben.) – *a line;* leiniau – *lines*

lori (ben.) – *a lorry;* lorïau – *lorries*

Ll

llall – *other;* lleill – *others*

llaw (ben.) – *a hand;* dwylo – *hands*

lle (gwr.) – *a place;* llefydd – *places* (gw. yn lle)

llefain – *to cry* (bôn: llef-) (De Cymru)

lleill – *others* (gw. llall; gw. y lleill)

lleol – *local*

lleuad (ben.) – *a moon*

llew (gwr.) – *a lion;* llewod – *lions*

lliwgar – *colourful*

lliwio – *to colour* (bôn: lliwi-)

llo (gwr.) – *a calf (cattle);* lloi – *calves*

llogi – *to hire, to rent* (bôn: llog-)

llonydd (ans.) – *still, tranquil*

llonydd (gwr.) – *peace and quiet*

llosgi – *to burn* (bôn: llosg-)

llungopïo – *to photocopy* (bôn: llungopï-)

llwgu – *to starve* (bôn: llwg-)

llwy (ben.) – *a spoon;* llwyau – *spoons*

llwybr (gwr.) – *a path;* llwybrau – *paths*

llwynog (gwr.) – *a fox;* llwynogod – *foxes*

llygoden (ben.) – *a mouse;* llygod – *mice*

llygoden fawr (ben.) – *a rat;* llygod mawr – *rats*

llym – *strict, sharp*

llysfam (ben.) - *stepmother;* llysfamau - *stepmothers*

llysieuol – *vegetarian* (ans.)

llystad (gwr.) - *stepfather;* llystadau - *stepfathers*

llythyr (gwr.) – *a letter (correspondence);* llythyrau – *letters*

M

mab (gwr.) – *a son;* meibion – *sons*

mae'n debyg – *it's likely, apparently*

maes (gwr.) – *a field, an area;* meysydd – *fields*

maes awyr (gwr.) – *airport;* meysydd awyr – *airports*

maint (gwr.) – *a size;* meintiau – *sizes*

malwoden (ben.) – *a snail;* malwod – *snails*

marw – *to die;* hefyd (ans.) – *dead*

materion cyfoes – *current affairs*

mathemateg (ben.) – *mathematics*

meddai – *s/he said*

meddwi – *to get drunk* (bôn: meddw-)

meibion – *sons* (gw. mab)

meicrodon (ben.) – *a microwave*

meintiau – *sizes* (gw. maint)

meithrinfa (ben.) – *a crèche, a nursery;* meithrinfeydd – *crèches, nurseries*

melys – *sweet* (ans.)

merch (ben.) – *a girl, a daughter;* merched – *girls, daughters*

meysydd – *fields* (gw. maes)

milfeddyg (gwr.) – *a vet;* milfeddygon –

vets

milfeddygfa (ben.) – *veterinary surgery;* milfeddygfeydd – *veterinary surgeries*

milltir (ben.) – *a mile;* milltiroedd – *miles*

mochyn (gwr.) – *a pig;* moch – *pigs*

modfedd (ben.) – *an inch;* modfeddi – *inches*

modrwy (ben.) – *a ring;* modrwyau – *rings*

moel – *bald*

mwg (gwr.) – *smoke*

mwnci (gwr.) – *a monkey;* mwncïod – *monkeys*

mwstas (gwr.) – *a moustache;* mwstashis – *moustaches*

mwy neu lai – *more or less*

mwyn – *mild*

myfyriwr (gwr.) – *a male student;* myfyrwyr – *male students*

myfyrwraig (ben.) – *a female student;* myfyrwragedd – *female students*

mynd ati (i wneud rhywbeth) – *to go about (doing something)*

mynedfa (ben.) – *an entrance;* mynedfeydd – *entrances*

mynydd (gwr.) – *a mountain;* mynyddoedd – *mountains*

N

nadredd – *snakes* (gw. neidr)

nadroedd – *snakes* (gw. neidr)

naid (ben.) – *a jump, a leap;* neidiau – *jumps, leaps*

natur (ben.) – *nature*

naturiol – *natural*

neges (ben.) – *a message;* negeseuon – *messages*

neidiau – *jumps* (gw. naid)

neidio – *to jump* (bôn: neidi-)

neidr (ben.) – *a snake;* nadroedd – *snakes;* hefyd, nadredd – *snakes*

newid – *to change* (bôn: newidi-)

newyddiadurwr (gwr.) – *a journalist;* newyddiadurwyr – *journalists*

niwl (gwr.) – *fog, mist;* niwloedd – *fogs,*

mists

nodyn (gwr.) – *a note;* nodiadau – *notes (written),* nodau – *notes (musical)*

noddi – *to sponsor* (bôn: nodd-)

nofel (ben.) – *a novel;* nofelau – *novels*

Norman (gwr.) – *a Norman;* Normaniaid – *Normans*

Noswyl Nadolig (ben.) – *Christmas Eve*

nwyddau – *goods, merchandise*

O

o hyd – *still, yet*

oddi wrth – *from (a person)*

oedolion – *adults* (gw. oedolyn)

oedolyn (gwr.) – *an adult;* oedolion – *adults*

oen (gwr.) *a lamb;* ŵyn – *lambs*

oergell (ben.) – *a refrigerator;* oergelloedd – *refrigerators*

oes (ben.) – *an age (time);* oesoedd – *ages*

ofn (gwr.) – *fear;* ofnau – *fears*

olew (gwr.) – *oil;* olewau – *oils*

olwyn (ben.) – *a wheel;* olwynion – *wheels*

opsiwn (gwr.) – *an option;* opsiynau – *options*

optegydd (gwr.) – *an optician;* optegwyr – *opticians*

o'r blaen – *before, previously*

o'r diwedd – *at last, finally*

P

palu – *to dig* (bôn: pal-)

pam lai? – *why not?*

panel (gwr.) – *a panel;* paneli – *panels*

papur (gwr.) – *a paper, a newspaper;* papurau – *papers, newspapers*

papur bro (gwr.) – *a community newspaper*

papuro – *to paper (decorating)* (bôn: papur-)

parsel (gwr.) – *a parcel;* parseli – *parcels*

pasio – *to pass* (bôn: pasi-)

peiriannydd (gwr.) – *an engineer;* peirianwyr – *engineers*

pêl-fasged (ben.) – *basketball*

pêl-rwyd (ben.) – *netball*

pen ôl (gwr.) – *bottom (body part);* penolau – *bottoms*

pen-blwydd priodas (gwr.) – *a wedding anniversary*

penderfynu – *to decide* (bôn: penderfyn-)

penelin (gwr.) – *an elbow;* penelinoedd – *elbows*

pen-glin (gwr.) – *a knee;* pengliniau – *elbows*

pennill (gwr.) – *a verse;* penillion – *verses*

Penrhyn Gŵyr (gwr.) – *the Gower Peninsula*

perlysieuyn (gwr.) – *a herb;* perlysiau – *herbs*

personol – *personal*

peryglus – *dangerous*

pilo – *to peel* (bôn: pil-)

plaen – *plain* (ans.)

plât (gwr.) – *a plate;* platiau – *plates*

pluen (ben.) – *a feather;* plu – *feathers*

plwg (gwr.) – *a plug;* plygiau – *plugs*

plymwr (gwr.) – *a plumber;* plymwyr – *plumbers*

pobi – *to bake* (bôn: pob-)

poblogaidd – *popular*

poced (ben.) – *a pocket;* pocedi – *pockets*

poenus – *painful*

poeth – *hot*

popty (gwr.) – *an oven;* poptai – *ovens* (Gogledd Cymru)

porthladd (gwr.) – *a port, a harbour;* porthladdoedd – *ports, harbours*

postio – *to post* (bôn: posti-)

potel (ben.) – *a bottle;* poteli – *bottles*

powdr (gwr.) – *powder*

powlen (ben.) – *a bowl;* powlenni – *bowls*

pren – *wooden*

presennol (gwr.) – *(the) present*

preswyl – *residential*

prifddinas (ben.) – *capital city;* prifddinasoedd – *capital cities*

priodas (ben.) – *a wedding;* priodasau – *weddings*

pris (gwr.) – *a price;* prisiau – *prices*

pry copyn (gwr.) – *a spider;* pryfaid cop – *spiders* (Gogledd Cymru)

Prydain (ben.) – *Britain*

pupur (gwr.) – *pepper*

pwdin (gwr.) – *a pudding;* pwdinau – *puddings*

pwrs (gwr.) – *a purse;* pyrsiau – *purses*

pwynt (gwr.) – *a point;* pwyntiau – *points*

pwys (gwr.) – *pound* (dim arian); pwysau – *pounds*

pwysau (gwr.) – *weight, weights*

pysgota – *to fish* (bôn: pysgot-)

pythefnos (gwr.) – *a fortnight*

R

realiti (ben.) – *reality*

reidio – *to ride* (bôn: reidi-)

reis (gwr.) – *rice*

rysáit (ben.) – *a recipe;* ryseitiau – *recipes*

Rh

rhaeadr (gwr.) – *a waterfall;* rhaeadrau – *waterfalls*

rhag ofn – *(just) in case*

rhan fwya (ben.) – *a majority*

rhannu – *to share, to divide* (bôn: rhann-)

rhegi – *to swear, to curse* (bôn: rheg-)

rheilffordd (ben.) – *a railway;* rheilffyrdd – *railways*

rhentio – *to rent* (Gogledd Cymru)

rhentu – *to rent* (bôn: rhent-) (De Cymru)

rheswm (gwr.) – *a reason;* rhesymau –

reasons

rhesymol – *reasonable*

rhewgell (ben.) – *a freezer;* rhewgelloedd – *freezers*

rhewi – *to freeze* (bôn: rhew-)

rhiant (gwr.) – *a parent;* rhieni – *parents*

rhiwbob (gwr.) – *rhubarb*

rhoi – *to give, to put* (bôn: rhoi- neu rhodd-)

rhoi gwybod (i) – *to inform*

rhugl – *fluent*

rhydd – *free, loose, available*

rhyngwladol – *international*

rhyw fath – *some sort*

rhywbryd – *sometime*

S

Saesneg (ben.) – *English* (iaith)

Saesnes (ben.) – *Englishwoman;* Saesnesau – *Englishwomen*

safle bws (gwr.) – *a bus stop;* safleoedd bws – *bus stops*

salwch (gwr.) – *illness, sickness*

sandal (ben.) – *a sandal;* sandalau – *sandals*

sawdl (gwr.) – *a heel;* sodlau – *heels*

sawl – *several, many*

Sbaeneg (ben.) – *Spanish (language)*

sbectol (ben.) – *spectacles, glasses*

sbectol haul (ben.) – *sunglasses*

sbeislyd – *spicy*

sboncen (ben.) – *squash (sport)*

sebon (gwr.) – *soap*

sedd (ben.) – *a seat;* seddi – *seats*

sef – *i.e. (that is to say)*

seler (ben.) – *a cellar;* seleri – *cellars*

selsigen (ben.) – *a sausage;* selsig – *sausages*

senedd (ben.) – *a parliament, a senate;* seneddau – *parliaments*

seremoni (ben.) – *a ceremony;* seremonïau – *ceremonies*

sgarff (ben.) – *a scarf;* sgarffiau – *scarves*

sgert (ben.) – *a skirt;* sgertiau – *skirts*

sgrin (ben.) – *a screen;* sgriniau – *screens*

sgwrs (ben.) – *a conversation, a chat;* sgyrsiau – *conversations, chats*

sgwrsio – *to converse, to chat* (bôn: sgyrsi-)

siaced (ben.) – *a jacket;* siacedi – *jackets*

sianel (ben.) – *a channel;* sianeli – *channels*

sied (ben.) – *a shed;* siediau – *sheds*

sinc (ben.) – *a sink;* sinciau – *sinks*

siomedig – *disappointing, disapponted*

siwmper (ben.) – *a sweater, a jumper;* siwmperi – *sweaters, jumpers*

siwt (ben.) *a suit;* siwtiau – *suits*

sliper (ben.) – *a slipper;* sliperi – *slippers*

sodlau – *heels* (gw. sawdl)

sôn (am) – *to mention* (bôn: soni-)

sosban (ben.) – *a saucepan;* sosbenni – *saucepans*

soser (ben.) – *a saucer;* soseri – *saucers*

stadiwm (gwr.) – *a stadium;* stadiymau – *stadiums*

stori (ben.) – *a story;* storïau – *stories*

storm (ben.) – *a storm;* stormydd – *storms*

straen (ben.) – *a strain, a stress, tension;* straeniau – *strains, stresses, tensions*

stumog (ben.) – *a stomach;* stumogau – *stomachs*

suddo – *to sink* (bôn: sudd-)

swil – *shy, bashful*

Swistir, y (ben.) – *Switzerland*

sŵn (gwr.) – *a sound, a noise;* synau – *sounds, noises*

swyddog (gwr.) – *an officer;* swyddogion – *officers*

sychu – *to dry* (bôn: sych-)

sychwr gwallt (gwr.) – *a hairdryer*

sylwi (ar) – *to notice (something)* (bôn: sylw-)

syml – *simple*

T

ta beth – *anyway*

tacluso – *to tidy* (bôn: taclus-)

tacsi (gwr.) – *a taxi;* tacsis – *taxis*

tafarnwr (gwr.) – *an innkeeper;* tafarnwyr – *innkeepers*

taflu – *to throw* (bôn: tafl-)

tafod (gwr.) – *a tongue;* tafodau – *tongues*

tai – *houses* (gw. tŷ)

tair gwaith – *three times*

tal – *tall*

taldra (gwr.) – *height, stature, tallness*

tap (gwr.) – *a tap;* tapiau – *taps*

tawel – *quiet, calm*

tebot (gwr.) – *a teapot;* tebotau – *teapots*

technegydd (gwr.) – *a technician;* technegwyr – *technicians*

technoleg (ben.) – *technology*

tei (gwr.) – *a necktie;* teis – *neckties*

teigr (gwr.) – *a tiger;* teigrod – *tigers*

teipio – *to type* (bôn: teipi-)

teithiwr (gwr.) – *a traveller;* teithwyr – *travellers*

telyn (ben.) – *a harp;* telynau – *harps*

tenau – *thin*

tew – *fat (ans.)*

tisian – *to sneeze* (bôn: tisi-)

tlawd – *poor, poverty-stricken*

ton (ben.) – *a wave;* tonnau – *waves*

torheulo – *to sunbathe* (bôn: torheul-)

tra – *while, whilst*

tractor (gwr.) – *a tractor;* tractorau – *tractors*

traddodiadol – *traditional*

trafferth (ben.) – *trouble, bother;* trafferthion – *troubles*

traffordd (ben.) – *a motorway;* traffyrdd – *motorways*

trais (gwr.) – *violence*

tramor – *overseas, abroad*

trawiadol – *striking* (ans.)

trefnus – *organised, orderly*

treth (ben.) – *a tax;* trethi – *taxes*

treulio – *to spend (time)* (bôn: treuli-)

triongl (gwr.) – *a triangle;* trionglau – *triangles*

troedfedd (ben.) – *a foot (measurement);* troedfeddi – *feet*

trôns (gwr.) – *underpants*

trowsus (gwr.) – *trousers*

trwm – *heavy*

trwsio – *to repair, to mend* (bôn: trwsi-)

trydanwr (gwr.) – *an electrician;* trydanwyr – *electricians*

trydar – *to tweet, to twitter* (bôn: trydar-)

tun (gwr.) – *a tin, a can;* tuniau – *tins, cans*

twll (gwr.) – *a hole;* tyllau – *holes*

twmpath dawns (gwr.) – *a barn dance;* twmpathau dawns – *barn dances*

twnnel (gwr.) – *a tunnel;* twnelau – *tunnels*

twpsyn (gwr.) – *a silly person, a stupid person;* twpsod – *silly people*

tŵr (gwr.) – *a tower;* tyrau – *towers*

twrci (gwr.) – *a turkey;* twrcïod – *turkeys*

twristiaeth (ben.) – *tourism*

tŷ (gwr.) – *a house;* tai – *houses*

tŷ ar wahân – *detached house;* tai ar wahân – *detached houses*

tŷ gwydr (gwr.) – *a greenhouse;* tai gwydr – *greenhouses*

tŷ pâr – *semi-detached house;* tai pâr – *semi-detached houses*

tŷ teras (gwr.) – *a terraced house;* tai teras – *terraced houses*

tybed? – *I wonder?*

tynnu – *to pull, to take off* (bôn: tynn-)

tywel (gwr.) – *a towel;* tywelion – *towels*

tywod (gwr.) – *sand*

tywyll – *dark*

Th

theatr (ben.) – *a theatre;* theatrau – *theatres*

U

uchel – *high*
unig – *lonely, only*
union – *exact, direct* (gw. yn union)

W

wedi'r cyfan – *after all*
wrth ochr – *by the side of*
ŵyn – *lambs* (gw. oen)
ŵyr (gwr.) - *grandson;* wyrion - *grandsons, grandchildren*
wyres (ben.) - *granddaughter;* wyresau - *granddaughters*

Y

ychwanegol – *additional*
ychwanegu (at) – *to add (to)* (bôn: ychwaneg-)
y dyddiau hyn – *these days*
y lleill – *the others*
ymarfer – *to rehearse, to practise* (bôn: ymarfer-)
ymarfer corff (gwr.) – *physical education*
ymbarél (gwr.) – *umbrella;* ymbarelau – *umbrellas*
ymddiheuro – *to apologise* (bôn: ymddiheur-)

ymwelydd (gwr.) – *visitor;* ymwelwyr – *visitors*
ymyl (gwr.) – *an edge, rim;* ymylon – *edges, rims* (gw. yn ymyl)
yn lle – *instead of, in place of*
yn union – *exactly, directly*
yn y bôn – *basically*
yn ymyl – *near, beside*
yn ystod – *during*
Yr Eidal (ben.) – *Italy*
y rhan fwya – *the majority*
ysgafn – *light (of weight)* (ans.)
ysgariad (gwr.) – *a divorce;* ysgariadau – *divorces*
ysgol fabanod (ben.) – *an infant school;* ysgolion babanod – *infant schools*
ysgol gyfun (ben.) – *a comprehensive school;* ysgolion cyfun – *comp. schools*
ysgol gynradd (ben.) – *a primary school;* ysgolion cynradd – *primary schools*
ysgol uwchradd (ben.) – *a secondary school;* ysgolion uwchradd – *sec. schools*
ysgwydd (ben.) – *a shoulder;* ysgwyddau – *shoulders*
ysmygu – *to smoke* (bôn: ysmyg-)
ystafell (ben.) – *a room;* ystafelloedd – *rooms*
ystafell wydr (ben.) – *a conservatory;* ystafelloedd gwydr – *conservatories*
ystod (ben.) – *range* (gw. yn ystod)
yswiriant (gwr.) – *insurance*
Y Swistir (ben.) – *Switzerland*